시대를 건너는 시의 힘
70년대 우리 시 읽기

A power of the poetry rising above the Times

김현자 이화여대 교수
김경숙 이화여대 전임강사
김영미 공주대 교수
김용희 평택대 교수
김진희 이화여대 전임강사
김혜니 경문대 교수
김희정 이화여대 박사과정
엄경희 숭실대 겸임교수
이기성 이화여대 강사
이연승 이화여대 강사
이은정 이화여대 강사
임현순 서울시립대 강사
한수영 이화여대 강사
황인교 연세대 한국어학당 교수

시대를 건너는 시의 힘
: 70년대 우리 시 읽기

1판 1쇄 인쇄 2005년 5월 20일
1판 1쇄 발행 2005년 5월 25일

지은이 / 이화현대시연구회
펴낸이 / 박성모
펴낸곳 / 소명출판
출판고문 / 김호영
등록 / 제13-522호
주소 / 137-878 서울시 서초구 서초동 1621-18 (란빌딩 1층)
대표전화 / (02) 585-7840
팩시밀리 / (02) 585-7848
somyong@korea.com / www.somyong.com

ⓒ 2005, 이화현대시연구회

값 16,000원

ISBN 89-5626-157-1 93810

시대를 건너는 시의 힘
70년대 우리 시 읽기
A power of the poetry rising above the Times

이화현대시연구회

소명출판

A power of the poetry rising above the Times

이화현대시연구회

　1970년대는 시인들에게 '시란 무엇인가?'라는 원론적 질문이 아니라, 역사와 현실 앞에서 '시란 무엇을 할 수 있는가?'라는 실천적 물음에 답할 것을 요구하는 시대였다. 이에 시인들은 시라는 존재 방식으로 폭력적인 시대를 건너 새벽을 맞이하려는 선구자의 삶을 선택했으며, 시를 통해 죽음을 선택하고 생명을 버림으로써 상징적으로 시대의 부활을 꿈꿨다.

　주지하다시피 1970년대는 정치적으로는 유신 독재의 억압으로 인해, 그리고 경제적으로는 산업화의 침탈로 인해 인간의 존엄성과 생존권이 유린되던 시대였다. 이런 현실에 대응하면서 시인들은 힘겹게 자신의 현존을 유지해나갔지만, 한편으로 1970년대는 어둠 속에서 시가 가진 상징적 생명이 그 어느 때보다도 힘차게 타올랐던 시대이기도 하다. 시인들은 암흑 같은 현실과 대면하는 자신의 내면의식에 대한 성찰뿐만 아니라 자신의 삶이 담보해야 하는 역사적 실천성까지도 치열하게 반성함으로써, 부정(不正)한 시대를 살아가는 시인의 진정성을 탐구하고자 했다.

이제 그로부터 30여 년이 지난 지금, 그들이 쓴 시를 읽는 우리들은 당대 그들이 부딪쳤던 현실과 고민을 겸허하게 성찰하고자 한다. 정치·경제적으로 열악한 사회 현실 때문에 1970년대의 시가 전반적으로 사회학적 상상력을 근저에 갖고 있었음은 틀림없지만, 그 구체적인 양상은 시인들마다 각기 다르게 나타나고 있다. 따라서 이 책에서는 시인들의 시적 경향을, 현실에 대한 직접적인 비판의 의미로서 시를 쓰는 시인들, 현실 부정과 비판을 내면화시켜 시적 자의식의 근거로 삼는 시인들, 그리고 전통적 서정을 계승하면서 시대적 과제에 답하고 있는 시인들로 나누어, 구체적으로 규명해 보고자 하였다.

1부의 '역사적 현실과 부정의 힘'에서는 고은·이성부·조태일·김지하·정희성·김명인 등의 시인들을 다루었다. 이들은 당대 현실에 대한 치열한 비판의식을 토대로 진정한 자유와 희망의 역사를 꿈꾸고 있다. 2부의 '전통과 서정적 파토스'에서는 신경림·박재삼·허영자·송수권 등의 시인들이 논의되고 있다. 이들은 '전통'과 '서정'의 시적 결합을 추구함으로써 당대 현실과의 화해를 모색하고 있다. 3부의 '시대적 허무와 시적 자의식'에서는 강은교·황동규·마종기·김영태 등의 시인들을 소개하고 있다. 이들은 '허무'를 계기로 하여 외적 현실을 바라보던 시선을 내적 자의식을 들여다보는 시선으로 전환시키고 있다.

이처럼 독재와 민주화의 갈림길에서 나름대로 길을 모색하던 시인들의 실존적 고뇌와 성취 그리고 좌절을 따라가 보는 일은, 우리 현대시사의 단면을 이해하는 일인 동시에 개인의 내면적 삶과 일상성의 문제에 집중하고 있는 오늘의 시에 대해 실천적인 물음을 제기하는 일이 될 것이다.

이화현대시연구회가 이번에 기획한 『시대를 건너는 시의 힘―70년대 우리 시 읽기』는 제1권인 『행복한 시인의 사회―80년대 우리 시 읽기』에 이어지는 것이다. 지식인의 현실지향성을 강하게 드러내고 있는 1970년대 시는 민중과 지식인의 연대의식을 모색하는 1980년대 시를 탄생시키는 토대가 되고 있기 때문이다. 앞으로도 이화현대시연구회는 시대적인 흐름을 거슬러 올라가면서 한국의 근·현대 시사를 통시적으로 재구성해 보고자 한다. 더욱 진지하고 성실하게 문학과 현실에 대해 고민하고, 좋은 글로써 결실을 맺도록 노력할 것을 약속드린다.

끝으로, 이 책이 나오기까지 많은 분들의 도움이 있었다. 이화현대시연구회의 활동을 지켜보고 격려를 아끼지 않는 모든 분들께 감사드린다. 소명출판의 박성모 사장님과 직원 여러분들께도 깊이 감사드린다.

2005년 3월
이화현대시연구회

차례
시대를 건너는 시의 힘
70년대 우리 시 읽기

1부

역사적 현실과 부정의 힘

회의에서 자각으로, 죽음에서 투쟁으로

고은론

김경숙

1. 1970년대와 죽음의식

한국 현대사에서 1970년대는 '전태일 노동자의 분신자살'(1970) 사건과 '유신'(1972) 선포로 문을 연다. 이후 개발독재로 지칭되는 1970년대의 근대화 과정은 도시와 농촌의 불균형, 도시 빈민층의 증가, 장기 독재 권력의 등장, 권력의 비호 하에 이루어진 재벌들의 자본 독점, 생존권과 민주화를 요구하는 민중과 비판적 지식인의 반발과 저항, 그들에 대한 지배 권력의 무자비한 탄압 등으로 간단하게 정리할 수 있다. 즉, 1970년대의 근대화 과정은 비록 괄목할 만한 경제성장을 이룩하였으나, 그 성장의 뒷면에 도사리고 있던 빈부 격차의 문제는 더욱 심각한 국면을 낳았다. 이에 따라 1970년대 사회 전반에서는 '민중'이 새로운 화두로 등장하게 되었고, 당시 민중이 처한 현실을 개혁하고자 하는 인식이 지식인들 사이에서 광범위하게 확산되었다.

　문학의 영역에서도 수많은 변화들이 나타나기 시작하였다. 민족문학작가회의의 전신인 자유실천문인협회(1974)가 설립된 것도 이 시기였다. 참여와 순수의 논쟁이 촉발되었고 당대 현실을 반영하고자 하는 창작방법들이 모색되었다. 시인 고은은 1970년대의 이러한 시대적 상황을 '죽음의식'을 중심으로 표현하고 있다. 구체적으로, 그의 죽음의식은 '삶과 죽음의 서정적 통합'으로 시작해서 '역설적 죽음의 현실적 의미'를 거쳐, 종국에는 '주체적 자각과 죽음의 서사화'라는 방향으로 나아가고 있다. 또한, 이와 같은 사유의 전환은 새로운 형식을 요구하게 마련이다. 그의 시의식은 주관적인 감정을 토로하는 서정시 형식으로부터 독자를 향해 외치는 선동적인 서정시 형식으로, 다시 상황과 인물을 중심으로 이야기를 설정하여 제시하는 이야기시 형식으로 어조와 표현 방식을 변화시켜 나가고 있다. 이와 같은 고은의 1970년대 시 세계의 변화는 민중을 새롭게 발견해 나아가는 당대 지식인의 내면의식을 전형적으로 보여주는 것인 동시에, 1960년대 '감상적 서정시'로부터 1980년대 '민중적 서정시'로 변모해 나아가는 고은 시인의 시적 변화 과정을 집약적으로 보여주는 것이기도 하다.

2. 삶과 죽음의 서정적 통합

　1970년대 고은의 시 세계는 죽음에 대한 관조적 성찰로 시작된다. 죽음에 대한 성찰은 삶에 대한 회의에서 비롯되는 것이다. 그리고 회의는 그것이 어떤 형태의 것이든지 간에 반드시 현실적 욕망이나 욕구가 전제되고서야 가능하다. 아무런 욕망도 없는 자족적이고 충만한 상태에서 삶에 대한 회의는 생겨날 수 없기 때문이다. 또한, 삶에 대한 회의는 진리에 대한 요구와 밀착해 있다. 진리를 탐구하는 사람이면 반드시 회의의 과정을 밟지 않을 수 없다. 회의는 곧 진리의 요구에서 나오는 것이다. 따라서 죽음에 대한 성찰은 시인이 찾고자 하는 진리에 대한 갈망을 의미한다.

저문 강물을 보라. 저문 강물을 보라.
내가 부르면 가까운 산들은 내려와서
더 가까운 산으로
강물 위에 떠오르지만
또한 저 老姑壇 마루가 떠오르기도 한다.
그러나 강물은 저물수록 저 혼자 흐를 따름이다.

저문 강물을 보라.
나는 여기 서서
산이 강물과 함께 저무는 것과
그 보다는 강물이 저 혼자서
華嚴寺 覺皇殿 한 채를 싣고 흐르는 것을 본다.

저문 강물을 보라.
강물 위에 절을 지어서
그 곳에 죽은 것들도 돌아와
함께 저무는 강물을 보라.

강물은 흐르면서 깊어진다.
나는 여기 서서
강물이 산을 버리고
또한 커다란 절을 버리기까지
저문 강물을 쉬지 않고 볼 따름이다.

이제 산 것과 죽은 것이 같아서
강물은 求禮 谷城 여자들의 소리를 낸다.
그리하여 강 기슭의 어둠을 깨우거나
제자리로 돌아가서
멀리 있는 老姑壇 마루도 깨운다.
깨어있는 것은
이렇게 저무는구나.
보라. 萬劫 煩惱 있거든 저문 강물을 보라.

—「蟾津江에서」 전문

　시인은 섬진강의 '강물'을 바라보며 삶과 죽음을 관조적으로 성찰한다. '저문 강물'의 이미지는 삶과 죽음의 서정적 통합을 상징하고 있다.
　먼저 1연에서, '저문 강물'의 이미지는 '산'과의 대립을 통하여 제시되고 있다. 산이 '떠오르다'라는 상승적 움직임으로 묘사되고 있다면, 강물은 '저물다'라는 하강적 움직임으로 형상화된다. 또한 "내가 부르면 가까운 산들은 내려와서 / 더 가까운 산으로 / 강물 위에 떠오르지만"과 "그러나 강물은 저물수록 저 혼자 흐를 따름이다"에서 '가까운'과 '혼자'의 대립으로 나타나고 있듯이, 산이 '화합'을 지향하고 있다면, 강물은 '고립'을 지향하고 있다. 전체적으로 전자가 삶의 이미지를 띠는 것이라면, 후자는 죽음의 이미지를 띠는 것이다.
　다음으로 2연과 3연에서, '저문 강물'의 죽음 이미지는 점차 강화되어 간다. '그 보다는'에서 알 수 있듯이, 시간의 흐름에 따라서 화자의 인식은 다음과 같이 변모해 간다. '산이 강물과 함께 저무는 것 → 강물이 저 혼자서 화엄사 각황전 한 채를 싣고 흐르는 것 → 강물 위에 절을 지어서 그 곳에 죽은 것들도 돌아와 함께 저무는 것'에서와 같이, 점차 내면세계로 고립·침잠해 들어가는 모습을 보여준다.
　한편, 4연과 5연에서는 시상의 전환이 이루어진다. "강물은 흐르면서 깊어진다"에서 볼 수 있는 바와 같이 화자는 '흐르다'를 '깊어지다'와 결합시키고 있다. 그리고 "강물이 산을 버리고 / 또한 커다란 절을 버리기까지"에서 나타나고 있듯이, '깊어지다'의 계기를 '버리다'로 인식한다. 흐르는 강물은 늘 새로운 강물이듯이, 버림을 통하여 깊어지고 깊어짐을 통하여 새롭게 태어난다는 것이다. 화자는 이와 같은 의미를 "산 것과 죽은 것이 같아"지는 경지로 표현하고 있다.

따라서 '구례 곡성 여자들의 소리'가 강기슭의 어둠과 멀리 있는 노고단 마루를 깨우듯이, '저문 강물'의 죽음 이미지는 삶의 이미지와 통합된다. "깨어있는 것은 / 이렇게 저무는구나"라는 화자의 진술은 삶과 죽음의 이와 같은 서정적 통합의 순간을 표현하는 것이다. 그런 의미에서 위의 진술은 '저문 것은 이렇게 깨어나는구나'라는 진술과 다르지 않다. 그럼에도 불구하고 화자가 후자와 같이 진술하지 않고 전자와 같이 진술하는 이유는 바로 "만겁 번뇌 있거든 저문 강물을 보라"라는 마지막 행의 의미를 강조하기 위한 것이다. 즉, 화자는 '저문 강물'을 매개로 하여 삶과 죽음이 서로 다르지 않다는 깨달음에 이르고, 이와 같은 통찰을 통하여 '만겁 번뇌'로 상징되는 고단한 삶에 대한 의지를 회복할 수 있다는 것이다.

겨울 文義에 가서 보았다.
거기까지 닿은 길이
몇 갈래의 길과
가까스로 만나는 것을.
죽음은 죽음만큼 길이 적막하기를 바란다.
마른 소리로 한 번씩 귀를 닫고
길들은 저마다 추운 쪽으로 벋는구나.
그러나 삶은 길에서 돌아가
잠든 마을에 재를 날리고
문득 팔짱 끼어서
먼 산이 너무 가깝구나.

눈이여 죽음을 덮고 또 무엇을 덮겠느냐.

겨울 文義에 가서 보았다.
죽음이 삶을 껴안은 채
한 죽음을 받는 것을.
끝까지 사절하다가
죽음은 인기척을 듣고
저만큼 가서 뒤를 돌아다 본다.
모든 것은 낮아서
이 세상에 눈이 내리고
아무리 돌을 던져도 죽음에 맞지 않는다.
겨울 文義여 눈이 죽음을 덮고 또 무엇을 덮겠느냐.
—「文義마을에 가서」 전문

이 시는 '겨울'의 '문의마을'을 시공간적 배경으로 하고 있다. 화자는 '눈' 이미지를 중심으로 삶과 죽음의 서정적 통합을 형상화한다.

먼저 1연에서, '거기까지 닿은 길'과 '몇 갈래의 길'이 '가까스로' 만나듯이, 겨울의 문의마을은 삶과 죽음이 팽팽하게 대립을 이루고 있는 공간으로 인식된다. 죽음이 '마른소리'·'추운 쪽' 등에서 환기되는 '적막함'의 이미지와 '벋다'라는 움직임으로 표상된다면, 삶은 '재를 날리고'에서 환기되는 '소란스러움'의 이미지와 '돌아가다'라는 움직임으로 표상된다. 8행의 '그러나'라는 시어는 이와 같은 대립성을 더욱 분명하게 보여주고 있다. 하지만 '문득'이라는 부사가 환기하고 있듯이, 다음 순간 시상은 전환된다. "눈이여 죽음을 덮고 또 무엇을 덮겠느냐"라는 수사적 질문에서 나타나고 있듯이, 내려 덮는 눈의 하강운동은 '삶과 죽음' 혹은 '죽음과 무엇' 다시 말해서 죽음과 그 외 모든 것의 대립성을 무화시킨다. 여기에서 만물을 덮는 눈의 이미지는 삶의 허무성을 드러내주는 역할을 하는 것이다.

다음으로 2연에서, 화자는 삶과 죽음의 대립을 무화시키면서 문의마을에 내려 쌓이는 눈의 이미지를 "죽음이 삶을 껴안은 채 / 한 죽음을 받는 것"으로 형상화한다. 여기에서 눈은 죽음의 이미지를 띠는 것으로서 '인기척'으로 표상되는 삶의 이미지와 또 다시 대립을 이루게 된다. '끝까지 사절하다가', '저만큼 가서' 등과 같은 표현은 이와 같은 대립성을 더욱 분명하게 드러내주고 있다. 또한 "아무리 돌을 던져도 죽음에 맞지 않는다"에서 환기되고 있듯이, 눈은 삶과 죽음을 단절시키는 역할을 한다. 하지만 '모든 것은 낮아서'라는 구절에서 화자는 시상을 전환한다. 만물 위에 내려 쌓이는 눈의 하강운동을 보면서 화자는 존재의 '낮음'을 생각하는 것이다. 삶과 죽음의 영원한 대립성에 대한 인식으로부터 삶에 대한 '겸손함'을 배우고 있는 것이다. 이 겸손함을 통하여 삶과 죽음은 정서적 화해를 이루게 된다. 따라서 "겨울 문의여 눈이 죽음을 덮고 또 무엇을 덮겠느냐"라는 수사학적 질문이 함축하고 있는 것은 바로 '삶과 죽음' 혹은 '죽음과 무엇'의 서정적 통합이라고 할 수 있다.

3. 역설적 죽음의 현실적 의미

여기에서 고은의 시 세계는 죽음에 대한 지향성 다시 말해서 삶에 대한 부정을 강하게 표출하는 쪽으로 옮겨간다. 욕구나 욕망이 충족되지 않는 현실에 부딪쳤을 때 부정이 나타난다. 그러므로 부정은 절실한 욕구와 욕망의 표시요 자기 주장이다. 부정되는 것은 진리가 아닌 거짓임이 분명하다. 부정은 회의와는 달리 거짓인지 아닌지의 불확실성에서 벗어나 있다. 무엇이 참된 것인지를 직접적으로 표현하지는 않지만, 무엇이 거짓인지를 명확하게 규정한다. 따라서 부정은 진리에 대한 요구가 충족되어 회의가 소멸한 것이 아니라, 더욱 절실한 욕망이나 충동에 한 발 더 다가서는 것을 의미한다. 또한, 부정은 그러한 회의의 자기 모습을 노출시키고만 있는 것이 아니라, 그 욕망의 충족과 구현을 시도하는 작업에 구체적으로 뛰어든다. 그리하여 그 충족에 위배되고 구현에 방해되는 것들을 찾아 하나하나 제거해 나가는 작업을 수행한다. 이것이 바로 부정의 논리가 전개되는 과정이다.

> ① 가자.
> 허허벌판 잠자러 가자.
> 온 길 三千里
> 서러운 弱水三千里
> 어느 세상에 꽃 하나 보랴.
> 뉘엿뉘엿 해 지면
> 나온 새 까막까치도 돌아간다.
> ② 가자.
> 하늘 아래 億劫 그믐이로다.
> 잠 못이룬 별들이라면
> 내 가문 가슴에 재워주마.
> 피리젓대 무엇하랴
> 한 마디 가락 아직도 남았다면
> 부는 바람에 버리고 가자.
> 가자.
> ③ 가자.
> 허허벌판 잠자러 가자.
> 참다운 이 이 땅의 벙어리로다.
> 백도라지야 백도라지야
> 너 어느 세상에 피어있느냐.
> 萬 怨魂 잠든 벌판
> 허허벌판 잠자러 가자.

—「허허벌판」 전문

　이 시에서 화자는 '가자', '허허벌판 잠자러 가자'라는 어휘를 반복하면서 시상을 고조시키고 있다. 이러한 청유형 문장은 독자 혹은 청자를 향한 것이 아니라 화자 자신을 향해 있다.

　먼저 ①에서, 화자의 의식은 '과거－현재－미래'의 시간구조를 통하여 표출된다. "온 길 삼천리 / 서러운 약수삼천리"에서 나타나고 있듯이 과거의 시간은 '서러움'으로 표상되는 부정적 이미지를 띠고 있다. "어느 세상에 꽃 하나 보랴"라는 시행에서 암시되고 있듯이, 그 길은 '꽃'을 보기 위해 온 길이었는데, 꽃을 보지 못했기 때문에 서러운 것이다. "뉘엿 뉘엿 해 지면 / 나온 새 까막까치도 돌아간다"에서 현재의 시간도 '뉘엿 뉘엿'으로 표상되는 부정적 이미지를 띠고 있다. 여전히 '꽃'을 볼 희망은 없는 상황에서 돌아갈 시간은 얼마 남지 않았기 때문에 더욱 서럽고 초조해지는 것이다. 또한, "허허벌판 잠자러 가자"에서 나타나는 미래의 시간도 '허허벌판'·'잠자러' 등으로 표상되는 부정적 의미를 띠고 있다. 여기에서 '허허벌판 잠자러 가자'는 화자의 행위는 '나온 새 까막까치도 돌아간다'는 까치의 행위와 대비됨으로써 부정적 이미지가 더욱 강화된다. 까치는 해가 지면 '둥지'로 돌아가는 반면에, 화자는 '허허벌판'으로 가자고 말하고 있기 때문이다.

　다음으로 ②에서, 화자는 부정적 현실에 대한 의식을 보다 구체적으로 표출한다. "하늘 아래 억겁 그믐이로다"에서 나타나고 있듯이 현재의 시간은 캄캄한 혹은 끝없는 '어둠'으로 인식된다. 이처럼 깊은 어둠은 "잠 못이룬 별들이라면 / 내 가문 가슴에 재워주마", "한 마디 가락 아직도 남았다면 / 부는 바람에 버리고 가자" 등에서 환기되고 있듯이, 화자로 하여금 안타까운 미련으로 남아 있는 꿈조차도 포기하도록 만든다.

　마지막으로 ③에서, 화자는 '이 땅－어느 세상－허허벌판'의 공간구조를 통하여 의식의 지향성을 표출한다. 우선, '이 땅'과 '어느 세상'은 대립적 이미지를 형성한다. 후자가 '백도라지'가 피어 있는 지향공간이라면, 전자는 '참다운 이'가 '벙어리'가 되는 부정공간이다. 따라서 화자의 지향의식은 '이 땅'을 버리고 '어느 세상'으로 나아가지만, '어느'라는 지시대명사가 내포하고 있듯이 '어느 세상'은 찾을 수 없는 미지의 공간이다. 이와 같이 '이 땅'과 '어느 세상'의 대립 속에서 화자가 선택하는 제3의 공간이 바로 '허허벌판'이다. 참다운 이조차도 벙어리가 되고 마는 이 땅에 대한 부정적 인식이 화자로 하여금 '허허벌판'을 지향하게 만드는 것이다. '허허벌판'은 '만 원혼 잠든 벌판'으로서 죽음의 공간이다. 화자가 꿈꾸는 미래는 '꽃'이 피어 있는 공간이지만, 그와 같은 세상을 찾을 수 없다는 절망감이 화자로 하여금 역설적으로 '허허벌판'이라는 죽음의 공간을 지향하게 만드는 것이다.

결론적으로, 화자가 이와 같은 역설을 주장하는 근본적인 원인은 '하늘 아래 억겁 그믐'으로 표상되는 부정적 현실에 있다. 이와 같은 현실 속에서 살아 있다는 것, 더구나 아무 말도 하지 않고 벙어리로 산다는 것은 저항하지 않음을 의미하며, 그런 의미에서 참답지 못한 일이다. 따라서 화자는 과거와 현재를 부정하고 미래로 나아가려 한다. 그러나 부정적인 현실은 미래에 대한 전망조차도 불가능하게 한다. 이러한 상황 속에서 화자가 할 수 있는 선택이 바로 죽음인 것이다. '만 원혼'과 함께 하는 죽음이라는 점에서, 화자가 선택한 죽음은 가치 전도된 현실의 상황을 폭로하는 최소한의 비판과 저항을 의미한다.

> 우리 모두 화살이 되어
> 온몸으로 가자
> 허공 뚫고
> 온몸으로 가자
> 가서는 돌아오지 말자
> 박혀서
> 박힌 아픔과 함께 썩어서 돌아오지 말자
>
> 우리 모두 숨 끊고 활시위를 떠나자

몇십년 동안 가진 것
몇십년 동안 누린 것
몇십년 동안 쌓은 것
행복이라던가
뭣이라던가
그런 것 다 넝마로 버리고
화살이 되어 온몸으로 가자

허공이 소리친다
허공 뚫고
온몸으로 가자
저 캄캄한 대낮 과녁이 달려온다
이윽고 과녁이 피 뿜으며 쓰러질 때
단 한번
우리 모두 화살로 피를 흘리자

돌아오지 말자
돌아오지 말자

오 화살 정의의 병사여 영령이여

—「화살」 전문

　1연에서 화자는 이상적인 삶의 상징으로서 '화살'을 제시한다. '화살이
되어 → 허공 뚫고 → 가서는 → 박혀서 → 박힌 아픔과 함께 썩어서' 등에
서 볼 수 있는 바와 같이, 화살은 출발지를 떠나 허공을 관통하여 목표
지에 가서 박히는 한 방향의 움직임을 보인다. 이와 같은 화살의 운동을
화자는 '온몸으로 가자'와 '돌아오지 말자'로 의미화하고 있는데, 후자가
'일회성'을 표상한다면, 전자는 '치열성'을 표상한다. 화자는 3연에서 '단
한번'으로 표현되는 삶의 일회성 즉 죽음에 대한 인식을 통하여 삶의 치

열성을 강조하고 있는 것이다.

2연에서 화자는 삶과 죽음의 상관관계에 대하여 표현한다. 첫 행의 "숨 끊고 활시위를 떠나자"와 마지막 행의 "화살이 되어 온몸으로 가자"의 대응에서 알 수 있듯이, '온몸으로' 가는 것 즉 치열한 삶은 '숨 끊고' 떠나는 것 즉 죽음을 향한 투신을 의미한다. 그리고 죽음을 향해 투신한다는 것은 그 동안 '가진 것'·'누린 것'·'쌓은 것'·'행복' 등 모든 것을 '버리고' 떠나는 것을 의미한다.

또한, 3연에서 화자는 죽음의 역학에 대하여 형상화한다. 본질적으로 화살의 운동은 화살이 활시위를 떠나 허공을 뚫고 날아가 과녁에 박히는 것이다. 그리고 활시위를 떠나 과녁을 향해 날아가는 운동 과정에서 그 속력에 비례하는 저항을 만나게 된다. 그런데 "허공이 소리친다", "과녁이 달려온다"라는 표현에서 볼 수 있듯이, 화자는 주체와 대상의 작용과 반작용의 과정을 전도시켜 표현하고 있다. 허공이 소리치므로 허공을 뚫고 가자고, 과녁이 달려오므로 과녁을 향해 달려가자고 말한다.

이와 같이 화자가 주체와 대상의 운동을 뒤집어서 인식하고 있는 근본적인 시적 계기는 '캄캄한 대낮'으로 표상되는 부정적 현실에서 찾을 수 있다. 화자는 '캄캄한'과 '대낮'의 모순적 결합을 통하여 가치 전도된 당대 현실을 표현하고 있다. 그리고 화살을 '정의의 병사' 혹은 '정의의 영령'에 비유하고 있는 데서 확인할 수 있듯이, "우리 모두 화살로 피를 흘리자"는 화자의 외침은 강력한 시대적인 의미를 획득하게 된다. 부정적인 현실이 화자로 하여금 죽음에 대한 적극적인 지향을 통하여 진정한 삶을 완성하고자 하는 역설을 꿈꾸게 하는 것이다.

4. 주체적 자각과 죽음의 서사화

　마지막으로 고은의 시 세계는 삶에 대한 인식의 전환을 통하여 죽음
이 지니는 역설적 의미를 완성하고자 한다. 부정은 무엇이 거짓인지를
명확하게 규정하기는 하지만, 무엇이 참된 것인지를 직접적으로 표현하
지는 않는다. 따라서 부정이 욕망의 충족과 구현에 방해되는 것들을 제
거해 나가는 작업을 수행하기 위해서는 무엇이 참된 것인지, 무엇이 진
리인지를 분명하게 알아야 한다. 이를 위해 시인은 길을 떠나는 여행자
의 이미지를 차용한다. 여행은 익숙했던 기존의 모든 대상과의 거리두기
를 통하여 나와 직접적으로 마주 서게 해준다. 이처럼 나와 마주 설 때
지금까지와는 다른 차원의 세계가 열린다. 그리고 진리의 발견이란 아무
런 방해자 없이 '나' 앞에 마주 서는 것, 이 주체적 자각으로부터 비로소
가능해지는 것이다.

　①밤이 깊어서 길은 깨어 있다.
　　우리를 위하여 멀리까지 깨어 있다.
　　다친 조랑말 乙巴素야
　　서둘지 말고 가자.
　②우리는 후회한 다음 태어나서
　　후회할 일도 없다.
　　하늘에는 캄캄하게 거미줄이 자라나고
　　때때로 별빛이 걸려서 내려온다.
　　아무리 큰 소리로 불러도
　　별을 부를 수 없고
　　우리는 흔들리는 수레에 실은
　　빈 그릇에 밤을 담았을 뿐이다.
　　길은 몇 갑절이나 친하여

네 부지런한 흉년의 방울소리는
지나는 길에서 잠들 때도 있다.
③ 서둘지 말고 가자.
마음이 바쁘지 않으면
어둠은 차례차례 비켜나서
우리가 온 뒤를 따라온다.
이제 바람 자는 풀밭길을 지나서
불 꺼진 외딴 마을과
중국과부네 넓은 야채밭길도 지나왔다.
죽어가는 노인은 죽음을 서둘지 않고
우리도 서둘지 말고 가자.
먼동이 틀 때까지는 도달한다.
그렇지 않으면 끝에서 기다리다가
추운 집이 달려 오리라.
서둘지 말고 가자.
④ 내 가난은 언제나 네 가난이고
아무것도 받지 않으려고
이 세상에 네가 왔지만
길은 잠든 것들이 버린
어둠에 깨어 있다.
왜 이렇게도 죽음에 익숙한지,
너는 내 마음을 잘 알아서
잠든 술집을 지나갈 때는
뒤를 돌아다보며 늦추는구나.
그러나 지나가 버리자.
밤이 깊으면 술보다 밤이 좋구나.
내가 죽음을 생각하면
또한 너도 생각한다.
⑤ 서둘지 말고 가자.
가서 네 마굿간에서 함께 쉬자.

乙巴素야 이제 절반이 넘어
네 쉰 꼬리가 한번 嶺을 치는구나.

—「乙巴素」 전문

　시의 제목으로도 제시되고 있는 '을파소'는 이 시에서 이중적 의미를 띠고 있다. '을파소'는 화자가 몰고 다니는 조랑말의 이름인 동시에, 고구려 고국천왕 시기에 궁핍한 농민들에 대한 구휼책으로써 진대법을 실시한 재상의 이름이기도 하다. 궁극적으로 화자는 기존 지배세력들의 반발에도 불구하고 고국천왕의 강력한 지지를 토대로 새로운 정치질서를 수립하여 사회 안정에 기여한 '을파소'를 자아정체성의 모델로 삼고자 한다. 그러나 '다친 조랑말 을파소'에서 암시되고 있듯이 폭압적인 당대의 정치 현실 속에서 화자의 그와 같은 이상적 자아는 실현되기 어려운 것으로 인식된다. 따라서 양자의 거리를 극복하고자 하는 자신의 내면 정서를 화자는 '조랑말 을파소'에 대한 감정 이입을 통하여 표출하고 있다.
　먼저 ①에서, 화자는 '밤'과 '길'의 관계를 통하여 현실적 삶에 대한 통찰을 모색한다. 현재의 시간은 '깊은 밤'으로 표현된다. '밤'은 어둠의 이미지를 띠고 '길'은 '깨어 있다'라는 밝음의 이미지를 띠는 것으로 묘사된다. 따라서 일반적으로 양자는 대립적 관계를 형성하는 것으로 인식되기 쉽다. 하지만 "밤이 깊어서 길은 깨어 있다"라는 구절에서 볼 수 있듯이, 화자는 '밤'과 '길'을 대립적으로 인식하지 않는다. '깊어서' 즉 '깊기 때문에'라고 연결함으로써 화자는 양자를 인과관계로 제시하고 있다. 길을 깨어 있게 하는 힘이 바로 밤이라는 것이다.
　②에서는, 이와 같은 생각을 화자 자신의 실존적 상황으로 구체화하고 있다. "하늘에는 캄캄하게 거미줄이 자라나고", "아무리 큰 소리로 불러도／별을 부를 수 없고" 등에서 나타나고 있듯이 현재는 '캄캄한 밤'으로 인식된다. '다친 조랑말 을파소', '흔들리는 수레', '빈 그릇', '부지런한 흉년의 방울소리' 등에서 환기되고 있듯이, 화자의 존재의식 또한 황폐

함으로 표현된다. 자신의 실존적 상황을, 화자는 상처 입은 몸을 이끌고 밤길을 가야 하는 '조랑말 을파소'의 고단한 형상으로 표현한다. 그러나 "후회한 다음 태어나서 / 후회할 일도 없다"라고 진술되는 한계 상황에 대한 인식은 서정적 자아의 의식에 전환점을 마련하고 있다. "길은 몇 갑절이나 친하여"에서 나타나고 있듯이, 화자는 이제 밤길의 고단함을 오히려 능동적으로 받아들인다.

　서정적 자아의 현실인식이 전환되면서 ③에서 제시되는 '어두운 밤길' 은 새로운 의미를 띠게 된다. "마음이 바쁘지 않으면 / 어둠은 차례차례 비켜나서"에 나타나고 있듯이, 길 가는 행위 자체를 능동적으로 받아들 이는 데서 화자는 어둠을 이겨내는 방법을 발견하고 있다. 마음을 비울 때 어둠이 차지하고 있던 그 자리에 비로소 '바람 자는 풀밭길', '불 꺼 진 외딴 마을', '중국과부네 넓은 야채밭길' 등 길 주변에 자리한 사람과 사물들이 눈과 마음에 들어설 수 있기 때문이다. 이와 같이 화자가 밤의 어둠에 능동적으로 대응할 수 있는 힘은 "먼동이 틀 때까지는 도달한다" 와 "그렇지 않으면 끝에서 기다리다가 / 추운 집이 달려오리라"에서 '먼 동'과 '끝'이 상징하는 미래에 대한 낙관적 전망에서 비롯된다. "죽어가 는 노인은 죽음을 서둘지 않고"라는 시행에 비유함으로써, 화자는 먼동 이 틀 때까지는 도달할 수 있으니 서둘지 말고 가자는 자신의 생각을 더 욱 강화하고 있다.

　한편 ④에서, 화자는 현실적 삶에 대한 긍정의 계기가 주체적 자각임 을 결론적으로 밝히고 있다. "길은 잠든 것들이 버린 어둠에 깨어있다" 에서 '깨다'라는 말은 '잠에서 깨어나다'라고 할 때의 '눈을 뜨다'와 '죽 음에서 깨어나다'라고 할 때의 '살아나다'라는 뜻을 지니고 있다. 이것은 지금까지의 세계와는 다른 차원의 세계가 열린다는 점을 의미한다. 어둠 에서 밝음의 세계로, 죽음에서 삶의 세계로, 혼미에서 질서의 세계로, 미 망에서 깨달음의 세계로 전혀 다른 차원의 세계가 전개된다는 점을 의 미한다. 그리고 깨달음이 곧 나의 깨달음이듯이, '깨다'라는 말은 곧 '주체적 자각'을 의미한다. 따라서 "왜 이렇게도 죽음에 익숙한지"와 "밤이 깊으면 술보다 밤이 좋구나"라는 행에서 '죽음'과 '밤'의 적극적인 수용 의지는 역설적으로 그것을 통한 화자의 주체적 자각 의지를 보여주는 것이라 할 수 있다.

마지막으로 ⑤에서, 화자는 현실에 대한 낙관적 전망을 보여준다. 길은 절반을 넘어 왔고, 밤도 깊을 대로 깊었다. 그것은 역설적으로 '먼동이 틀 때'가 멀지 않았음을 의미하며, 길의 '끝'이 가까워 오고 있음을 의미한다.

　①어머니
　　푸성귀 잉꼬리 장수로 데친 비름나물 몇 줌이나
　　콩밭김칫거리 열무 몇 단 팔아서
　　어머니의 아들 새벽길 이슬 차며 떠날 때
　　서울 가서 으리으리 잘되라고
　　주먹밥 노잣돈 주신 어머니
　　어머니
　　어머니의 아들 떠난 뒤
　　천년이나 영검없이 빤짝거리는
　　북두칠성 흰머리에 이고
　　찬물 한 그릇에 정들도록 빌고 빈 어머니
　　어머니의 아들은 술주정뱅이가 되었습니다
　②일제 삼십육년의 서울
　　또다시 쪽발이 이십년의 한강 끝에
　　썩은 호박 해가 집니다
　　아니 양코쟁이 삼십여 년에 하우스뽀이 늙고 병들었습니다
　　술 마시면 수많은 전생 세상 가지고
　　언제나 새로 태어난 가슴
　　다음날은 그 가슴에 구멍 뚫려
　　뚫린 구멍에 지난날 새벽길 환히 보입니다

어머니
언제까지나 서낭당 마루에 서서
떠나는 아들 바라보시는 어머니 환히 보입니다
이제 그만 눈물 같은 집으로 들어가세요
이제 그만 어머니의 아들
해로써 달로써 손꼽아 기다리지 마세요
눈보라뿐이었습니다
비바람뿐이었습니다
어머니의 아들은 술주정뱅이입니다
천 사람의 권리 몽땅 먹은 권세
만 사람의 돈벌이 다 삼킨 부자
단추 하나 누르면
누구요 하는 열두대문집 아니어요
어머니의 아들은
밤마다 발길로 채이는 술주정뱅이입니다
③ 그러나 어머니
한 마리 이백만원하는 금붕어 없더라도
바깥경치 돌고 도는 응접실 없더라도
문둥이 눈썹 다 빠지더라도
어머니의 아들 마흔살 되어
어느날 술잔 꽉 쥐어 깨어버리고
새 세상 같은 붉은 피 흘렸습니다
가슴팍도 이마빡도 들이받아 피 흘렸습니다
더 이상 기다리지 말아야 합니다
술주정뱅이로 기다리지 말아야 합니다
오천년을 기다려 온 그날
긴긴 세월 오백년으로 오십년으로
아니 남과 북 허리 잘려
총구멍 맞댄 세월
이놈도 저놈도 앞잡이 세월에

　　　　그날이 오리라고
　　　　꼭 오리라고 기다려 온 그날 다 지워버렸습니다
④어머니
　　　　한핏줄 서로 부둥켜안을 그날
　　　　가슴마다 가슴마다 해 뜨는 그날이
　　　　언제냐고 묻지 마세요
　　　　어머니
　　　　술주정뱅이 어머니의 아들 이제야 싸움터로 떠납니다
　　　　싸워서 죽을 싸움터로 떠납니다
　　　　새벽길 찬바람 속에
　　　　두 주먹 불끈 쥐어 어머니의 주먹밥 만들었어요
　　　　가슴에 원한 서려
　　　　어머니의 노잣돈 가득합니다
　　　　오늘 하루가 어머니의 오랜 세월입니다
　　　　먼동 찢어 새벽길 떠나며
　　　　날선 칼로 몸뚱이 되어
　　　　싸워서 그날을 등에 지고 오렵니다
　　　　피 묻은 깃발 날리며
　　　　찢어진 깃발 날리며
　　　　다친 다리 싸매고 그날을 지고 오렵니다
　　　　그날이 어머니의 아들입니다
　　　　그날이 모든 어머니의 아들입니다
⑤어머니 아닙니다
　　　　젊은날 보리방아 찧을 적마다
　　　　쭉정이 젖통 출렁거리던 설움
　　　　어머니의 아들 죽어서
　　　　그 젖 달라고 울부짖으렵니다
　　　　어머니
　　　　어머니의 아들 늙은 아들 싸움으로 죽어서
　　　　오천년 역사의 그날 꼭 이루렵니다.

—「새벽길」 전문

'새벽길'이라는 제목에서 환기되고 있듯이, 이 시는 '길' 이미지를 중심으로 시상을 전개하고 있다. 「을파소」와 마찬가지로, 이 시에서는 부정적 현실에 대한 자각을 중심으로 미래에 대한 낙관적 전망을 제시하고 있다.

먼저 ①에서, 화자는 고향에 남겨진 '어머니'와, 자신이 서울로 떠나오던 당시의 '새벽길'에 대하여 묘사한다. 화자의 어머니는 '푸성귀 잉꼬리 장수'이다. "서울 가서 으리으리 잘되라고" 다만 아들의 출세를 바라며 아들을 서울로 보낸다. 그렇게 아들은 개인적 출세를 위하여 "새벽길 이슬 차며" 서울로 떠나오고, 흰머리의 어머니는 정화수를 떠 놓고 '북두칠성'을 향하여 아들의 성공을 '빌고 빈'다.

②에서는 화자가 서울에서 겪은 현실적인 삶의 모습을 묘사하고 있다. "일제 삼십육년의 서울 / 또다시 쪽발이 이십년의 한강"과 "양코쟁이 삼십여 넌"은 화자의 역사의식을 직접적으로 제시하는 것이다. 해방 후 현재까지 우리나라의 현실은 일제 식민지시대의 잔재를 청산하지 못하고 그 연장선상에서 여전히 일본과 미국의 영향 하에 놓여 있다는 것이다. 화자는 그와 같은 역사를 '썩은 호박'으로, 그리고 역사적 존재의식을 '하우스뽀이'로 표현한다. 또한, "천 사람의 권리 몽땅 먹은 권세 / 만 사람의 돈벌이 다 삼킨 부자"는 당대 사회 현실의 실상을 단적으로 보여주는 것이다. 한 개인이 아무리 노력해도 결코 넘을 수 없는 빈부 격차와 견고한 계층구조는 당대 사회의 구조적 모순을 암시하고 있다. 화자는 이와 같은 현실의식을 '눈보라'와 '비바람'으로, 그리고 현실적 자아의식을 '술주정뱅이'로 표현한다. 이때, 화자의 역사의식과 현실의식은 꿈과 희망에 부풀었던 지난날의 '새벽길'과 '떠나는 아들 바라보시는 어머니' 형상과의 대비를 통하여 표현된다. 이와 같이 대조적인 과거와 현재 속에서 현재의 부정적 이미지는 더욱 강조된다. "이제 그만~집으로 들어가세요", "이제 그만~기다리지 마세요"라는 어머니를 향한 호소를 통하여 화자는 자신의 절망적 내면 정서를 강하게 표출하고 있다.

　한편 ③에서, 화자는 존재의 부정을 통하여 새로운 전망을 모색한다. ‘한 마리 이백만원하는 금붕어’, ‘바깥경치 돌고 도는 응접실’, ‘열두대문 집’ 등으로 표상되는 권세가와 부자는 수많은 사람들의 권리와 재산을 가로챈, 정의롭지 못하고 정직하지 못한 사람들로 인식된다. 이는 술주 정뱅이인 자신은 ‘밤마다 발길로 채이는’ 하찮은 존재이지만, 역설적으 로 정의롭고 정직하게 살아왔음을 의미하기도 한다. 또한, 그만큼 당대 현실이 가치 전도된 상황임을 말해주기도 한다. 바로 여기에서 화자의 ‘술마시는’ 행위는 개인적 절망의 차원에서 당대 사회 현실에 대한 울분 의 차원으로, 서울로 향한 ‘새벽길’은 개인적 성공과 출세의 차원에서 새 세상이 도래할 ‘그날’에 대한 열망의 차원으로 의미가 전환된다. 이제, 화자는 내면적 결단을 통하여 자기 정체성에 대한 일대 전환을 꾀한다. ‘깨어버리고’·‘들이받아’·‘피흘림’ 등을 통하여 ‘술주정뱅이’에서 새로 운 자아로 거듭나는 변화 과정을 표현하고 있으며, 그로 인해 형성된 새 로운 자아를 ‘새 세상’으로 표현하고 있다. 또한 “더이상 기다리지 말아 야 합니다”, “다 지워버렸습니다”의 반복을 통하여 표현되고 있듯이, 그 와 같은 변화의 과정은 ‘기다림’에 대한 부정으로부터 시작되는 것임을 강조하고 있다. ‘그날’에 대한 기다림은 ‘오천년 → 오백년 → 오십년 → 남과 북이 허리 잘려 총구멍 맞댄 세월 → 이놈도 저놈도 앞잡이 세월’과 같이 긴긴 세월 동안 계속되어 왔으나 아직까지도 이루어지지 못했기 때문이다. 따라서 그 긴 세월 동안 “오리라고 / 꼭 오리라고 기다려 온 그 날”을 모두 부정하고 있는 것이다.

　따라서 ④에서, 화자는 ‘그날’의 실체를 구체화하고, 새로운 자아의 실 천적 행위를 강조하는 데로 나아가고 있다. “한핏줄 서로 부둥켜안을 그 날”에서 보듯이 ‘그날’은 남과 북이 통일을 이루는 날이자, “가슴마다 가 슴마다 해 뜨는 그날”에서 보듯이 모두가 평등하고 행복해지는 날이다. 화자는 ‘그날이 언제냐고 묻지 마세요 → 이제야 싸움터로 떠납니다 → 싸워서 죽을 싸움터로 떠납니다 → 그날을 등에 지고 오렵니다 → 그날을 지고 오렵니다'와 같이 점층적으로 고조되는 정서를 통하여, 그날은 기다림으로 맞이하는 것이 아니라 투쟁으로 쟁취하는 것임을 역설하고 있다. 따라서 어머니가 싸주시던 '주먹밥'은 불끈 쥔 '두 주먹'으로, 어머니가 넣어주시던 '노잣돈'은 가슴에 서린 '원한'으로, 그리고 아들의 성공과 출세를 바라던 어머니의 '오랜 세월'은 '오늘 하루'로 바뀐다. 이때 비로소 개인적 성공을 위해 떠나던 과거 아들의 '새벽길'은, 이 나라 미래 역사의 한 페이지를 위해 떠나는 오늘의 '새벽길'로 대전환을 완성하는 것이다.

마지막으로 ⑤에서, 화자는 자신이 주체로 서는 데서 한 걸음 더 나아가 어머니의 주체적 자각을 유도하는 데까지 의식의 범위를 확대하고자 한다. "어머니 아닙니다~울부짖으렵니다", "어머니~꼭 이루렵니다"에서 이를 확인할 수 있다. 또한 "그날이 모든 어머니의 아들입니다"에서 나타나고 있듯이, 이것은 화자의 역사의식이 자신의 개체성을 뛰어넘어 어머니로 상징되는 민족 공동체의 연대성으로까지 나아가고 있다는 것을 의미한다. 그런데 바로 이 지점에서 화자는 다시 죽음의식을 통해 미래에 대한 낙관적 전망의 성취가 부정적 현실 속에서 얼마나 이루기 어려운 것인가를 보여주고 있다. "늙은 아들 싸움으로 죽어서 / 오천년 역사의 그날 꼭 이루렵니다"에서 볼 수 있듯이, 현실의 구조적 모순을 극복하는 것은 죽음을 각오해야 할 정도로 지난한 것으로 인식되고 있다. 결론적으로, 화자의 죽음의식은 개인의 새로운 자아 정체성의 확립을 의미하며, 더 나아가 당대의 현실 상황을 극복하기 위해서는 굳은 의지와 실천적 투쟁이 필요하다는 것을 역설하고 있는 것이다.

5. 죽음의식과 서정성의 확보

　1960년대 고은 시는 시인의 내면을 관념적으로 표현하거나 감상적으로 표출하는 특징을 지니고 있었다. 내용에서는 전후의 시대 분위기와 개인의 실존적 고민이 중심을 이루고 있었다. 그러나 1970년대 접어들면서 고은 시는 죽음이라는 추상적 관념을 현실 속에서 구체화하고자 하는 모습을 보여준다. 이러한 변화의 이면에는 1970년대의 시대적 상황이라고 하는 당대의 객관적 현실이 일정하게 반영된 것으로 보인다.

　이 글에서는 1970년대 그의 시 경향을 '죽음의식'이라는 추상적 개념의 변화 양상에 따라 구분하여 살펴보았다. 먼저, 그의 죽음의식은 '삶과 죽음의 서정적 통합'으로 시작된다. 「섬진강(蟾津江)에서」와 「문의(文義)마을에 가서」라는 두 시는 이러한 특징을 잘 보여주고 있다. 이 두 시에서 죽음의식은 과거−현재−미래라는 시간구조를 통하여 나타난다. 미래의 시간은 죽음의 세계와 연결되고, 그 죽음의 세계는 현재의 시간에 대한 회의에서 비롯된다. 따라서 죽음은 미래의 삶에 대한 방향을 모색하는 한 형태로서 서정화되고 있는 것이다. 다음으로, 그의 죽음의식은 보다 분명한 방향성을 띠게 된다. 「허허벌판」과 「화살」이라는 두 시에서 죽음의식이 현실적 의미를 획득하기 시작하는 것을 발견할 수 있다. 이 두 시에서 죽음의식은 가치 전도된 현실의 상황을 폭로하는 최소한의 비판과 저항을 상징한다. 그리고 부정적인 현실은 화자로 하여금 죽음에 대한 적극적인 지향을 통하여 진정한 삶을 추구하도록 하는 역설의 형태로 표현된다. 마지막으로, 주체적 자각을 통하여 그의 죽음의식은 서사화된다. 「을파소(乙巴素)」와 「새벽길」이라는 두 시에서 죽음의식이 서사화되는 과정을 확인할 수 있다. 이 두 시에는 당대의 구체적 현실과 민족의 역사가 반영되어 있다. 그리고 여기에서 죽음의식은 부정적 현실에 저항하는 화자의 굳은 각오를 표상하는 것이다.

이러한 죽음의식의 전환은 그에 따른 새로운 시 형식을 요구하기 마련이다. 그의 시는 주관적인 감정을 토로하는 서정시 형식으로부터 독자를 향해 외치는 선동적인 서정시 형식으로, 다시 상황과 인물을 중심으로 이야기를 설정하여 제시하는 이야기시 형식으로 어조와 표현 방식을 변화시켜 나가고 있다. 이와 같은 고은의 1970년대 시 세계의 변화는 민중을 새롭게 발견해 나아가는 당대 지식인의 내면의식을 전형적으로 보여주는 것인 동시에, 1960년대 '감상적 서정시'로부터 1980년대 '민중적 서정시'로 변모해 나아가는 고은 시인의 시적 변화 과정을 집약적으로 보여주는 것이기도 하다.

그러나 1970년대 고은의 시들이 지닌 가장 큰 문학사적 의의와 한계는 당대의 현실을 죽음의식이라는 추상적 관념을 통하여 반영하고자 했다는 점이다. 그에게서 죽음의식이라는 추상적 관념은 시라는 칼의 양날을 이루고 있다. 그것이 현실을 구체적이고 총체적으로 반영할 수 없게 했다는 한계는 동시에 서정시로서의 문학성을 담보할 수 있는 가능성을 열어주었다는 것이 된다. 죽음의식은 그의 시가 현실에서 비켜 서 있지 않으면서도 서정성을 상실한 생경한 구호시로 전락하지 않게 한 요소가 되었다. 이처럼 1970년대 고은의 시에 나타난 죽음의식은 그의 내면세계와 객관적 현실을 연결하는 고리가 됨과 동시에 서정시의 본령이라고 할 수 있는 정서적 동일화를 이루는 힘이 되고 있다.

참고할 문헌

이영광, 「고은 시 연구－낭만적 성격을 중심으로」, 고려대 석사논문, 1995.
박정홍, 「고은의 전반기 시세계 연구」, 연세대 석사논문, 1996.
강현정, 「고은 시 연구－이미지 구조와 존재론적 전이를 중심으로」, 이화여대 석사논문, 1997.
차옥혜, 「고은 시의 변모 양상에 관한 연구－60~80년대를 중심으로」, 동국대 석사논문, 1997.

한원균, 「고은 시 연구」, 경희대 박사논문, 1999.

이인영, 「김춘수와 고은 시의 허무의식 연구」, 연세대 박사논문, 2000.

정주한, 「고은 시 연구—시 경향의 변모 양상을 중심으로」, 성균관대 석사논문, 2001.

힘센 슬픔과의 만남

이성부론

김용희

1. '슬픔'에 대하여

1970년대 의식 있는 지식인들은 거울 속에서 무엇을 보았을까. 이성부는 "문 열고 소리치면 긴 대답으로 서 있는 얼굴"이라고 말한다. 거울 안에 얼굴은 긴 대답을 준비하고 있지만 "언제나 그렇게 나에게서 나를 빼버리고 남는 얼굴"(「노(奴)」백제행)일 뿐이다. 시대와 상황은 시인에게 급박한 대답을 요구하지만 대답은 "나에게서 나를 빼버리고 남"은 창백하고 수축된 한 지식인의 얼굴이다. 아니 "얼굴이 붉어 지렁이도 마주 대할 수가 없다"(「되풀이」)고 시인은 말한다. "갈수록 나는 / 몇 겹 부끄러움 몸에 둘러쓰고 / 내가 자꾸만 거추장스러워 / 비틀거리거나 / 자빠지기 일쑤"(「노(奴)」)라고 내가 아니기를 바라는 몸, 부끄러워 거추장스러운 몸, 비틀거리며 자빠지기 일쑤인 몸, 1970년대 시인은 스스로 자신이 아니고 싶은 '빈껍데기'의식(신동엽의 시에서 촉발된 듯한)에 둘러싸인다. 1960년대 김수영이 보여준 소시민적 자괴감은 1970년대 시대적 절망감으로 심화된다. 이성부는 "몇 살 먹은 絶望아. / 너는 요란한 소리로 나를 다스리는 / 나의 원수로다"라고 말한다. 슬픔은 절망을 키우고 절망은 시인을 살찌게 하였으니 절망은 시인을 다스리고 시인의 마지막 남은 칼이 된다.

1970년대 시인들은 자주 '슬픔'·'절망'·'분노'라는 말을 시 속으로 호명해 왔다. 이와 같은 비애와 애소의 느낌은 매우 낯익다. 슬픔은 유전적으로 계승되어 1980년대 허수경은 "슬픔만한 거름이 어디 있으랴"라고 말한다. 슬픔은 저 슬픈 조선의 근대화를 거쳐오면서 한국 시인의 살갗 깊숙한 곳에 비애의 생리학을 만들어낸 것일까. 이를테면 소월이 "접동 / 접동 / 아우래비 접동 // 아홉이나 나마되든 오랩 동생을 / 죽어서도 못 잊어 / …… / 이 산 저 산 옮아가며 슬피 웁니다"(「접동새」)라고 노래한다거나 주요한이 "오늘은 사월이라 패일날" "흥성시러운 것을 왜 나만 혼자 가슴에 눈물을 참을 수 없는고?"(「불노리」)라고 한탄한다.

눈물과 슬픔은 한민족에게 분명 집단무의식의 공감대를 형성하는 익숙한 정조다. 그러나 민족적 슬픔이 내재화된 '한'의 정조가 과연 한국민의 대표적인 정서인가에 대하여는 좀더 냉정한 천착이 필요하다. 일본에 의해 강제된 식민지적 근대화의 과정에서 한국민의 정체성은 식민화의 담론체계로 형성된다. '한'이 심정적이고 수동적인 정서라는 것은 합리적이고 적극적인 근대의 논리와 대비적 관계 속에서 형성된 담론일 가능성이 짙다. 퇴락한 시골길, 과거회귀적 정서를 한국의 전형성으로 삼는 것은 한국민을 근대와 봉건, 서구와 비서구의 구분 속에서 이분화하고, 그 이분법을 차별화와 지배억압의 논리로 전이시켜가고자 한 것은 아닌가 생각해 볼 수 있다. (이와 같은 논리는 결국 에드워드 사이드의 '오리엔탈리즘'에서 서구의 동양론을 환기시킨다. 여하간 분명한 것은 한국인의 정체성을 규정하는 문제는 여전히 근대 형성기 속에서 논란의 과제임이 틀림없다.)

그렇다면 과연 '한'이란 무엇이며 '슬픔'이란 무엇인가는 하는 문제, '울음', '슬픔'이라고 되뇌이는 것만으로 울컥거리게 하는 어떤 것은 무엇인가 하는 문제. 한국은 조선 근대의 형성기와 한국 전쟁, 분단자본주의 형성기 속에서 한국 산업화의 과정, 냉전 이데올로기 구축 속에서의 억압적 권위주의적 자본 근대화라는 풍파와 굴절 속에 놓여 있었다. 슬픔은 역사의 구체적 현장 속에서 일반적이면서 보편적인 공감의 정서였다.

2. 1970년대와 길 위에서의 떠돎

1970년대 시인 중에서 이성부는 무엇보다도 전통적이고 공동체적인 '슬픔'을 찾아낸 시인이다. 1970년대는 산업화에 박차를 가하면서 '근대적' 자본주의로 신속하고도 효율적으로 나아가기 위해 폭력적인 경제 개발 정책을 시행하던 때였다. 하정일은 1970년대가 분단과 유기적으로 결합된 자본주의적 근대화였다고 말한다. 1970년대 분단 자본주의의 역기능은 부의 양극화와 그에 따른 상대적 박탈감, 계급 모순의 증폭 등으로 나타난다. 급속한 경제성장에서 역기능은 필연적 산물이었다. 경제가 성장할수록 역기능이 심화되고, 역기능이 없이는 경제성장 자체가 불가능한 것이 1970년대 분단 자본주의의 이율배반성이다.

저곡가로 인해 전통적 농촌사회는 붕괴를 맞고 이농현상 속에서 도시 근로자가 된 노동자, 농민들은 저임금의 수탈에 시달려야 했다. 미싱사와 시다는 이름 모를 약으로 졸음을 참으면서 야근에 시달리고 막노동판에서 일꾼은 저임금 속에서 노동판을 찾아 떠돌 뿐이었다. 시골을 떠나 도회로 나온 여성은 버스안내양이 되거나 식모, 공장 여직공, 술집 호스티스가 되었다. (하루 일이 끝나면 '몸수색'을 당해야 했던 차장언니들은 지금 다 어디로 갔을까?) 도회로 나온 남성은 역 근처에서 지게꾼이 되거나, 공장 직공, 노동판의 막노동꾼이 되었다("돈이 무서워서 목욕탕도 가지 않는 걸 거라고 / 아무렇게나 함부로 비난했던 아버지 / 등짝에 살이 시커멓게 죽은 지게자국을 본 건 / 당신이 쓰러지고 난 뒤의 일이다." 손택수, 「아버지의 등을 밀며」. 손택수 시는 아버지가 어릴 적 목욕탕에 같이 가지 않은 것이 돈을 아끼기 위한 것이라 생각했다. 그러나 어른이 되고 나서 아버지가 쓰러지고 난 후 병원에서 비로소 아버지의 어깨에 죽은 지게자국을 보게 된다. 아버지의 지게자국은 근대 막노동판에서의 노동자의 삶을 암시한다). 전태일은 값싼 노동력으로 노동력을 착취당하는 노동자의 현실 을 절규하면서 분신 자살한다(1970년 11월 6일). 최저생계의 삶, 구조적인 노 동 착취의 현장 속에서 황석영의 소설 「객지」(1971)가 출간되었고 1972년 10월 16일 독재악법인 유신헌법이 선포된다. 급속한 자본주의의 표면적 경제성장 속에서 민중은 철저하게 유린되고 소외되는 도구적 존재로 전 락하고 만다.

황석영의 소설 「삼포가는 길」(1974)에 등장하는 백화와 노영달, 정씨는 그야말로 1970년대의 전형적 인물이다. 술집 잡부, 공사판 노동자, 전과 자는 한결같이 현실 밖의 소외된 자들이다. 현실에 결코 붙박일 수 없는 떠돌이, 길 위에 선 자들이다. 술집 잡부 백화는 새벽에 술집을 도망쳐 나온 몸이고 노영달 또한 간통으로 도망치는 막노동판 떠돌이며 정씨는 감옥에서 출소하여 고향을 찾아가는 전과자다. 그러나 그들이 찾고자 하 는 고향은 이미 사라진 뒤다. 감자를 캐먹으면서 살고 인심이 좋기로 소 문난 정씨의 고향은 이미 산업개발로 공사판이 한창이다. 그들은 정처를 잃어버린다.

조세희의 소설 「난장이가 쏘아올린 작은 공」에서 '난장이'는 달동네 철거민의 삶을 육체적 상징으로 드러낸다. '난장이'는 폭력적인 경제 개 발 정책에 의해 일그러지고 찌그러든 민중의 모습을 육체적으로 형상화 한다. 난장이 가족은 철저하게 삶의 터전에서 쫓겨난다. 포크레인에 의 해 부서지는 달동네의 판자촌은 자본주의가 개발이란 이름으로 자행하는 잔인하면서도 과격한 폭력의 현장이다.

하여 1970년대 한국은 화려한 산업화의 불빛 속에서 민중의 비애가 온몸을 감싸는 역설적 슬픔의 시대였으니 부재할 것만 같은 그 희망의 '고래'(대중가요 〈고래사냥〉)를 찾으려는 허무와 우울만이 팽배할 뿐이었다.

3. '민중'이라는 이름

이 가운데서 한국문학은 1960년대 순수 참여논쟁에서 1970년대 '민중 문학론'으로 이행한다. 1970년대 민족문학에서 '민중'은 문학의 주체로 등장한다. 민중적 시각은 국민의 대다수를 차지하는 기층문화의 주체가 민족사 인식에서 전제되어야 한다는 것에서 출발하지만 근본적으로는 1960년대 문학이 참여 / 순수로 양분되어 대결하다 1970년대 시민과 소시 민 문제를 제기하고 여기서 시민의식이 민중의식·농민의식·노동자의 식·민족의식으로 확산되면서 구체화된다. 민중이란 개념은 자본주의 생 산사회에서 노동자, 서민, 무산계급을 의미하지만 지식인, 지배층과 구별 되는 이념화를 거치면서 계급화된다. 실제 일제식민지를 거치면서 민족 문학이 '민중'에 바탕을 두어야 할 필요성이 더욱 가중된 셈이다. 그러나 더 거슬러서는 실학정신, 동학혁명이 민중의식, 민중적 시각을 전제하는 것이다.

1970년대 민중의식은 제3세계적 인식과 등가를 이루게 된다(백낙청). 민 중의식은 기존의 복고주의적이고 국수주의적 민족문학론과 구별되게 가 변적 개념으로 변이, 역사 상황에 적극적으로 대응하면서 제3세계 민족 주의라는 차원과 연결된다. 하여 1970년대는 민중적 시각의 획득 문제, 지식인과 민중 연대의 문제가 민족문학의 핵심적 테제를 담보하고 있었다. 여기서 지식인이 무산계급인 민중적 입장을 얼마나 체험적 삶의 직접성으로 형상화할 수 있을 것인가 하는 문제, 민중문학이 이념적 경향화로 말미암아 저항의 서정을 얼마만큼 미학적으로 창출해낼 수 있는가 하는 문제 등이 1970년대 민중문학이 안고 있는 과제였다.

무엇보다 '민중'이라는 거대한 추상성이 문학적 형상화의 지점에서 구체화되는가 하는 부분인데 사실 '민중'이라는 개념파악의 논점부터 냉철한 천착이 필요하다. 이를테면 1970년대는 민중에 대한 관심과 애정이 거의 신앙에 가깝지만 민중의 실체를 역사적으로 파악한 것인가 하는 부분에서 회의를 드러내기도 했다.[1] 1970년대 대규모 이농현상과 서구문명 충격 속에서 전통의 격변기가 이루어지면서 민중들은 오히려 독재권력의 암묵적 지지나 온상이 되어 왔다는 점, 진보적 지식인과 노동자 집단을 제외한 민중 개념에는 보수적 현실타협적 성향이 잠재하며 중앙에서 통제하는 효율적 선전으로 인해 산업화에 의한 유토피아의 가능성을 오히려 신봉했다는 점을 주목한다. 이와 같은 점에서 민중의 이율배반성, 민중의 부정적 성향에 대한 언급도 있다. 아니 농민들은 6·25 전쟁이나 전통적 농촌 해체의 과정을 통해 친일, 친공 부역자의 낙인에서 벗고 신분적 멍에를 벗어나는 사회 구조적 신분 변화의 기회를 맞게 되기도 했다는 점이다. 소작인의 신분에서 벗어나 오히려 군사독재의 열렬한 지지자로서 스스로 존립의 기반을 찾아가려 했다는 점 등도 충분히 고려해볼 수 있다.

민족문학의 주체로서 민중의 실체를 파악하려는 데서 오는 다소간의 혼란이 있는 셈인데 문제는 민족문학적 입장에서 1970년대 민중시에 대한 문학사적 평가, 해석의 관점에 대한 부분이다. 민족문학적 입장에서 지금까지 "문학사연구는 이데올로기는 아니지만 이데올로기적 담론이라는 관점"을 고수해왔다. 민족문학이 구체적 민족적 현실을 주시하고 역사적

---

1) 박대호, 「근대화의 중층성과 79년대 시의 민중지향성」, 『한국 현대시사의 쟁점』(김용직 외), 시와시학사, 1991, 476~479면.

실체로서 민중의 삶을 문학 속에서 구체적으로 표출하는 방식들을 찾아야 한다는 점에 동의한다. 그러나 분명한 것은 민족적 현실인식과 문학적 가치 혹은 문학적 현실을 등가의 관계에서 살펴서는 안 된다는 점이다.

이성부는 1967년 『동아일보』 신춘문예로 등단하여 시집으로 『이성부시집』(시인사, 1969), 『우리들의 양식』(민음사, 1974), 『백제행』(창작과비평사, 1977) 등을 상재한 바 있다. 이 글에서는 『우리들의 양식』, 『백제행』 두 시집을 통해 1970년대 이성부의 시세계를 중점으로 살펴보겠다.

이성부는 민중의식을 시적 전면에 들이대면서 현실에 대한 강렬한 비판과 분노를 싱싱한 목소리로 토해낸 1970년대 대표적인 민중시인이다. 그 동안 이성부 시는 민중의 삶과 역사에 대한 깊은 통찰과 윤리의식,[2] 값진 역사적 상상력,[3] 타자에 대한 책임의식[4] 등으로 해석되었다. 이성부 시는 민중들의 구체적인 삶의 과정에서 겪는 슬픔과 고통, 민중에 대한 책임과 연대의식 등을 구체적 내용으로 한다고 언급된다.[5]

그러나 나는 이와 같은 의견에 상당부분 동의하면서도 몇 가지의 수정적 시각과 접근이 필요한 시점이 아닌가 한다. 1970년대 민중시를 민중문학적 관점, 즉 민중의 황폐화된 현실을 재현한다는 리얼리즘적 시각으로 접근했을 때 1970년대 민중시인들, 신경림·고은·정희성·김준태 등의 시들이 어떻게 변별적으로 개별화될 수 있는가 하는 시적 개성과 창조 문제가 대두된다. 동시에 민중문학적 관점으로 시를 재단하여 시를 평면화·이념화·단순화시키는 해석의 한계를 벗어나기 힘들다. 민중문학은 민족의식을 고취시키는 근원적 힘이면서 동시에 개성적 시적 구현과 성취를 제한하는 경향화의 함정을 지닐 수 있다. 그런 측면에서 이성부의 시세계는 민중적 삶의 양식을 형상화한다는 주제론적 환원론적 접근방식을 넘

---

2) 김종철, 「이성부의 시 세계」, 『우리들의 양식』시집해설, 민음사, 1974.

3) 유성호, 「역사적 상상력의 시적 구현」, 『4월 혁명과 한국문학』(최원식 외), 창작과비평사, 2002.

4) 남기혁, 「산, 혹은 타자에 대한 책임과 윤리의식—이성부론」, 『시와시학』, 1996년 겨울.

5) 남기혁, 위의 글, 1996년 겨울.

어서서 그의 세계가 가지는 시인 개별적 개성과 시정신을 추출해 내는 일
이 필요하다. 이와 같은 작업이 이성부의 시세계를 1970년대 민중문학적
시각의 함몰에서부터 해방시키면서 동시에 이성부 시의 문학적 가치를 건
져 올리는 한 통로가 아닌가 한다.

4. 우리들의 힘 있는 슬픔

돌부리에 걸려 넘어진 슬픔,
피흘리는 슬픔,
등 돌리고 울음 감추는 슬픔,
연탄가스에도 중독되지 않는
가장 예리한 칼날로는 베히지 않는
슬픔의 肉體,
나자빠진 主題.
우리들 한복판에서
늘 우리들 모습을 새로 만드는
슬픔,
우리가 그대를 일으켜 세워야 한다.
깨진 무르팍 호호 불고
아무렇지도 않게 걸어가게 만들어야 한다.

—「우리들 詩」 전문

조선근대를 통과하면서 한국의 근대시는 허무와 비애의 정서를 여성
적 정조로 이끌어냈다. 소월이 보여주는 여성화자의 섬세한 아픔, 만해
시가 보여주는 형이상학적 정서의 승화(만해 시가 강인한 도덕적 종교적 생명
력을 보여주었지만), 윤동주의 실존적 부끄러움 등은 여성적 부드러움과 섬

약함을 견인한다. 한국 근대시에서 이육사와 박두진과 같은 강건한 의지와 정신성을 얻는 부분도 있었다. 그러나 한국 근대시에는 한국민의 전통적 정서, 애잔한 슬픔, 낯익은 체념이나 울분이 내포되어 있다. 왜곡되고 굴절된 한국 근대민족사의 과정에서 형성되어간 것이라 예측해 볼 수 있다.

이때 이성부 시는 한국 시의 주된 흐름인 '슬픔'의 정조를 남성적 파토스로 불러들인다. "돌부리에 걸려 넘어진 슬픔, / 피흘리는 슬픔", 슬픔은 예리한 칼날로도 베히지 않은 채 육체로 스며들어 스스로 육체가 되고 만다. 시인은 슬픔의 정서를 의인화하고 육체로 옷 입혀줌으로써 "우리들 한 복판"에 나타나게 한다. 슬픔의 육체화다. 그러나 시인은 넘어지기도 하고 피 흘리기도 하는 슬픔을 다시 "일으켜 세워야 한다"고 말한다. "아무렇지도 않게 걸어가게 만들어야 한다"고 노래한다. "깨진 무르팍 호호 불고", "흙먼지 털털 털고", "아무렇지도 않게" 슬픔을 걷게 하겠다는 것은 슬픔을 지속적으로 우리의 육체로 살아가게 하겠다는 역설적 논리이다. 이것은 슬픔을 오히려 강건하게 만들어버림으로써 슬픔의 칼날로, 슬픔의 육체로 궁극적 적극성을 성취하는 역설적인 감수성이다.

「우리들 시(詩)」는 슬픔을 일으켜 세워 노래하게 하는 드높은 의지의 역설성을 노래한다. 그리고 이와 같은 '슬픔의 육체화', '슬픔의 힘있는 보행'이 바로 "우리들 시"라고 말한다. 이성부는 슬픔을 살찌우고 슬픔의 의지력을 키워냄으로써 슬픔을 '한국적 감상성'이 아니라 '한국적 현실주의'로 승화시킨다.

한국의 울음과 눈물은 오랜 전통과 역사 속에서 지속되면서 한국민 정서에 내면화되어 왔다. 울음은 마치 한국인의 집단적 우물처럼 내면에서 정한을 퍼올린다. 울분은 온 몸을 떨리게 한다. 이성부 시는 한국사의 거대한 슬픔의 서사로 공동체적 어둠의 정조를 밝혀낸다. 이성부 시에서 '어둠'·'노여움'·'피흘림'·'밤'·'외로움' 등의 단어가 자주 등장한다. "눈물을 떠나 당당한 말을 해야 한다 / 그러나 눈물은 때로, 나의 예술보

다도 빠르게 / 내 정신을 짓밟는다”(「좀더 술을 마셔야지」), “저 바위도 입을
열어 가르쳐준다. / 크낙한 슬픔의 처음에는 아무도 없고 / 마지막에야 함
께 울어주는 치운 살결이 있다는 것을”(「저 바위도 입을 열어」). 시인은 절망
과 어둠과 분노가 뒤범벅이 되어 있는 이글거리는 노여움을 드러낸다.

그러나 시인은 솟구치는 눈물과 거대한 어둠 속에서도 눈을 부릅뜨고
싸워야 할 현실의 구체적 싸움, 쓰러진 죽음의 얼굴을 똑똑히 보아야 한
다고 말한다.6)

이성부 시는 폭악한 현실의 고통 속에서 처절한 싱싱함을 건져내기도
한다.

> 에미는 두 어린 것에게 다시 이불 덮어주지만
> 문풍지 틈에도 헝겊을 메우지만
> 그래도 그래도 어린 것들 볼에 제 볼을 부비지만
> 나는 돌아와서 거듭 숨막히게
> 안으로 뜨거운 노여움만 키워가네.
> 봄 오면 이사 가야겠어요
> 웃풍이 심한 걸요
> 가난해도 누더기 입지 않은 마음,
> 차라리 알몸으로 누워 이기는 마음,
> 겉으로 살쪄 아파버린 고장에서
> 견디는 길은 이뿐이구나.
> 삭지 않고 썩지 않아
> 싱싱할 길은 이뿐이구나.

> —「좀더 술 마셔야지」 중에서

---

6) “우리도 아직은 잠이 들면 안된다. / 거대한 어둠으로부터 비롯되는 / 싸움, 떨어진 살
점과 창에 찔린 옆구리를 / 아직은 똑똑히 보고 있어야 한다. / 쓰러져 죽음을 토해내는
사람들의 아픈 얼굴, / 승리에 굶주린 그 고운 얼굴을 / 아직은 남아서 똑똑히 보아야
한다.”(「밤」)

시인은 차가운 바람이 방안으로 들어오지 못하게 문풍지 틈을 헝겊으로 메우지만 마음속에 깊은 노여움이 뜨겁게 마음을 불태운다. 신작로가 놓이고 전기가 들어오는 겉으로 화려해진 산업화의 현장을 "겉으로 살쪄 아파버린 고장"이라 되뇌이면서 "견디는 길"은 "차라리 알몸으로 누워 이기는 마음"이라는 비장한 각오를 들이댄다. 이성부의 슬픔은 거름같이 자신을 썩게 하여 생명을 일구는 슬픔이 아니다. 가난해도 누더기를 입지 않는 오기의 저항이다. 알몸으로 누워 견디는 칼날 같은 항거다. 이성부 시는 삭지도 않고 썩지도 않은 채 철저하게 살아남는 싱싱하면서 독기어린 견딤의 이김을 보여준다. 하여 시인은 노여움을 절이고 어둠을 삭여 자신의 의지력을 오히려 불 지펴 몸을 덮인다. 이성부 시는 노여움과 분노를 자기 내부에서 '힘'으로 전화시켜 억압된 삶을 뚫고 나아갈 수 있는 인식과 의지의 지표로 삼는다. "부질없는 탄생은 부끄럽고 어둡다. / 얼굴이 붉어 지렁이도 마주 대할 수가 없다 / 내 시의 옆구리를 알맞게, 혹은 처참하게 뚫어줄 / 힘, 힘의 날카로움, 그것들의 피 / 끊임없는 그것들이 필요하다"(「되풀이」).

이성부 시의 힘은 이와 같이 고통을 역설적으로 전화시키는 현실적 힘이다. 이성부 시는 당당하고 우직한 남성적 강고함, 결코 패배하지 않는 정치적 억압에 대한 현실 극복 의지를 드러낸다.

5. 목숨의 뜻, 목숨의 역사

반도 서남쪽 사람들은
언제나 마음을 대지 위에 세우고도
그 몸은 서지 못한다.

　　지리산 깊은 골짜기의
　　농부 한 사람의 죽음으로도
　　세계가 자기 몸에 피 적시는 까닭이 여기 있다.
─「백제 1」 중에서

　이성부 시인에게 '전라도'는 광주·무등산·백제 등으로 호명되면서 반도 서남부 지역이 전통적으로 잠재해 온 한과 역사 경험의 장을 불러온다. 그의 「전라도」·「백제」 시편 연작들은 한국사의 역사적 공통체험이 녹아진 채 깊은 분노와 저항의 파토스를 함축한다.

　시인은 역사적으로 호남 지역이 겪을 수밖에 없던 지역적 특수성과 체험에 대한 공동체적 울분을 토로한다. 백제와 전라도는 어김없이 수탈과 침탈의 고장이었고 그에 맞서 저항과 항거의 난장(亂場)이 되어왔다. 가렴주구(苛斂誅求)하는 관리들의 폭정 속에서 백성들은 힘없이 쓰러지거나 사라지거나 또는 죽창으로 맞서서 항거하다 피 흘리며 모진 목숨을 이어왔던 곳, 시인은 아직도 더운 피가 흙 속에 덮여 있다고, 죽은 듯 기다리고 있다고 노래한다(「백제 2」). 이와 같은 침탈과 항거의 역사가 백제 역사의 축소판이면서 전라도 역사의 현장이다.

　시인은 백제시편과 전라도 지역의 역사적 특수성을 시인이 실제 자라고 살아온 남도의 체험을 토대로 열정적으로 재현해 낸다. 정치적 폭정과 외적 침탈의 무력한 희생물이었던 전라도 백성의 설움과 노여움을 역사적 시각으로 노래한다. "눈앞에 둔 고향을 빼앗기고도 / 손에 쥔 죽창 천리 밖에서 번득이네."(「백제 3」) 이성부 시는 한국사에서 '전라도'라는 일종의 역사적 트라우마(정신적 외상), 축적된 오랜 역사적 고통을 치열하게 보여준다.

　「백제 1」에서 시인은 "반도 서남쪽 사람들"은 흙과 고향에 대한 뿌리 깊은 애착에도 불구하고 고향을 등지고 떠나가거나 고향 땅에서 피흘려 죽을 수밖에 없는 시대적 경험을 이야기한다. 시인은 그러나 죽은 농부

힘센 슬픔과의 만남　49

의 피가 서남쪽 사람들의 피 전체를 적시어서 농부의 아내는 "삼베 찌든 몰골로 / 유복자를 기르고, 이마의 땀을 닦고, / 섞이는 눈물 / 코 풀고 손등으로 닦아내", "한뼘의 땅, 한줌의 흙"을 일구어낸다고 노래한다. 이성부는 시대 비판적 시각 속에서 민중의식의 끈질한 생명력이 민중의 역사를 일깨워왔음을 성토한다.

> 아직도 따스한 이 주먹밥엔
> 반쯤 목메임이 섞여 있다.
> 이십 년 전에도 삼십 년 전에도
> 눈물로 밥을 뭉쳐,
> 급할 때마다 만드시던 어머니를 나는 기억한다.
> 왜놈 순사를 때려 죽였다는 삼촌과
> 징용에 나가시던 아버지에게
> 만들어주시던 주먹밥을 나는 기억한다.
>
> 어머니는 하나뿐인 아들에게마저
> 또 이것을 만들어주시었다.
> 거리에서 피투성이로 끌려갔다는 삼촌과
> 흰 상자로 돌아온 아버지를
> 나는 끝내 다시 뵐 수가 없었다.
>
> 느린 기차는 이 밤에
> 나를 붙잡아 데려가는 것일까?
>
> —「어머니」 중에서

　시 「어머니」는 통시적 역사의 현장 속에서 민중적 현실을 사실적으로 재현한다. 외세에 의한 격변의 근현대사 속에서 생존의 치열한 현장 속에서 어머니는 언제나 반쯤 목메임이 섞인 채 따스한 주먹밥을 뭉쳤다. 이십 년 전, 삼십 년 전 왜놈 순사를 때려 죽였다는 삼촌에게도 징용에 나가시던 아버지에게도 어머니는 주먹밥을 만들어주었다. 어머니는 고향을 떠나 서울 가는 새벽 기차를 타는 아들에게도 주먹밥을 뭉쳐 주신다.

시적 화자는 기차에 올라 나주 배를 씹지만 "나주 배 이미 슬픔 되어 / 내 목마름 참으라 한다". 그러나 "어머니의 주먹밥 꺼내어 / 그 아픔 입 맞추었을 때" 시인은 비로소 어둠 속에서 굳센 어머니의 모습을 똑똑히 보게 된다. 시인은 "밝아오는 새벽의 흙투성이 얼굴을", "힘 모아 싸우다 싸우다가 / 죽어서도 이겨 나오는 사람들"의 얼굴을 보게 된다. 결국 현실에 대한 처절한 치욕와 항거의 흐름 속에서 민중들은 어머니의 주먹밥으로 질긴 '목숨의 역사'를 이어온다. 시인은 위장에까지 걸쳐져 있는 울분과 굴욕을 벗어 던지고 "죽어서도 이겨나오는 사람들"의 얼굴을 그려본다. 어머니의 마음으로 역사와 목숨의 의미를 되새기는 것이다.

6. 누룩처럼 번지는 사랑, 핏물처럼 번지는 그리움

그러나 이성부는 말한다. "슬픔보다도 노여움보다도 먼저 지녀야 할 것이 있다 / 우리네 그리움이다."(「그대가 나를 문문이 보는구나」) 거친 격분의 호흡을 가라앉히며 시인은 시대적 울분을 공동체적 연대와 사랑으로 승화한다. 민중들 사이의 그리움과 몸기댐, 민중 연대에 대한 전망을 놓치지 않는다. 이것은 결국 민중적 사랑으로 민중적 연대를 성취해나가고자 하는 근원적 보편적 사랑의 성취라 할 수 있다.

누룩 한 덩이가
뜨는 까닭을 알겠느냐.
지 혼자 無力함을 부대끼고 부대끼다가

어디 한 군데로 나자빠져 있다가
알맞은 바람 만나
살며시 더운 가슴,
그 사랑을 알겠느냐.
(…중략…)
속 깊이 쌓이는 기다림
삭고 삭아 부서지는 일 보았느냐.

지가 죽어 썩어 문드러져
우리 고향 좋은 물 만나면
덩달아서 함께 끓는 마음을 알겠느냐.
춤도 되고 기쁨도 되고
해 솟는 얼굴도 되는 죽음을 알겠느냐.

아 지금 감춰둔 누룩 뜨나니.
냄새 퍼지나니.

—「누룩」 중에서

이성부 시는 민중의식을 단순한 분노의 직접성으로 드러내기보다 전통적인 민중 삶의 현장에서 은유를 이끌어낸다. 누룩은 한국 전통의 깊은 정서를 내포하고 있는 공동체적 정서의 상징이다. 시인은 "누룩 한 덩이가 / 뜨는 까닭을 알겠느냐." 화두를 던지면서 생동감 있게 이인칭 독자를 텍스트의 현장 속으로 이끌어 들려 심정적 공감대를 유도한다. 누룩은 자신의 무게로 가라앉아 있는 것이 아니라 발화되고 숙성되어 바람과 몸을 섞고 더운 가슴으로 사랑을 알아 팔팔 "함께 끓"어야 한다는 것, 그리하여 "춤도 되고 기쁨도 되고 해 솟는 얼굴도 되"어야 한다는 것. 시인은 스스로가 썩어 문드러지고 속 깊이 쌓이는 기다림 속에서 삭고 삭아 부서져야 '사랑'을 이루고 다시 '죽음'을 알게 된다고 노래한다. 감춰두었던 '누룩'이 다시 떠올라 누룩 뜨는 냄새가 천지를 진동하니 시인은 비로소 민중의 뜨거운 가슴이 으깨어지고 부서져 온 천지에 꽃피고 있음을 안다. 누룩내는 번지면서 민중적 전망과 역사에 대한 낙관적 믿음을 보여준다. 이성부 시는 민중적 정서를 직관적 열정과 심정적 동의로 유도해 냄으로써 독자 공감대를 형성하고 서정적 민중의식을 탁월하게 일구어낸다.

> 벼는 가을 하늘에도
> 서러운 눈 씻어 맑게 다스릴 줄 알고
> 바람 한 점에도
> 제 몸의 노여움을 덮는다.
> 저의 가슴도 더운 줄을 안다.
>
> 벼가 떠나가며 바치는
> 이 넓디 넓은 사랑,
> 쓰러지고 쓰러지고 다시 일어서서 드리는
> 이 피 묻은 그리움,
> 이 넉넉한 힘……

— 「벼」 중에서

「벼」는 민중 생명력에 대한 시인의 전망을 순화된 시적 서정으로 구현해낸 이성부 시의 뛰어난 대표작이다. 시인은 민중의 삶과 질곡을 '벼'의 집단적 사랑과 인내와 분노의 삭힘과 더운 열정으로 재현해 낸다. 벼가 익어 가는 시간의 견딤, 그 견딤 속에서 스스로를 제어하고 스스로를 승화시키는 일생의 과정을, 그리하여 마지막 떠나면서 스스로를 바치고 드리는 "넓디 넓은 사랑"에 대하여 시인은 노래한다. 그것은 이성부 시에서 언제나 궁극적인 화두였던 "피 묻은 그리움"이며 "넉넉한 힘"이다.

7. 민중의 시대, 집단적 호명의 의미와 한계

이성부 시가 민중의식을 민중적 시각 속에서 재현해 내고 정서적 공감대를 성공적으로 이룩할 수 있는 것은 무엇보다 한국 전통적 공동체 정서 속에서 집단적 슬픔을 동력화·역사화하고 하고 있기 때문이다. 다음으로 '누룩'·'벼'·'벌판'과 같은 향토적 소재를 서정적 열정으로 재현하여 민중성을 자연성과 결합시키고 있다. 세 번째로 '전라도'에 대한 집단 무의식을 역사적 상상력으로 용해하면서 통시적 역사를 통해 역사적 전망과 통찰을 가능하게 한다.

무엇보다 이성부 시가 가지는 덕목은 그의 시가 민중의식에 대한 가열찬 집념 속에서 순수한 시적 열정을 보여주었다는 점이다. 시적 열정이 결국 그의 시에서 민중 사랑과 연대에 대한 시적 '속도감'과 '절박함'을 일구어내 독자 공감을 획득한다. 민족 집단, 민중 공동체에 대한 뜨거운 사랑, '내'가 아닌 '우리' 전체의 삶과 투쟁, 눈물과 힘의 역사를 이성부는 격렬하면서 고통스럽게 발언한다.

다만 나는 몇 가지를 부언하고 싶다. 1970년대 민중문학이 가지는 집단적 정서, 집단화된 화자의 호명은 역사적 현장 속에서 시가 가지는 사회학적 책임과 인식의 몫을 감당하였다는 긍정적 평가를 충분히 내릴 수 있다. 그러나 이성부 시는 민중의식의 시적 구현 과정에서 경험적 구체를 결여하고 있다. 그는 윤리의 추상성 속에 이념적 당위론과 결합되어 삶의 실증으로서의 시적 미메시스, 시적 재현력을 보여주지 못한다. 즉 이성부 시는 공동체적 유대와 민중의식, 역사적 상상력을 시적으로 추동해내는 끈질긴 정신력을 내장하지만 그의 시가 민중의 구체적 삶을 시적 현실로 구체화했는가는 의문스럽다. 특히 이성부 시는 민중의식의 역사에서 오랜 시적 상징이 되어 온 집단화되고 관념화된 시 상징('벼', '밤' '봄' '빛')을 알레고리화함으로써 확산되어야 할 시적 의미의 풍성함을 가

로막는다. 시적 구체화의 약화는 민중과 역사적 삶의 당위성만을 도식화
시킬 가능성이 있다. 민중의식과 '지식인—민중연대'에 대한 강박이 오
히려 스스로 개인적 자기 삶에 대한 엄정한 관찰을 배제함으로써 주관
주의적 열정이나 민중적 삶에 대한 집단적 소박한 믿음으로 떨어질 가
능성도 있다는 점이다.

김수영 시가 사회 현실에 대한 의식적 실천을 드러내면서도 자기 정
직과 양심의 속도를 보여준 것을 상기해 보자. 김수영 시가 시적 열정과
시적 혁명을 성취함으로써 현대시사에서 후진들에게 지속적인 관심과
탐독의 대상이 되어 온 점과 비교될 수 있다. 신경림의 「농무」나 「파장」
에서 보여준 농민화자의 독특한 민중적 시각, 농촌의 전통적 리듬의식과
현장성, 정서의 주체화 실현과도 비교해볼 만하다.

1970년대 이성부 시를 생각해 보았을 때 어떤 점에서 시적 서정의 세
련과 구체화를 거치기에 시대가 주는 급박함이 우선적으로 시 형식을
압박하였는지도 모른다는 추측을 해 본다. 당시대적 시대의식을 관통하
면서 집단적 정서를 통해 공감의 준거를 획득하는 시가 오랜 시간이 지
나고 나서 세계인식의 새로운 질서 속에서 재편성되면서 충분히 공감되
지 않을 수 있다.

그러나 또 다른 측면에서 보면 작품의 평가란 문학사 전체를 통시적
으로 아우르면서 당시대적 의미를 민족문학사적 지평 속에서 재조정하
여 바라보고 문학적 가치와 의의를 대입하는 데 있을 것이다. 그런 의미
에서 이성부 시가 당시대적 민중의식, 역사적 생명력을 통해 시적 성취
를 이룩하였다는 점은 명백하다.

20세기 한국시의 주된 흐름을 한마디로 말하자면 리얼리즘에의 근접
이라 할 수 있다. 민족적 민중적 현실에 언어가 가까이 가려 하였다는
점, 개인적이면서 공적인 확인을 하고 싶어했다는 사실이다. 제국주의적
침탈과 왜곡된 근대화의 과정에서 민족 정체성, 민족어(모국어)를 회복하
고 구현해야 하는 것이 근대 한국문학의 절대적 과제였다. 민족문학적

입장은 박래한 서구사조에 대항하면서 한국 전통의 뿌리를 토대로 '지금' '이곳'에서의 한국적 삶을 검증하고 세계문학 속에서 한국문학의 방향성, 주체성을 주도해내는 것이었다. 시와 이데올로기의 문제는 이제 리얼리즘의 관념성과 이념적 전위를 넘어 미메시스의 지점으로 넘어가고 있다는 점, 이제 분명한 것은 자신의 신념체계 속에서 문학의 영역을 환원, 재구성하는 것이 아니라 한국 현실과 개개 인생을 둘러싸고 있는 세계에 대한 구체적 고려 속에서 시적 상상력의 명징성과 시적 직관을 드러내야 한다는 점을 나는 언급하고 싶다.

참고할 문헌

김종철, 「이성부의 시 세계」, 시집 『우리들의 양식』 해설, 민음사, 1974.

남기혁, 「山, 혹은 타자에 대한 책임과 윤리의식―이성부론」, 『시와시학』, 1996년 겨울.

박대호, 「근대화의 중층성과 70년대 시의 민중지향성」, 『한국현대시사의 쟁점』(김용직 외), 시와시학사, 1991.

백낙청, 「민족문학의 현단계」, 『민족문학과 세계문학』 2, 창작과비평사, 1995.

유성호, 「역사적 상상력의 시적 구현」, 『4월 혁명과 한국문학』(최원식 외), 창작과비평사, 2002.

하정일, 「저항의 서사와 대안적 근대의 모색」, 『1970년대 문학 연구』(민족문학사연구소 현대문학분과), 2000.

홍문표, 「민중문학론 연구」, 『새국어교육』 Vol52.No1, 한국국어교육학회, 1996.

국토에 타오르는 자유의 노래

조태일론

김진희

1. '현실', 시적 진실의 탄생

너희의 녹슨 여러 칼을
꺾어 버리며 내 단 한 칼은
후회함이 없을 앞선 심장 안에서
말을 갈고 자르고
그것의 땀도 갈고 자르며
늘 뜬 눈으로 있다
그 날카로움으로 있다
—「식칼론 ②—허약한 詩人의 턱 밑에다가」(1969) 중에서

조태일의 1970년대 시작(詩作)은 『식칼론』 시집 출간으로 시작된다. 과
격한 이미지를 환기시키는 「식칼론」 연작시는 시인의 강렬하고도 절실

한 소망을 함축하고 있다. 말하자면 1970년대 폭압적 정치 현실에 대응하는 시인의 열정과 소명의식이 비일상적인 소재를 통해 당대사회의 폭력성을 강조하고 있는 것이다.

조태일은 「식칼론」을 통해 자신의 시(詩)가 시대의 아픔을 베는 식칼이 되기를 소망한다. 그에게 식칼, 시(詩)는 피폐해진 한반도를 두루 날아다니며 썩은 가슴을 도려파내 버리고자 하며 오지 않을 미래를 퍼런 빛으로 충만하게 만들고자 하는 열정과 의지의 에너지다. 이를 위해 시인은 자신의 마음을 갈고, 언어를 갈고, 칼을 간다.

'허약한 시인의 턱 밑에다가'라는 부제가 붙은 위의 시는 현실에 대응하지 못하는 당대의 무력한 시에 대한 비판과 극복의 방향을 제시하고 있다. 그는 당대의 시가 뼈다귀도 살도 혼도 없는 녹슨 시임을 역설하면서 시대를 가르기 위해 날카로운 눈으로 깨어 있을 시를 요구한다. 그렇다면 조태일은 왜 이런 시를 강조하는가.

주지하다시피 1960년대에서 1970년대에 이르는 시기는 경제건설을 내세우는 독재 정권에 의해 민주와 자유가 압살당하고 인권침해, 언론탄압이 자행되던 시대였다. 더군다나 1970년대 초 유신독재는 그 체제에 저항하는 민중들의 삶을 유린하고 폭압하는 데 주저하지 않았다.

이런 시대적 분위기와 맞물려 문학은 체제에 저항하는 방향으로 선회하였으며 그런 현실로 고통받는 노동자·농민 등 민중의 편에 선 것이었다. 따라서 1970년대를 거치면서 민중 문학은 1980년대 민중문학의 토대역할을 하면서 발전할 수 있었다.

조태일 역시 1964년 신춘문예로 시단에 입성한 이래 시와 현실에 관해 끊임없이 고민하면서 그 둘의 간격을 좁히면서 자신의 시작(詩作) 활동을 꾸준히 개진시켜 왔다. 그에게 시는 그냥 존재하는 것이 아니라 현실에 관해 무언가를 말해야 하며, 현실에 관해서 무엇인가를 해야 하는 존재로 인식된다. 그러나 현실은 폭압적이고 정의롭지 못하기 때문에 이에 대항하려는 그는 목숨을 내놓고 시를 쓴다.

도무지 시를 사랑할 힘마저 빠져
지쳐 늘어지고 싶은 날엔
살을 꼬집어 아파아파하며
이렇게 중얼거려본다.

도대체 시가 무엇이길래
육신과 영혼을 이끌고 지옥까지 들어가는가.
도대체 시가 무엇이길래
나라 앞에서 초개처럼
하나뿐인 목숨까지 열어놓고 바치는가.
(…중략…)

시보다 더 자유로운 세계를 찾아서
나는 시를 썼던가. 쓸 것인가.

—「詩를 생각하며」(1979) 중에서

내 시의 관심은 우선 현실 쪽입니다. 현실을 제대로 알지 못하고 어찌 감히 미래를 창조할 수 있겠습니까. 내 시의 진실은 바로 현실입니다. (…중략…) 나는 지식인의 무사안일한 침묵이나 혼자만 아는 지적인 유희를 경멸합니다. 인간 삶의 正道가 흐트러진 사회에서 침묵은 굴종이며 허위에 대한 방조에 지나지 않습니다. 인간의 순수함이 짓밟히는 획일주의나 독재주의 횡포 아래서 인간정신의 상실을 막기 위해 저항합니다. 꼭 이길 것을 알고 저항하는 것은 아닙니다. 옳으니까 저항하고 저항하는 순간이 곧 자유가 탄생되고 신장되는 승리의 순간이기 때문입니다.

—조태일, 「오늘 나의 문학을 말한다」(1985)

강력한 목소리로 식칼의 시가 되기를 주장하는 시인에게도 지치고 늘어지는 순간은 찾아온다. 이런 때면 그도 도대체 시란 무엇일까 고민한다. 육신과 영혼을 이끌고 지옥까지 들어가게 만드는 것, 초개처럼 자신의 목숨을 바치게 만드는 것, 그런 시란 도대체 무엇인가. 자유로운 세계를 찾기 위해서 시를 써왔고 시를 쓸 것이라는 시인의 생각 근저에는 무엇보다 '현실'에 대한 관심이 놓여 있다. 위의 글 「오늘 나의 문학을 말한다」에서도 밝히고 있듯이 조태일 시의 진실은 바로 현실이다. 그는 획일주의와 독재주의가 횡행하는 현실과 맞서는 정신 속에서 자유가 탄생하고 있음을 밝히고 있다. 이처럼 열악한 현실과 맞서려는 조태일의 시적 태도는 결국 유신정권 아래서 시집 『국토』(1975)가 출간되자마자 폐간되는 비운을 맞게 한다.

그렇다면 1970년대 현실에 관해 이야기하고 있는 『국토』는 어떤 세계로 존재하고 있는 것일까. 시집 『국토』의 세계는 정치적 암흑에 놓인 한반도의 상황에 대한 통렬한 비판이자, 민중의 저항의식을 적극적으로 드러낸 것으로 평가받아 왔다. 조태일이 말하는, 하늘과 빛과 바람과 물이 어우러져야 할, 그러나 그렇지 못했던, 1970년대 국토의 현실은 어떤 것이었을까.

2. 국토와 민중에 바치는 헌시(獻詩)

1970년대 발표한 '국토' 연작 시편의 의의는 이 땅의 자연이나 향토에 대한 애정을 넘어선 곳에 존재한다. 시인이 강조하고자 하는 '국토'는 민중의 삶이 뿌리내린 곳, 억압받는 민중들이 살아가는 공간으로 폭압적인 정권에 의해 황폐화된 곳이기도 하다. 이런 의미에서 국토는 '민중'이며 그들이 사는 '현실'이다. 시인은 이런 국토를 자신의 전투적인 사랑과 열정으로 살려내기 위해 시를 쓴다. 이런 의미에서 국토 시편은 1970년대 조태일이 국토에 바치는 생생한 기록이자 처절한 연가(戀歌)이다.

버려진 땅에 돋아난 풀잎 하나에서부터
조용히 발버둥치는 돌멩이 하나에까지
이름도 없이 빈 벌판 빈 하늘에 뿌려진
저 혼에까지 저 숨결에까지 닿도록

우리는 우리의 삶을 불지필 일이다.
우리는 우리의 숨결을 보탤 일이다.
일렁이는 피와 다 닳아진 살결과
허연 뼈까지를 통째로 보탤 일이다.

— 「國土序詩」(1975) 중에서

국토 시편의 서시 역할을 하는 위의 시를 통해 국토 관련시들이 갖는 의미를 되새겨볼 수 있을 것이다. 위의 시에서 국토는 '버려진 땅', '빈 벌판', '빈 하늘'로 묘사되는 황폐화된 공간으로 나타난다. 시인은 이런 국토에 헌신할 것을 맹세한다. 그 헌신의 과정은 일렁이는 피와 닳아진 살결과 허연 뼈가 드러나는 고통의 시간들이지만, 새로운 세상은 발바닥이 다 닳고 숨결이 소진할 정도의 희생과 고통을 통해서만 얻어질 수 있기에 시인은 자신의 생명을 오롯이 국토에 바치려 한다. 이때 '~할 일이다'라는 문장 종결형은 국토와 민중에 대한 헌신과 희생이 반드시, 당위적으로 해야 할 일임을 강조하고 있다.

그러므로 시인은 버려진 국토를 외면하지 않고 오히려 그 곳에 투신하겠다는 의지를 불태우는데, 이는 국토의 운명과 자신의 운명을 하나로 보고 있기 때문이다. 국토란 물리적으로 자연의 공간이기도 하지만 민중, 민족의 삶이 영위되는 상징적인 공간이기도 하다. 그런 의미에서 국토와 한 개인은 운명의 공동체이며 국토의 고통은 개개 민중의 고통이기도 한 것이다. 따라서 조태일은 황무지 같은 국토의 이미지를 통해 그 땅에 살고 있는 민중들의 황폐화된 현실을 일깨우고 있다.

너희들은 아버지를 아버지라 부르고
너희들은 어머니를 어머니라 부르고
너희들은 형님을 형님이라 부르고
너희들은 누나를 누나라 부르고
동생을 동생이라고 처음 부르던
이땅을 부둥켜안고,

결코 이 겨울을 피하지 않으리라
결코 이 땅을 피하지 않으리라.
이곳말고 갈 수 있는 땅이
어디 있다더냐.

헐벗을 날이 오더라도
떨 날이 오더라도
침묵할 날이 오더라도

—「꽃나무들」(1979) 중에서

　이 땅은 우리 민족의 원초적인 삶이 뿌리내린 곳이다. 아버지를 아버지라 처음 부르던 이 곳, 즉 우리의 삶이 최초로 시작된 곳이기에 이 땅은 우리의 운명과 같은 것이다. 그래서 시인은 '우리의 땅', '우리의 하늘', '우리의 가락', '우리의 삶', '우리의 숨결'을 중시할 수밖에 없는 것이며 공동체의 삶이 영위되는 터전에 대한 헌신과 희생의 의지를 강조하지 않을 수 없는 것이다. 시인은 헐벗고, 떨고, 침묵할 날이 오더라도, 즉 그런 날이 올 것을 알더라도 결코 피하지 않고 국토의 운명에 당당히 맞설 것임을 다짐하고 있다. 이런 의미에서 조태일의 국토 시편은 황폐화된 국토와 민중에 대한 사랑과 헌신의 약속에 바쳐진 것으로 읽혀진다.

3. 폭압적 시대와 잃어버린 목소리

「국토」 연작에서 1960~1970년대 현실은 때로는 직접적으로 나타나든
가, 때로는 상징이나 비유를 통해 간접적으로 등장한다.

생각 같아서는 먼눈 썩은 가슴을 도려파 버리겠마는,
당장에 우리나라 국어대사전 속의 「改憲」이란
글자까지도 도려파 버리겠다마는

눈 뜨고 가슴 열리게
먼눈 썩은 가슴들 앞에서
번뜩임으로 있겠다! 그 고요함으로 있겠다!
이 칼빛은 워낙 총명해서 관용스러워서.
―「식칼론③―憲法을 위하여」(1969) 중에서

아무리 아무리 아니라 해도
신문은 곧 휴지일진댄
알알이 태연히 잘못 박힌 活字야
썩은 피래미 눈깔아, 차라리 뒤집혀서
시커먼 覆字로 눈멀어 버려라
시커먼 覆字로 눈멀어 버려라

아무리 아무리 아니라 해도
라디오와 텔레비는 古鐵일진댄
죄없는 老母와 여편네와 두 갓난애기의
귀와 눈들을 할일 없이 들쑤시는
목소리야 황소 울음소리야 제발 꺼져 버려라
부셔 버리기 전에 던져 버리기 전에 꺼져 버려라

금순이만 굳셀 일이 아닐진댄
고바우각하야 두꺼비각하야 야로씨각하야
나원 참여사각하야 왈순아지매각하야
굳세어 버려라 굳세어 버려라

—「버려라 타령」(1974) 중에서

위의 두 시는 정치적 암흑기에 놓인 당대 현실을 직접적으로 비판하고 있다. 우선 「식칼론③」은 1969년 박정희의 독재 연장을 위한 3선 개헌안 국회 날치기 통과라는 헌정상 치욕적인 사건을 다루고 있다. 시인의 생각 같아서는 당장 썩은 세력들의 눈과 가슴을 다 파버리고 싶으나 시인의 식칼은 그렇게 섣부르지 않다. 시인의 칼이 총명하고 관용스럽다는 표현은 적절한 때를 기다리겠다는 의미로 읽힌다. 당대 정권의 심장부를 향한 시인의 이런 비판은 사상 검열의 대상이 될 수밖에 없었을 것이고 때문에 시집은 온전히 출간될 수 없었을 것이다.

그렇다면 이렇듯 당대의 폭압적인 정권이 저지른 언론 탄압의 상황이 「버려라 타령」에 묘사되고 있다. 시인은 진실을 알리지 못하는 신문은 휴지에 불과하고 텔레비전은 고철에 지나지 않는다고 한다. 이들은 모두 자신의 소임인 바른 소리를 낼 수 없기 때문이다. 진실을 은폐한 채 '알알이 잘못 박힌 활자들', 그리고 복자(覆字)로 처리해 버린 사실들, 이에 대해 시인은 차라리 아예 눈 멀어버리라고 한다. 그에게 진실을 알리는 활자들은 정의를 바라보는 '눈'과 같다. 그러나 현실 속에서 활자는 생명력을 상실한 피래미 눈깔이다. 이런 눈으로 진실을 가릴려면 차라리 그 어떤 것도 볼 수 없도록 눈이 없는 것이 나을 것이라고 시인은 역설한다.

김 수영이 일찍이 노래했던 것처럼 곧은 소리가 곧은 소리를 불러야 해야 함에도 불구하고 당대의 정치적 현실은 곧은 소리를 내면 사상 검열을 통해 반공인사로 만들어버리는 일이 비일비재했던 시대였다. 이런 상황 속에서 시사만화들도 자신의 목소리를 제대로 낼 수 없는 지경에 이르고 만다. 위의 시에 등장하는 고바우, 두꺼비, 야로씨, 나원참 여사, 왈순 아지매 등이 실제로 그 시사 만화의 주인공들이었다. 한 시대의 언로의 역할을 하던 이들에게 시인은 '굳세어버려라'라고 명령한다. '굳세어라'가 아니라 '굳세어 버려라'라는 시인의 어투는 그 행위의 완전함을 촉구하고 있다.

> 잃어버린 목소리를
> 어디 가면 만날 수 있을까,
> 잃어버린 목소리를
> 어디 가면 되찾을 수 있을까,
>
> 바람들도 만나면 문풍지를 울리고
> 갈대들도 만나면 몸을 비벼 서걱거리고
> 돌멩이들도 부딪치면 소리를 지르는데
> 참말로 이상한 일이다.
> 우리들은 늘 만나도 소리를 못내니
> 참말로 이상한 일이다.

—「목소리」(1972) 중에서

시인으로서 가장 고통스러운 일은 무엇보다 자신의 소리를 제대로 낼 수 없는 것이리라. 위의 시들은 '잃어버린 목소리'라는 상징적인 표현을 통해 자유롭게 자신의 의사를 표현할 수 없는 당대 상황을 비유적으로 보여주고 있다. 언론 탄압의 일환으로 집회, 결사의 자유마저 박탈당한 민중의 생활은 만나도 서로의 가슴 속 사연을 나눌 수 없다. 만약 이런 일이 행해진다면 그들은 "거의 반죽음으로 바람 속을 / 바람에 끌려 다니"게 된다(「호박꽃들을 보며」, 1972). 그러나 이런 상황이 시인은 '이상하다'. 왜냐하면 소리를 낸다는 것은 인간에게 당연하고도 자연스러운 행위이기 때문이다. 이를 강조하기 위해 시인은 자연물들을 등장시킨다. '바람',

'갈대', '돌멩이' 같은 자연물을 등장시키는 이유는 인간이 아닌 자연물들도 소리를 낸다고 말함으로써 인간의 행위를 정당화시킬 뿐만 아니라 인간이 자신이 하고 싶은 말을 한다는 것은 아주 자연적인 일임을 강조하는 것이다. 그러나 현실은 여전히 목소리를 목청 뒤에 숨겨야 하는 상황이므로 시인에게 이 세상은 속내를 말할 수 없는 '껍데기'만 존재하는 곳이다.

이런 현실에 대한 문제의식이 아래의 시에 표현되고 있다.

답답한 목소리는 풀어야 한다.
기필코 풀어야 한다.
조건없이 풀어야 한다.

얽매인 목소리를
모든 만물의 눈에까지 훤히 보이도록
국토 위에 野生馬처럼 풀어주어야 한다.

그리움이 넘쳐서
보이지 않는 목소리가 더욱 그리워서
산천은 누운채 가슴 답답하다더라.

　　　　　　　　　　　　　　　—「풀어주는 목소리」(1973) 중에서

내 귀는 닫혀서
내 눈은 감겨서
내 입은 아물어서
내 팔다리는 묶여서
이 캄캄한 펜으로는
차마 차마 적을 수가 없네.

제자리로 돌아가 서로들 만나지만

항상 비어있는 우리들 식탁의
그 얼굴들
그 웃음들
아아, 그 그리운 그리운 목소리들.

—「가을 · 목소리 · 펜」(1974) 중에서

위의 두 시에서는 우리가 사는 국토이자 산천이 답답해하고 있을 뿐만 아니라 그런 땅에서 살아가는 우리들 역시 닫혀 있고, 감겨 있고, 묶여 있다. 이런 의미에서 국토와 산천은 자연적인 의미가 아니라 이 땅 위에 살고 있는 민중의 삶 전체를 대변하고 있다. 이 땅에 사는 민중들의 입과 귀와 눈과 팔다리가 묶인 상황에서는 그들이 둥지를 튼 이 국토 역시 온전할 수 없기 때문이다. 따라서 시인은 답답한 상황을 '풀어야 한다'고 당위적 어조로 반복해서 말한다. 그러나 현실은 쉽사리 변하지 않기에 시인은 "그래서 그런 줄은 모르지만 / 요즘은 새벽같이 깨어나서 / 맨손체조를 하고 찬물을 마셔도 / 왼통 숨통은 갑갑하고 뒤숭숭하"(「호박꽃들을 보며」, 1972)기에 '캄캄'해진 '펜'으로 더 이상 시를 쓸 수 없음을 고백한다. 따라서 진정한 나의 목소리, 또 우리의 목소리를 들을 수 없는 상황은 진정한 자유와 정의를 향한 그리움을 낳는다. 조건 없이 내면의 소리들이 산천에 넘쳐 나며 야생마의 웃음 같은 소리들이 풀어 펼쳐질 그 날을 말이다.

4. 눈물과 바람, 생성의 힘

강렬한 파토스로 국토에 대한 헌신을 다짐하고 정권의 폭압에 맞서려는 시인 역시 어느 순간에는 목숨을 내놓아야 하는 현실 때문에 두려움을 느끼는 존재이기도 하다. 아래의 시에서 시인은 자신이 추구하는 '자유·평등·인권·민주·의무·국민' 등의 가치와 신념으로부터 떠나고자 한다. 이 이유는 바로 둘째 연에 '무서워'라는 말로 두 번 반복되어 나타난다. 감탄사인 '아이고'라는 말까지 덧붙이고 있는 이 표현은 발화자의 연약함을 강조하는 것으로 의미화된다.

> 그림자를 고요히 고요히만 밝혀주는
> 달빛 별빛으로부터도,
> 무수히 발바닥을 포개보던
> 광화문이며 종로며 태평로로부터도
> 자유다 평등이다 인권이다 민주다 의무다 국민이다
> 어쩌고 하는 한국적 표준말로부터도 떠나버리자.
>
> 아이고 무서워
> 아이고 무서워
>
> —「푸른하늘과 붉은황토」(1974) 중에서

시인은 다른 이유들을 나타내지 않고 '아이고 무서워'라는 구어체의 문장으로 공포감을 표현함으로써 그 상황을 더욱 생생하게 전달한다. 시인의 무서움은 푸른 하늘과 붉은 황토로 이루어진 우리 국토 전체가 겪는 비극적인 공포의 체험이다. 때문에 시인도, 우리도, 우리 국토도 함께 눈물을 흘린다.

> 참말로 별일이다.
> 내 꿈속의 어떤 村落에서는
> 헐벗은 눈물과 눈물들이
> 소리없이 만나고 쉴새없이 부딪쳐서
> 정처 없는 눈물들을 소생시킨다.

눈물의 새끼들은 순식간에 자라서
애무도 맘놓는 정처도 없는 곳에
또 다른 눈물들을 탄생시킨다.

— 「꿈속에서 보는 눈물」(1971) 중에서

조태일의 「국토」 연작에는 눈물의 이미지가 많이 나타난다. 눈물은 가장 인간적인 감성의 세계를 표출해 주는 대상이므로 강렬한 파토스를 가진 조태일 시에 서정성을 환기시키고 있다. 눈물을 흘린다는 것은 무언가 주체의 내부에 슬픔의 근원이 존재한다는 것이다. 조태일 시인의 괴로움의 중심에는 폭압적인 사회에 대한 분노와 고통이 놓여 있다. 따라서 그의 눈물은 일차적으로 이런 괴로움에서 연유한다. 그러나 그의 눈물은 다시 불모화된 국토를 감싸안는 정화와 재생의 물 이미지로 거듭나고 있다.

위의 시에서 어떤 촌락이나 그들의 눈물에서 태어나는 눈물의 새끼들은 이 땅에 살아가는 가난한 민중으로 읽힌다. 정처 없는 삶, 헐벗은 새끼들, 맨살의 아배, 어메의 삶 등이 시인이 느끼는 고통의 근원이다. 온 국토에 거칠게 출렁이는 눈물의 범람…… 그런데 시인은 눈물의 의미를 슬픔과 비극의 정서에만 국한시키지 않는다. 그는 눈물이 가진 힘을 극대화시켜 현실에 대한 응전력을 기르고자 한다.

두 줄기의 눈물기둥을 세우며
일어나라, 일어나라 소리치다가
내 목청도 별수 없이 타고 마는가.

이제 눈물 너머는
빛깔은 빛깔대로
動作은 動作대로 나뉘어진 채
온통 물불이 뒤섞인 天地.

푸른 빛깔이거나 붉은 빛깔이거나
모두 물불에 젖어
밑으로 밑으로 처져 나부끼는가.

―「풀잎·돌멩이」(1971) 중에서

시인은 제대로 울고, 제대로 움직일 자유마저 잃은 우리 국토의 풀잎과 돌멩이들에게 눈물의 돌기둥을 세워 일어나라고 한다. 이 땅의 풀잎과 돌멩이들은 가장 흔한 자연물이면서 민초들의 삶과 가장 닮은 존재물들이라는 점에서 그들을 환기시킨다. 시인은 그들에게 현실에 주저앉지 말고 눈물의 힘으로 일어설 것을 당부한다. 이런 삶에의 열정과 힘은 목청을 태우고 나아가 눈물로 뒤덮인 천지를 불과 함께 뒤섞어 놓는다. 분노와 고통으로 흐르는 눈물, 그러나 역시 그 고통과 분노로부터 생성되는 생의 에너지는 불의 상상력과 만나 '물불'이라는 모순되지만 강력한 상징을 만들어낸다. 격렬한 울음이야말로 울음 주체의 내면이 폭발하는 불같은 울음 아닌가. 눈물이 갖는 힘을 강조하기 위해 시인은 '불물'이 아니라 '물의 불'이라고 표현하고 있다. 그래서 그 불은 수직으로 상승, 타오르는 것이 아니라 밑으로 젖어서 타오르고 나부끼는 에너지다. 이처럼 조태일은 눈물과 울음의 적극적인 생성의 힘에 주목하고 있다.

바람 속에 피는 슬픔이었다가
햇빛 속에 반짝이는 기쁨이었다가

바람이었다가 햇빛이었다가
슬픔이었다가 기쁨이었다가

땅속 깊이 흐르는 물이었다가
땅위로 솟아난 바위였다가

끝내 입을 여는 침묵이었다가

끝내 소리치는 말이었다가

나의 가장 소중한 생명으로 돌아오는
너의 가장 소중한 생명으로 돌아가는

오오 충만한 울음아
울음아.

—「눈물」(1975) 전문

　이런 의미에서 위의 시는 이 땅에 살아가는 다양한 존재로 몸 바꾸기 하는 물의 생성력을 보여주고 있다. 눈물은 자연물인 바람, 햇빛으로부 터 인간의 정서인 슬픔, 기쁨으로, 다시 국토를 이루는 물과 바위로 전환 되다가 끝내 입을 여는 침묵, 소리치는 말, 나와 너의 생명이 된다. 우선 눈물이 곧 말이라는 사실은 시인도, 우리도, 국토도, 자연물들 모두의 말 이 바로 눈물로 대변되어 나타난다는 의미로 읽힌다. 시인이야말로 시대 의 불행에 대해 가장 크게 울고 진한 눈물을 흘려야 할 존재이기에 왜 눈물이 말인지 이해할 수 있게 된다. 나아가 5연에서 눈물은 궁극적으로 나와 너의 생명이 되는데, 눈물이 갖는 이중성 ─ 슬픔이지만 한편으론 생성의 힘이기도 한 ─ 을 받아들인다면 눈물은 보다 적극적인 생성의 원동력으로 작용할 수 있을 것이다. 때문에 시의 마지막 연에서 눈물은 다시 보다 적극적인 행위인 울음으로 확장, 반복 강조되고 있는 것이다.

　한편 조태일의 시에서 눈물이 생성의 힘을 통해 부정한 사회에 대응 하는 이미지로 나타난다면 이와 함께 '바람'의 이미지에도 주목할 필요 가 있다. 일반적으로 바람은 시에서 주체의 외부에 불어오는 시련이나 고난의 알레고리로 많이 사용되는데, 조태일의 시에서 눈에 띄는 것은 그가 바람의 이미지를 통해 불의와 부정의 세력들에 대항하려 한다는 사실이다.

　바람은 일반적으로 우주를 자유롭게 넘나드는 존재이므로 갇힌 자가 부러워하는 대상이다. 시인 역시 바람의 이런 특성에 주목하여 "바람은 우리들이 보는 데서나 안보이는 데서나 / 四通五達한다. // 햇빛이 그리워 목이 타면 / 아무데서나 부드럽게 솟았다간 / 아무런 적의 없이 서로 만나 / 어디 양지바른 지붕 위거나 / 산짐승들의 윤나는 털 위에서 동침도 하"(「바람」, 1971)는 자유로운 존재로 그리고 있다.

> 바람아, 어서 나를 흔들어라. 내 머리털이 몇 개인지 모르나 바람아, 내 살갖의 숨구멍이 몇 개인지 모르나 바람아, 내 핏줄의 길이가 얼마인지 모르나 바람아, 내 목구멍속에 갇힌 목청이 얼마인지 모르나 바람아, 어서 나를 흔들어라. 저 하늘과 이 땅 사이에서 우리들은 어쩔 수 없는 인연으로 여기 서 있다. 아쉬운 대로나마 흔들어라. 나도 슬슬 내 몸을 스스로 흔들마.
>
> ―「바람아 내몸을」(1973) 중에서

바람은 상징적으로 인간의 영혼에 힘을 불어넣거나 의식을 깨우는 힘을 의미한다. 위의 시에서 시인은 이런 상징을 전제로 자신의 전 존재로 바람이 불어 잠자는 머리털, 살갖, 핏줄, 목청을 흔들어주길 바라고 있다. 바람이 잘 통하지 못하면 우주 만물이 살 수 없는 것처럼, 또 인간도 숨통이 트이지 않으면 살 수 없는 것처럼, 시인의 목청에 소리가 트이지 못하면 존재 의의가 사라질 것이다. 시인은 바람이 자신의 존재를 흔들어 시인으로서의 목청을 티워 '빈목소리뿐인 한반도에' "육자배기나 한 목청 뽑으면서 / 우리 사이에 가로놓인 / 그 바람이거나 목소리거나 / 가령 휴전선 같은 거를 / 나아가 밀어부릴가부다"(「흰 뼈로」, 1972)라고 소리 높여 외치려 한다. 그는 막혀 있는 남북 상황, 이데올로기의 대치, 폭압적인 독재정권 등 시인과 민중의 의식과 생활을 옥죄는 상황들을 바람의 이미지를 통해 극복을 꾀하고 있다. 이를 통해 그는 한반도의 모든 바람과 세계의 모든 바람들이 마음놓고 함께 섞여 놀 수 있는 평화와 공존을 꿈꾸고 있다(「옹기점 풍경」, 1972).

5. 자유의 깃발, 민중적 연대의식

눈물과 바람의 이미지로 시인의 삶뿐만 아니라 전 국토의 삶에 스며들어 이 땅을 정의와 평화가 넘치는 생성과 통일의 터전으로 만들려는 조태일의 시작(詩作)은 투쟁의식과 연대의식을 고취하는 방향으로 나감으로써 1970년대 민중시의 한 성취를 보여주고 있다.

사회의 "맨 밑바닥에서 서러우나 즐거우나 / 언제 어디를 안가리고 솟구치고 / 꿈틀거리는 석탄이 되어서"(「석탄」, 1972) 시대의 불행을 울고 있는 시인은 미래에 '이글이글' 타오를 재목이다. 그러나 그는 쉽게 자신의 불꽃을 내보이지 않으려 한다.

> 너를 그냥은 내놓지 않겠다.
> 십촉짜리 전등불만 보아도 물러서고
> 흐린 생선의 눈빛만 보아도 물러서는
> 그런 하잘 것 없는 어둠만 밀려와도
> 그냥 쓰러지고 새카맣게 묻히는
> 우리들 몸뚱아리 속에 흐르는 너지만
>
> 너를 그냥은 빼앗기지 않겠다,
> 전엔 녹슬고 부러진 칼끝만 보아도
> 미리미리 쏟고 싶던 너였지만
>
> 피야, 이젠 그냥은 내보이지 않겠다,
> 피야, 이젠 그냥은 내놓지 않겠다,
> 피야, 이젠 그냥은 빼앗기지 않겠다.

— 「피」(1972) 중에서

석탄이 간직한 불씨는 시인의 몸을 흐르는 피에 비유될 수 있다. 그런

데 시인은 이 불의 씨를 쉽게 내놓지 않겠다고 반복하여 강조한다. 인용되지 않은 시의 전반부에서 시인은 우리의 몸이란 바람만 불어도 그냥 휘어지고 꺾이는 연약한 존재이기에 녹슬고 부러진 폭력 앞에서 목숨의 위태로움을 느꼈으며, 그러기에 미리 미리 피를 쏟는, 즉 생명에의 위협 때문에 죽음을 의식했지만 '이젠' 그 피를 쉽게 내놓지 않겠다고 한다. 이는 예전에는 폭력의 공포 때문에 미리 겁을 먹고 죽음을 의식했지만 이제는 죽을 때 죽더라도 쉽게 죽음을 떠올리지 않을 것이고 쉽게 생명을 폭력에게 빼앗기진 않겠다는 다짐이다. '그냥 빼앗기지 않겠다'는 것은 결국 죽음을 각오한 투쟁의 의지를 환기시킨다.

> 사람아 사람아
> 모든 맹렬한 싸움은 끝났지만
> 최후로 이길 수 있는 싸움이 남아 있다.
>
> 아아! 그것은 죽는 일인데
> 죽어서 다시 깨어나는 일인데
> 아아! 그것은 씨앗을 뿌리는 일인데
>
> ―「내가 뿌리는 씨앗은」(1975) 중에서

> 새 움이여 새 움이여.
> 솟아나는 대로 내 대신
> 나부껴다오
>
> ―「깃발」(1978) 중에서

이러한 시인의 인식은 위의 두 시에서처럼 죽음을 통한 새로운 생명의 희구와 맞물려 있다. 시인이 부정한 세상의 폭력과 싸울 수 있는 방법은 죽는 일밖에 없다는 절명의식은 부활의 의지와 맞물려 있다. "천길 물속 같이 고요한 땅/내 마음 불이 되어/홀로이 타오르"는 시인은 어

느 날 새움으로 솟아나 이 땅위에 자유의 깃발로 나부낄 것이다. 그 새
로운 생명의 싹은 피의 불씨를 간직한 재목으로 성장하여 '얼어붙은 국
토'를 깨울 수 있을 것이다.

한편 독재정권에 대한 투쟁 의지와 국토와 민중의 생명력을 일관되게
추구해왔던 조태일의 시는 1970년대 중반을 지나면서 개인의 투쟁을 넘
어 공동체의 연대의식을 강조하는 성향이 강해졌다. 이는 시적으로 볼
때 시인의식이 국토와 민중의 삶과 어우러지는 방향으로 변화했음을 시
사하며 나아가 점점 더 열악해져 가는 유신 독재 정권에 대한 저항이 전
민중적인 차원에서 이루어져야 함을 강조하는 것이기도 하다. 이는 지식
인 시인들의 문학적 실천이 좀더 민중과의 연대감을 강조하는 방향으로
선회했음을 의미하는 것이다.

> 못생긴 얼굴끼린데
> 니 목소리 내 목소리 가려 무엇하랴.
>
> 내 목소리 갈 앉으면
> 니 목소리 와서
> 내 아우성으로 피고
> 니 목소리 갈 앉으면
> 내 목소리 가서
> 니 아우성으로 피어나리니.

—「얼굴」(1975) 중에서

> 어둠이 입 벌려
> 삼켜버리지만
> 눈뜨고 보아라
> 순식간에 별이 되고
> 달덩어리로 걸리잖니.

친구여
서걱이는 풀잎과 함께 흔들려
눈뜨는 별이 되든지
달덩어리가 되든지 하자구!

— 「황혼」(1976) 중에서

친구야
겨울이지만 지금 내 가슴 더워서
이 펜도 더워서 들끓구나.

친구야
이 추운 겨울을 탈없이 넘기는 일은
쉬지 않고 늘 꼼짝거리는 일.
깨문 입술이라도 달싹거리는 일.

친구야
나와 니가 고향을 지키는 일은
이렇게 더운 몸으로
꼼짝거리는 일.

— 「친구에게」(1977) 중에서

친구야
저 몰아치는 꽃보라 속에
꼿꼿하게 서서 외칠 일이다.

펜 대신 성난 거친 숨결로
영원에 기대어 쓰러질 때까지
아낌없이 거침없이

뿌리를 들어

　　우리들 하늘 가득
　　뿌리꽃을 피울 일이다.

—「뿌리꽃」(1977) 중에서

　　위의 시들에서도 알 수 있듯이 연대의식과 공동체의식을 강조하는 1970년대 후반의 시들에서 나타나는 형식적 특성은 우선 시어에서 '나'와 그 상대어인 '너' 혹은 '친구'의 잦은 사용을 들 수 있다. 서정시가 시인 자신의 독백의 양식임을 감안한다면 시에서 자신의 말을 듣는 청자의 설정은 화자의 메시지를 전달하고자 하는 목적을 강조한다. 결국 조태일은 청자를 존재케 함으로써 불의에 저항하려는 자신의 신념을 효과적으로 전달하려 하고 나아가 구체적인 행동을 강조하고 있다. 이는 형식적으로 청유형의 문장을 통해 드러나고 있다. 위의 각 시에서 '눈 뜨는 별이 되든 달덩어리가 되자', '더운 몸으로 꼼짝거리는 일', '뿌리꽃을 피우는 일'은 모두 이 땅의 민중이 함께 이룩해야 과업이므로 연대의식을 강조하고 있는 것으로 이해할 수 있다. 이처럼 1970년대 후반 시에서 강조되던 민중적 연대의식은 1980년대 초반 「가거도」에 오면 우리나라 최서남단에 위치한 조그만 섬에 사는 공동체와의 연대감을 통해 우리 국토와 민중 전체의 삶을 노래하는 데에 이른다.

　　이와 같이 시문학사 속에서 조태일의 1970년대 「국토」 연작 시편은 당대 사회에 대한 지식인으로서의 실천을 뚜렷이 보여주고 있으며 나아가 지식인 문학의 한계를 지양, 극복하여 민중성을 중시하는 1980년대 민중문학 발전의 초석이 되었음을 강조할 수 있을 것이다.

참고할 문헌

김이구, 「조태일론」, 『시와 사람』, 1996년 가을.
민현기, 「조태일론」, 『한국현대시연구』, 민음사, 1989.

박덕규, 「국토에서 나서 국토로 치솟고 국토로 스며들고」, 『시와 반시』, 1999년
　　　겨울.
염무웅, 「발문」, 『국토』 시집해설, 창작과비평사, 1975.
이동순, 「조태일론」, 『국어국문학 연구』 24집, 영남대 국어국문학과, 1996.

텅 빈 눈의 자화상

김지하론

이기성

1. '황토'의 신화 통과하기

우리 현대사의 정치적 맥락과 가파르게 대응해온 김지하의 시적 세계는 폭력적 권력에 대한 저항의 표지로 인식되었다. 파시즘적 세계를 관통해 가는 개별자의 공포와 전율, 민중적 분노와 저항의 목소리는 김지하의 시 세계를 총체적으로 설명하는 중요한 의미항이다. 1960~70년대 개발독재의 정치적 담론은 전통적인 공동체의 붕괴와 개인화를 가속화하는 한편, 개별 주체의 근대적 경험과 감수성을 조직함으로써 국민이라는 단일한 이름으로 포획하는 억압적 권력으로 작동하였다. 김지하는 이러한 정치 권력의 언어가 지닌 폭력적 단일성의 원리를 민중적 형식에 바탕을 둔 난장의 언어로 해체하고자 하였다. 잘 알려진 바와 같이 담시 「오적」과 「비어」, 대설 「남」에 넘치는 공격적이며, 활력적인 풍자 언어는 정치적 대항 담론의 기능을 수행하면서 당대적 의미를 획득한다.

그런데 김지하의 시 세계의 또 한 축을 이루는 서정시의 경우는 이러한 대항의 언어와는 변별되는 양상을 보여준다. 첫 시집 『황토』에서 『애린』을 거쳐, 『검은 산 하얀 방』·『화개』 등 최근작에 이르기까지 김지하의 서정시는 현실의 폭력성에 직접적으로 대응하는 전략을 구사하기보다는 주관성의 영토인 서정의 원리 속에 시적 세계를 구축하고 있다. 즉 폭력적 현실과 마주 서서 권력의 언어에 대응하는 언어적 투쟁을 전개하는 한편, 자아의 내적인 고통과 성찰을 투사함으로써 시쓰기를 자아의 성찰적 과정으로 텍스트화하는 것이다. 초기의 저항시 세계가 보여주는 현실과의 대립과 긴장을 거쳐, 생명사상으로 개진되는 화해와 포용의 세계로 변모해 가는 과정 속에는 시쓰기의 성찰적 주체로서의 자아에 대한 끊임없는 사유가 자리잡고 있다.

시인 스스로 언급한 대로 '타는 목마름에서 생명의 바다로' 나가는 시적 인식의 세계는, 정치적 지평과의 극단적인 불화와 끊임없는 갈등 속에서 변모되는 자아의 내적인 확장 과정을 드러내준다. 특히 『황토』에서 내부로부터 발산되는 강렬하고, 호소적인 언어는 자신의 내적인 결단을 확인하는 주술적인 언어로서 자아의 내면으로 회귀하는 이중적 울림을 지니고 있다. 나아가 1980년대 이후 생명사상으로 응축되는 김지하의 서정시는 파편화된 근대의 시간 속에서 균열된 자아의 의식을 회복하려는 생의 욕망으로 가시화된다.

이런 점에서 김지하의 서정시를 일관되게 관통하고 있는 미학적 기저를 살펴보기 위해서는 전체주의 담론에 대응한 저항시라는 지점에서 시선을 이동할 필요가 제기된다. 1970년대 저항시의 지표로서 김지하를 둘러싼 신화적 각질을 뚫고 들어가, 현실과 자아, 정치와 시, 죽음과 삶의 첨예한 대립 속에서 고통스럽게 시쓰기를 추동해 온 시인의 자기 확인의 욕망과 그것을 둘러싼 미학적, 실천적 함의를 보다 섬세하게 읽어보는 작업이 요구되는 것이다.

2. 아비찾기와 의사죽음의 시간

1970년 창비판『황토』의 후기에서 김지하는 이렇게 쓴다. "우리들의
의식은 가위눌려 있다. 반은 잠들고 반은 깨인 채, 외치려 하나 외쳐지지
않고, 결정적으로 깨어나고자 몸부림치나 결정적으로 깨어나질 않는다."
국가 권력의 폭력이 육중하게 의식을 누르고 있는 현실 속에서, 깨어나
지도 못하고 잠들지도 못하는 고통이 바로 시집『황토』의 배경을 이루고
있음을 고백하는 말이다. 김지하의 초기 시세계에서, '황토'는 외쳐지지
않고 깨어날 수 없는 의식의 가사 상태를 드러내는 상징물이다. 고갈된
역사의 환유적 공간인 '황토'는 시인에게 죽음과 삶이 길항하는 고통스
런 공간이며, '깨어나지 않는다'와 같은 부정성의 술어를 통해서만 스스
로의 존재를 설명할 수밖에 없는 비극성을 내포한 공간으로 인식된다.
시인은 이러한 '황토'의 현재성을 좌절된 역사적 혁명의 흐름 속에 위치
짓고 있다.

> 황톳길에 선연한
> 핏자국 핏자국 따라
> 나는 간다 애비야
> 네가 죽었고
> 지금은 검고 해만 타는 곳
> 두 손엔 철사줄
> 뜨거운 해가
> 땀과 눈물과 메밀밭을 태우는
> 총부리 칼날 아래 더위 속으로
> 나는 간다 애비야
> 네가 죽은 곳
> 부춧머리 갯가에서 숭어가 뛸 때

가마니 속에서 네가 죽은 곳

—「황톳길」 중에서

　이 시에서 시인은 길고 잔인한 여름의 기억을 서술하고 있다. 자아가 경험하는 폭력적 현실은 '아비의 죽음'과 연루되어 있으며, 이 아비의 죽음은 역사적 사건으로 실체화된다. 과거의 상흔을 암시하는 '선연한 핏자국'을 따라 가는 도정은 아버지의 죽음으로 상징되는 비극적 역사를 환기하는 과정이다. 시에서 '해만 타는' 고열의 시간인 현재는 자아의 육체에 고통스럽게 각인되고 있다. '철사줄'·'총부리'·'칼날' 등 날카롭고 폭력적인 금속성의 시어들은 작열하는 햇빛의 강렬함과 어울려, 자아가 놓인 절망의 강도를 감각화한다. 이렇게 '타는 목마름'으로 집약되는 당대의 폭압적 현실을 육체적 감각으로 전이시킴으로써, 현실과 자아의 갈등을 생생한 실감으로 부각시키는 것이다.

　주목할 것은 "척박한 식민지에서 태어나 / 총칼 아래서 쓰러져간 나의 애비"(3연)가 상징하는 역사의 좌절이 '뜨거운 폭정의 여름'으로 환기되는 현재의 시간과 연속되어 있다는 인식이다. 여기서 황톳길의 이정표는 아비의 시간인 과거를 향해 있으나, '아비찾기'의 행로는 과거를 향한 회귀의 동선이 아니라 현재의 비극성을 환기하는 순환적 과정으로 드러난다. 벤야민식으로 말하면, 과거를 현재로 불러올리는 이러한 의식 속에서 황폐한 현재와 고통스런 과거는 하나의 시간성 위에 겹쳐 놓인다. "뒤꼍에 우엉은 / 키 넘게 자라고 거기 / 거적에 싸인 시체가 하나 // 아득한 곳에서 천둥소리 울려오는 / 잿빛 꿈속의 내 집 / 옛 고부군에 있었다는"(「逆旅」)에서 보듯, '고부'라는 역사적 지명을 통해 상징되는 아비의 존재는 '천둥'의 울림으로 현재의 자아에게 환기되고 있다. 그 울림은 과거를 고착된 시간에 머무르게 하지 않으려는 자의 소명의식을 환기하는 상징적 부름을 의미한다. 그러나 '거적에 싸인 시체'의 모습으로 가시화되는 과거의 역사는 현재와 융합되는 대신, 차갑게 응고된 시간성으로 제시되고 있다.

　시에서 '가마니 속'의 비극적인 아비의 죽음은 '총부리 칼날 아래 놓인' 자아의 죽음과 겹쳐진다. 즉 시간을 역류하는 아비찾기의 도정은 자신의 죽음을 확인하는 과정인 것이다. 현재를 깨우지 못하는 기억은 죽어버린 시간이며, 아비의 죽음이 곧 자신의 죽음이라는 도저한 절망의 자의식. '목마름'의 현재 속에서 스스로를 이미 죽은 존재(아비)로 파악하는 이러한 인식의 기저에는, 죽음이라는 극단적 소멸의 방법을 통해 폭력적인 현재를 부정하고자 하는 욕망이 내재되어 있다. 이렇게 '아비찾기'의 여정이 상실된 자아를 확인하는 과정이라는 인식은 『황토』 전편을 관통하는 비극적 정조의 기저를 이룬다.

　「오적」·「비어」 등 민중적 형식을 의식적으로 계승한 담시, 마당극에서와 달리, 정서적 개별성에 바탕을 둔 서정시에서 김지하는 역사적 맥락을 배음(背音)으로 폭력적인 현실에 대면하는 자아의 내적 갈등을 전경화하고 있다. 시 「1974년 1월」에서 시인은 폭력적인 현실과 자아의 내적 죽음이 날카롭게 부딪치는 순간을 극적으로 포착하고 있다.

　　　1974년 1월을 죽음이라 부르자
　　　오후의 거리, 방송을 듣고 사라지던
　　　네 눈 속의 빛을 죽음이라 부르자.
　　　좁고 추운 네 가슴에 얼어붙은 피가 터져
　　　따스하게 이제 막 흐르기 시작하던
　　　그 시간
　　　다시 쳐온 눈보라를 죽음이라 부르자
　　　모두들 끌려가고 서투른 너 홀로 뒤에 남긴 채
　　　먼 바다로 나만이 몸을 숨긴 날
　　　낯선 술집 벽 흐린 거울 조각 속에서
　　　어두운 시대의 예리한 비수를
　　　등에 꽂은 초라한 한 사내의
　　　겁먹은 얼굴

그 지친 주름살을 죽음이라 부르자

─「1974년 1월」 중에서

　이 시에서 유신계엄과 긴급조치가 맹위를 떨치던 '1974년'이라는 시간을 적시하면서, 자아는 그 역사적 의미를 '죽음'이라고 명명하고 있다. '방송'이라는 권력적 언어가 환기하는 억압성은 '네 눈 속의 빛'을 사라지게 하는 죽음의 징표로 환기된다. 이러한 언어의 억압성은 따스하게 흐르던 피를 식혀버리고, 모든 것을 얼어붙게 하는 냉혹한 '눈보라'의 이미지로 표현된다. 사물로부터 환기되는 감각적인 냉정함은, '모두들 끌려가버린' 현재의 절박함 속에 놓인 자아의 공포를 선명하게 부각시키고 있다. 그리하여 눈보라의 백색은 모든 살아 있는 것을 죽음으로 몰아가는 악의 상징으로 인식된다. 백색의 억압에 뒤덮인 세계에 대한 부정과 저항의 태도 이면에서 이 시를 지배하는 것은, 부정적 현실 내에서 존재의 정당성을 확보하지 못한 자의 죄의식이다. 파시즘적 현실에 대응하는 윤리적 근거로서의 자아의 내면적 정당성은, 세계에 대한 강렬한 저항의 태도에 기초한다. 이런 점에서 현실과 대응하지 못하고, '몸을 숨긴' 자아의 존재는 삶의 정당성을 부정당한 훼손된 존재이다. "모두들 끌려가고 서투른 너 홀로 뒤에 남긴 채 / 먼 바다로 나만 몸을 홀로 숨긴 날"에서 보여주는 것처럼, 굴욕적인 생존이 자아의 윤리적 정당성을 훼손하고 있다는 인식은 고통스러운 죄의식으로 표출된다.

　김지하의 시에서 이러한 죄의식은 자기 존재를 부정하는 파괴적인 방식으로 드러난다. 시에서 '너의 눈 속에서 사라지는 빛'은 시적 대상인 '너'의 죽음을 환기하는 동시에, 이 대상을 바라보는 자아의 시선이 상실되고 있음을 의미한다. 즉 사라지는 것은 '너'의 눈이 아니라, 대상을 바라보는 자아의 시선이며, 이러한 시선의 붕괴는 자아의 죽음을 상징하는 것으로 읽힌다. 스스로를 바라보는 내적인 시선의 붕괴는, '낯선 술집 흐린 거울 조각'에 비친 얼굴을 통해서, 이미 죽어버린 자신의 존재를 발견하는 비극적 사건으로 귀결된다.

자아의 죽음과 관련된 시선의 붕괴는 시집 『황토』에서 반복적으로 드러나는 모티프이다. "어둠 속 웅크린 부릅뜬 두 눈/아 저 침묵이 나를 부른다"(「어둠 속에서」)에서 자아를 응시하는 '두 눈'은 현실과의 타협을 거부하도록 자신을 이끄는 이념적 타자의 눈이며, 그것은 "산 채로 묻힌 붉은 흙을 헤치고/ 등에 칼을 꽂은 채 바다로 열린 푸른 눈"(「성자동 언덕의 눈」)에서 드러나듯, 현재의 자아에게 던져지는 과거의 응시이다. 이러한 타자의 응시는 곧 자아가 타자의 눈을 빌어 자신에게 되돌려 보내는 내면의 응시이기도 한다. 김지하는 아비의 역사에 대한 동일화의 욕망을 내장한 응시를 통해, 존재의 정당성을 확인하고 자기 정체성을 구축하고자 한다. 악한 현실에 대한 부정과 대항을 가능하게 하는 이 윤리적인 눈을 통해서, 시인은 악으로 상징되는 파시즘적 체제 속에서 주체로서의 정당성을 확보할 수 있게 되는 것이다. 그러나 『황토』에서 이러한 시선의 상실은 이러한 윤리적 눈의 상실과 부재를 의미하며 그것은 곧 자아의 붕괴를 상징하는 것이기에 문제적이다.

김지하의 초기 서정시에서 강렬하게 드러나는 죽음의 파토스에는, 파시즘에 대한 저항의 좌절에서 비롯되는 자기 상실의 연민과 절망, 한편으로는 자기 파괴를 통해서 악한 현실을 넘어서려는 적극적인 초월 의지가 충돌하고 있다.

용당리에서의 나의 죽음은
출렁이는 가래에 묻어올까, 묻어오는
소금기 바람 속을 돌 속에서 흐느적거리고 부두에서
노동자가 한사람 죽어 있다.
그러나 나의 죽음
죽음은 어디에 (…중략…)
그러나 용당리에서의 나의 죽음은
침묵의 손수건에 묻어올까

　　난파와 기나긴 노동의 부두에서 가마니 속에
　　노동자가 한 사람 죽어 있다.

—「용당리에서」 중에서

　이 시 역시 「황토길」과 유사한 시적 상황을 보여준다. 시인은 비극적 형태인 ‘노동자의 죽음’의 상황을 반복적으로 환기하면서, 현실의 비극성을 고조시키고 있다. 시에서 ‘가마니 속’의 노동자의 죽음을 확인하는 것은 곧 ‘나의 죽음’의 실체를 확인하는 일에 다름 아니다. 자아는 노동자의 죽음 속에서 자신의 죽음을 발견하고, 자기 죽음을 객관화함으로써 삶의 현재성을 도출하고자 한다. 즉 ‘나의 죽음은 어디에’라는 반복적인 물음에는 ‘살아 있는 죽음’이라는 역설 속에서 스스로를 인식하는 태도가 담겨 있다.

　이렇게 선취된 죽음의 형식으로 삶을 바라봄으로써, 김지하는 악한 권력으로서의 현실에 대한 절대적 부정을 수행한다. 시집 『황토』에서 두드러진 이러한 의사죽음의 상태는 1970년대 김지하의 시적 자의식의 상태를 극명하게 보여준다. 그에게 자아의 죽음이야말로 권력을 거부하고 자신의 내적 준거를 만들어갈 수 있게 하는 주체성의 동인이다. 현재의 폭력성에 맞서 스스로를 파괴, 해체시키는 이러한 자기 소멸의 의지 속에는, 역설적으로 현실에 포섭되지 않고자 하는 자기 보존의 의지가 함축되어 있다. 자아의 적극적인 소멸을 통해서 세계와 나를 동시에 부정하는 이러한 매저키즘적 열정은 죽음의 권력인 파시즘에 대항하여 김지하의 시쓰기를 이끌어가는 주요한 동력이다.

　김지하의 초기시에서 죽음의식은 공포와 억압의 현재를 관통하려는 시쓰기의 실천적 의지를 함축하고 있다. 그는 ‘가마니 속의 죽음’으로 환기되는 아버지의 비극적 죽음을 통해서 과거의 역사적 실패를 숭고화하는 한편, 스스로의 죽음을 통해서 자아의 현재를 고양시키고 있다. 그가 찾아가는 ‘아비’의 이미지는 민중적 세계에 대한 강렬한 동일화 의지에 기대어 실현되고 있으며, 이때 '자아의 죽음'의 상징적 의미는 개별자의 죽음을 넘어서 역사적 맥락에 놓이게 된다. "나의 눈에 보이는 피투성이의 / 내 죽음과 죽음 위에 피어난 흰 나리꽃"(「지옥 3」)에서 김지하는, 자기 죽음 위에 '흰 나리꽃'이라는 초월적 이미지를 겹쳐놓음으로써, 죽음을 통해서 역사적 지평을 관통하려는 내적 의지를 선명하게 드러낸다.

3. 깨어진 얼굴과 백색의 잠

역사적 억압에서 비롯되는 죽음의식, 자기 상실의 정조는 김지하 초기 시의 세계를 지배하는 주요한 모티프이다. 작열, 고통, 피폐, 고갈의 이미지를 담고 있는 '황토'의 공간성은 시간성의 부재를 드러낸다. '막 흐르기 시작한 시간'은 정지된 시간으로 굳어버리고, '황토'는 시간의 흐름이 정지된 죽음의 공간성만을 보여주는 것이다. '사라지는 네 눈 속의 빛'에서처럼 소멸되는 생명력은 가뭄과 고갈로 상징되는 황토의 고통스런 육체성을 비극적으로 환기시킨다. 작열하는 태양으로 드러나는 자연의 폭압성은, 자아를 유린하는 정치 권력, 혹은 육체를 사물화하는 자본의 알레고리(「서울길」)로 나타나기도 한다. 이러한 황토의 변형된 이미지는 '몸 팔러 가는 길'에서 '팔려가는 몸'의 물질성으로 환기됨으로써, 유린된 현재의 비참한 모습을 더욱 구체적으로 보여준다. 이렇게 시집 『황토』에서 반복적으로 드러나는 죽음에 강박된 언어들은, 유린된 육체로 상징되는 자아의 훼손에 대한 자의식에서 출현한다.

이제 자기 소멸을 통해 폭력적 현실을 거부하고 해체하려는 이러한 부정의 방법론이 자아에 대한 극단적인 환멸로 표출되는 지점을 구체적으로 살펴보자.

시궁창 속 얼굴이
달과 내 오줌에
맞아 깨어질 때
울다 칼부림하다 단 한 벌의 옷이 깨끗이
술값에 벗겨질 때
이마에 찬 바람이 와서 화살 되어 박힐 때
알몸에 알몸에 아아 고름이 흘러
벌거벗은 내 생각의
새 뿌리가 자라는 곳
뒷골목의 시궁창 까마귀 벌판

—「뒷골목의 시궁창 까마귀 벌판」 중에서

　‘어두운 밤’·‘술집’·‘칼부림’ 등의 시어가 보여주는 바와 같이, 현실 속에서 고통을 겪는 자아는 ‘뒷골목’이라는 소외된 공간에 서 있는 존재이다. ‘황토’의 척박한 이미지는 ‘뒷골목의 시궁창’, ‘까마귀 벌판’으로 변용되고 있으나, 이 역시 생명력을 억압당하는 공간이다. 시에서 ‘검은 시궁창’은 시적 자아의 얼굴을 비추는 거울로 기능하고 있다. 그런데 이 더러운 시궁창 속에 비친 얼굴은 그나마도 ‘달과 내 오줌에 맞아 깨어진’ 얼굴로 드러난다. 온전한 형태를 잃어버린 이 깨어진 얼굴은 자아의 균열된 의식을 상징적으로 보여준다. 자아는 어떠한 돌파구도 마련되지 않은 ‘밤’의 절망 속에서 ‘벌거벗은 생각’의 뿌리를 키우고자 하나, 이 생각은 ‘고름’이라는 오염된 액체로 침윤되어 있다. ‘이마에 찬바람이 화살처럼 박히는’ 순간 육체를 꿰뚫는 고통의 감각은 ‘고름이 흐르는’ 몸과 더불어, 붕괴된 자의식을 한층 선명하게 드러낸다.

　이렇게 현실의 어둠 속에서 시궁창에 비친 자화상은 자기를 성찰하게 하는 거울이 아니라, 자기 환멸의 정조로 가득한 우울한 표면일 뿐이다. 김지하는 이 ‘깨어진 얼굴’을 통해서 더러운 현실에 대한 부정과 그 현실에서 벗어나지 못하는 자아에 대한 환멸을 동시에 드러내고 있다. 그

의 내면을 채운 죽음의식은 감금된 육체의 이미지를 통해서 반복적으로
표출된다. '여윈 알몸을 가둔 옷(「푸른 옷」)', '끝없이 혀는 잘리어 굳고(「녹
두꽃」)'에서 보이듯, 수인(囚人)화된 육체에는 권력의 폭력성이 각인되어
있다. 육체는 정치적 권력이 작동하는 구체적 지점인 동시에, 개별적 실
체가 자기 존재를 인식하는 가장 확실한 매개이다. 즉 현실의 폭력은 육
체를 관통해서 수행되며, 자아의 육체는 이러한 폭력에 대응하는 긴장과
갈등, 싸움의 흔적으로 채워지는 것이다. 김지하의 시적 '육체'는 자아를
깊은 '잠'의 가사 상태로 이끌어감으로써 현실을 지워버리려는 망각의
힘과, 이 육체의 고통을 끌어안고 현실로 더 깊숙하게 들어가려는 힘이
팽팽하게 긴장하는 정치적인 공간이다.

나는 흙속에 천천히 깊숙이
대낮 속에 새하얀 잠의 늪 속에 빠져들어간다
이것이 대체 무엇이냐

—「산정리 일기」

누구의 목을 조를 명주띠일까
하얗고 긴 손길이 있어 밤이면 밤마다
내 이마를 스치고

—「수유리 일기」

못 돌아가리
한번 딛어 여기 잠들면
육신 깊이 내린 잠
저 잠의 저 하얀 방 저 밑모를 어지러움

—「불귀」

　　인용 시에서 보이듯 '하얀 잠'은 실체로서의 검은 죽음에 덮어씌운 의
사죽음의 형식을 보여준다. 현실의 시공간이 휘발된 흰색은 자아의 의식

을 '밑모를 어지러움'의 무중력의 상태로 흡인하는 강한 힘을 띠고 있다. 시적 화자의 잠을 뒤덮는 하얀 색은 현실을 덮는 무시간성의 빛깔이며, 이 '하얀 색(色)'은 곧 강렬하고 분산적인 '흰 빛(光)'으로 전이된다. 모든 것을 억압하는 흰 빛은 '눈부심'의 감각을 통해서 자아의 시선을 교란한다. 따라서 이러한 흰 빛으로 채워진 '방'에서 자아는 시선을 빼앗긴 채 맹목(盲目)의 상황에 놓이게 된다. 폭력적인 흰 빛에 의한 시각적 혼란은 '어지러움'이라는 시어를 통해서 환기되고 있다. 자아가 감지하는 어지러움은 폐쇄된 공간에 놓인 육체가 죽음이라는 극한적 한계에 맞닿아 있음을 의미한다. 이러한 한계의 상황에 놓인 자아의 의식은 '흙 속으로 깊숙이', '빠져 들어간다'와 같은 추락을 의미하는 하강의 언어들과, '돌아가리'의 초월적인 상승의 언어 사이의 긴장으로 팽팽하다.

> 땅을 기는 육신이 너를 우러러
> 낮이면 낮 그여 한 번은
> 울 줄 아는 이 서러운 눈도 아예
> 시뻘건 몸뚱어리 몸부림 함께
> 함께 답새라
> 아 끝없는 새하얀 사슬 소리여 새여
> 죽어 너 되는 날의 길고 아득함이여

—「새」 중에서

이 시에서 김지하는 육체의 한계성을 돌파함으로써, 현실적 세계를 초월하려는 의식을 드러낸다. '땅을 기는 육신', '서러운 눈', '시뻘건 몸뚱어리', '몸부림', '새하얀 사슬' 등의 언어들은 현실의 절망과 억압성을 드러내준다. 이 육체에 가해진 절망을 넘어서는 길은 육체를 벗어버리는 것, 곧 육탈의 비상('죽음')을 꿈꾸는 것이다. '새 되기'는 초월적·상승적 욕망은 육탈의 의지이며, 이것은 육체를 끌어당기는 '잠'의 추락 이미지와 긴장을 이루고 있다. 시인에게 죽음이란, '나'의 한계를 벗어버리고

'새'가 되는 것이며, 그것은 '묶인 가슴'의 육체적 한계를 벗어난 초월적이고 투명한 존재로의 전환을 의미한다.

여기서 김지하의 시적 열정의 밑바탕에 자리한 '혼돈', '어지러움'이, '빈방'이 상징하는 시간성과의 싸움을 내포하고 있음에 주목해 보아야 한다. 그의 시에서 '육신에 깊이 내린 잠'에서처럼 잠의 무게는, '돌아가리'로 표현되는 자아의 의지와 기대를 억압하면서 자아를 육체의 유한성에 가두어 놓는다. '갇힌' 육체의 폐쇄성을 환기하는 '방'은 상승과 추락, 초월과 현실, 삶과 죽음 사이의 긴장으로 채워진 공간이다. 그러나 이 방은 폭력적인 '흰 빛'에 의해 채워지며, 흰 빛에 시선을 빼앗긴 자아는 맹목의 혼돈과 어지러움 속으로 추락한다. 김지하의 초기 시에서 '흰 빛'으로 채워진 방은, 작열하는 태양 빛으로 끓어오르는 '황토'와 마찬가지로 절대적인 무시간성의 공간으로 드러난다. 작열하는 태양 빛과 흰 빛은 모두 자아의 시선을 붕괴시키고, 자아를 끊임없는 혼돈과 갈등, 자기 파괴의 충동으로 몰아간다. 김지하의 초기시를 지배하는 '불귀의식'은 이러한 시간적 전망의 부재와 내밀하게 얽혀 있다.

김지하에게 '하얀 잠'으로 표상되는 진공의 시공간을 관통하고자 하는 시적 의지는, 상실된 자아로부터 새로운 생명의 탄생을 꿈꾸는 일이다. 그리하여 창살 속에 감금된 육체를 벗어나려는 의지는 '흰 방'으로 표상되는 무시간성에 대한 자아의 싸움으로 실현된다. '아버지의 죽음' 속에 겹쳐진 자아의 죽음으로부터 스스로를 건져내는 방식은, 이렇게 자아의 육체를 삶과 죽음의 장으로 펼쳐놓는 데서 가능해진다. 『애린』 이후 김지하의 시적 작업은 이러한 갈등과 혼돈의 과정을 거쳐 자아의 죽음을 스스로 극복해 가는 과정이라 할 수 있겠다.

4. 검은 시간의 개화와 이슬눈

1980년대 이후 『애린』의 세계에서 김지하의 세계는 '우주적 생명'에 대한 발견과 예찬으로써 초기시의 가파른 갈등과 분열을 넘어선다. 그것은 '애린'으로 상징되는 생명을 찾아가는 내적이고 정신적인 여정으로 구체화된다. 현실과의 투쟁에서 정신적 화해에 이르는 이 도정에 시 「무화과」가 놓여 있다. 이 시는 세계와 자아의 가파른 대결구도가 내면화되는 과정에서 시인이 감지하는 죽음과 공포가 새로운 존재론으로 전이되고 있음을 보여주는 징후적인 작품이다.

> 이봐 내겐 꽃시절이 없었어
> 꽃 없이 바로 열매 맺는 게
> 그게 무화과 아닌가
> 어떤가
> 친구는 손 뽑아 등 다스려 주며
> 이것 봐
> 열매 속에서 속꽃 피는 게
> 그게 무화과 아닌가
> 어떤가
>
> 일어나 둘이서 검은 개굴창가 따라
> 비틀거리며 걷는다
> 검은 도둑고양이 하나가 날쌔게
> 개굴창을 가로지른다.

— 「무화과」 중에서

이 시에서는 초기시에서 '시궁창 속의 깨어진 얼굴'로 환기되던 자기부정과 모멸의 파토스가 보다 생생하게 실체를 드러낸다. '잿빛 하늘', '개굴창’, ‘검은 고양이’ 등이 만들어내는 어두운 죽음의 이미지가 시 전체를 뒤덮고 있다. 김현의 지적대로, 이 시에서 시간적 비전을 상실한 채 잿빛의 세계에 감싸인 자아의 울음은 죽음의 시간성에 대한 인식에서 비롯한 절망으로 읽힌다. ‘꽃 피는 시절’로 상징되는 시간은 삶의 절정 곧 새로운 생명을 잉태하는 시간이다. 자아를 고통스럽게 만드는 것은 이러한 ‘꽃핌’ 곧 새로운 시간의 잉태가 불가능해진 현재에 대한 깊은 절망감이다.

　여기서 ‘무화과’는 시간성에 대한 비극적 인식을 새로운 국면으로 전환시키는 주요한 이미지이다. 꽃 없는 열매인 무화과는 ‘꽃에서 열매’로 이어지는 인과적 시간의 흐름을 거슬러 존재한다. 무화과의 ‘속꽃’은 외부로 개화하지 못한 꽃, 곧 내면성의 개화(開花)를 의미하는 것이다. 열매는 시간의 완성을 의미하고, 그것은 또한 절정에서 추락하는 죽음을 함축한다. 이렇게 보면 ‘속꽃’의 ‘꽃’은 시간의 완성을 향한 흐름 위에 놓인 것이 아니라, 완성으로서의 죽음에서 거꾸로 뻗어 나온 가역적·중층적 시간을 내포함을 알 수 있다. 곧 ‘속꽃’은 죽음으로부터 삶을 향해 다시 열려진 시간이며, 이 두 시간성은 ‘무화과’라는 열매 속에서 중첩되는 것이다. 이렇게 ‘열매 속에서 꽃이 피는’ 무화과의 존재는 시간의 이중성을 함축한다.

　한편 시에서는 ‘검은 개굴창’이 환기하는 죽음의 이미지가 두드러진다. 시인은 비틀거리는 자아와 죽음을 날쌔게 가로지르는 자아의 모습을 동시적으로 포착하고 있다. 죽음을 따라 걷는 시적 자아의 비틀거리는 걸음걸이는, 개굴창을 가로지르는 ‘검은 고양이’의 날쌘 운동성과 비교된다. 시적 자아는 ‘개굴창’을 따라 비틀거리며 걸어가야 하는 운명인 반면, ‘검은 고양이’로 상징된 다른 자아(alter ego)는 이 죽음의 시간성을 가로지름으로써 운명을 초월한다. 시인은 초기 시에서처럼 자신의 깨어진 자화상을 들여다보는 대신 절대적·초월적 존재인 검은 고양이의 이미지를 자화상으로 변용하고 있다. 육체성을 초월한 고양이의 날쌘 운동성은 초기 시에서의 비상하는 새 이미지와 겹쳐진다. 새와 검은 고양이가 상징하는 바, 비상과 초월의 이미지는 초기부터 김지하의 시적 세계에서 길항해 온 초월을 향한 욕망과 현실 지향적 의지라는 이중의 힘의 긴장을 담고 있다. 초기 시가 '하강하는 육체 / 상승하는 정신' 사이의 수직적이고 이중적인 대립 속에서 전자의 부정을 통해, 후자를 긍정하고 초월하는 방향으로 나아갔다면, 이 시에서 두 자아는 수평적 동시성을 지닌 것으로 나타난다. 자아와 고양이는 하나이면서 동시에 둘인 미묘한 긴장 속에 묶여 있는 것이다. 자아는 현실 속에서 '비틀거리면서' 동시에 현실을 '가로지르는' 이중적 분열을 드러낸다. 이 분열된 자아가 서로 부딪치는 섬광의 순간, 곧 고양이와 자아가 스치는 '순간'은, 비틀거림의 연속성과 가로지름의 순간성을 동시에 담고 있는 새로운 시간성의 출현을 보여준다.

여기서 주목할 것은 이 시의 배경을 이루는 '검은' 색이다. 잿빛 하늘을 거쳐, 검은 개굴창, 검은 고양이가 환기하는 검은 빛은, 시적 자아는 물론 시의 배경을 이루는 모든 사물을 빨아들이는 빛깔이다. 작열하는 빛으로 시선의 맹목을 초래하는 '백색의 방'과 시선을 빨아들이는 '검은 개굴창'은 이런 점에서 동일한 의미항으로 작용한다. "내 죽음의 흰나리 꽃"(「지옥 3」)에서 보듯, 그에게 죽음은 검은 빛인 동시에 흰 빛이다. 검으면서 흰, 이러한 빛깔의 이중성은 완성된 죽음(열매) 속에 피어난 미래형의 죽음(꽃)을 환기한다. 이렇게 검은 빛과 흰 빛, 삶과 죽음이 겹쳐지는 이중성 속에서 자아의 내면을 채운 검은 빛은 공포를 지우고 흰 빛으로 피어날 수 있게 된다. 어둠으로 가득 찬 내면은 그것을 가로지르는 빛나는 '순간'에 의해서 새로운 빛깔의 존재로 전환되는 것이다.

김지하의 후기시를 특징짓는 '생명'의 언어는, 이러한 죽음의 빛과 안팎으로 누벼진 채 겹을 이루고 있다. 『애린』 이후 김지하의 서정시가 보여주는 자기 긍정은 죽음을 거쳐 온 흰 빛의 세계로 이해될 수 있다. 많은 논자들이 주목했듯이, 존재의 본질을 찾아가는 심우(尋牛)의 도정은 "이내 작은 한 덩이 검은 돌에 빛나는 / 한 오리 햇빛 / 애린 / 나"(「그 소, 애

린 50」)에서 '애린=나'라는 깨달음에 이른다. 애린을 찾아 헤매는 행려는
이렇게 자기로부터 출발하여 자기의 내면에 도달하는 원환적 회귀적 시
간의 흐름을 따라간다.

초기시의 아비찾기가 애린을 찾는 도정으로 전환되면서 김지하의 시
적 세계는 죽음과 삶의 대립항을 넘어서 새로운 지평을 구축한다. 환언
하면 '애린'을 찾는 도정은 "지금도 잿빛 하늘 에 피 번지는 악박골 / 서
대문 101번지 시커먼 경성감옥"(「악박골」)의 '숨죽인 울음'으로 채워진 잿
빛의 역사적 지평에서 출발하여, 역사의 제한된 시간성을 전복하고 흰
빛의 무한지평으로 나아가는 것이다. '아비찾기'의 과정이 근대의 파시
즘적 시간에 대한 부정으로서 역사 기억을 이끌어 온다면, 애린을 향한
길은 자기 내부 속에서 긴장과 대립을 해소함으로써 시간의 지평을 벗
어나는 도정인 것이다. 이러한 원환의 시간은 근대의 직선적 시간의 궤
도를 벗어남으로써 폭력적 현실을 감싸는 새로운 시간성의 출현과 닿아
있다.

> 단 한번 울고 가
> 자취 없는 새
> 그리도 가슴 설렐 줄이야
> 단 한 순간 빛났다
> 사라져 가는 아침빛이며
> 눈부신 그 이슬
> 그리고 가슴 벅찰 줄이야
> 한 때
> 내 너를 단 하루뿐
> 단 한 시간뿐
> 진실되이 사랑하지 않았건만
> 이리도 긴 세월
> 내 마음 길 양식으로 남을 줄이야

애린
두 눈도 두 손도 다 잘리고
이젠 두 발 모두 잘려 없는 쓰레기
이 쓰레기에서 돋는 것
분홍빛 새살로 무심결에 돌아오는
애린
애린
애린아,

—「그 소 애린 1」

죽음 속에서 삶을 발견하는 일이란, 버려진 쓰레기에서 새살을 눈 뜨게 하는 일이다. '두 손 두 발 다 잘려 없는 쓰레기'에서 돋는 새살은 '죽음'을 거쳐서 소생하는 생명의 이미지를 담고 있다. 이때 시적 자아는 '간', '자취 없는', '사라져 가는' 등의 시어가 환기하는 바와 같이 부재(不在)하는 것들을 기억 속으로 불러오고 있다. 그리하여 '단 한번 울고 간 새', '사라진 아침 이슬'의 짧은 순간이 '내 마음 길 양식'으로 되살아난다. 이 기억의 순간성이 현재의 시간을 견디고 지탱하게 만드는 것이며, 새로운 몸은 이러한 기억의 순간에 탄생한다. 이 기억의 순간성이야말로 '쓰레기'같은 육신을 분홍빛의 '새살'로 바꾸는 동인인 것이다.

김지하의 시에서 모든 존재의 생명을 함축하는 존재인 '애린'은 바로 이러한 순간성에 붙여진 이름이다. 앞에서 살펴본 시 「새」에서, '묶인'·'쇠사슬'·'죽음'이 반복되던 고통의 시간을 벗어난 '새'의 육체성은 「애린」에서 '이슬'의 투명성으로 변화된다. '이슬'은 공간성을 벗어던진 육체이며, 동시에 역사적 시간성을 가로지르는 순간성의 존재이다. 이러한 '이슬'의 이미지는 현실적 시간에 포획된 존재들의 지저분한 '죽음' 위에서 반짝이는 '눈'으로 변용된다.

흩어진 겹동백 저 저 지저분한 죽음에서도

외로운 겨울 햇빛처럼
작게 반짝이는
네 눈
애린의 눈
천둥 아직 들리지 않는 뭉글대는
태풍구름 속 번뜩이는
빈 눈

—「그 소 애린 45」 중에서

　'하얗게 날카롭게' 타오르며 역사적 죽음을 응시하던 '성자동 언덕의 눈'은, 이 시에서는 '햇빛처럼 반짝이는 눈'으로 변화되어 나타난다. 앞에서 보았듯이, 1970년대 '천둥의 울림'으로 혹은 새하얀 빛으로 타오르는 역사적 아버지의 응시 앞에서 자아의 시선은 가파른 자기 파괴의 열정으로 붕괴되었다. 작열하는 '황토'의 열기 속에서 자아의 맹목의 시선이 발견하는 것은 아버지의 죽음이며, 이 고통스런 체험은 곧 자신의 죽음에 대한 자각에 닿아 있었다. 그러나 이 시에서 '태풍 구름 속에 번뜩이는' 시선은 더 이상을 불을 품지 않은 '빈 눈'이다. 그것은 쓰레기더미 위에서 반짝이는 '이슬'처럼 텅 비워진 육체의 눈동자이다.

　이 '빈 눈'은 '구름'의 내부에 존재하는 '태풍의 눈'처럼 고요한 정적과 영원성을 담고 있다. 그것은 '아직' 태풍이 되지 못한 존재, 다시 말해서 유예된 미래('태풍')를 자기 내부에 간직한 존재이다. 그리하여 태풍의 눈으로 상징되는 '빈 눈'의 비어 있는 공간성은 미래의 시간성으로 채워진다. 삶과 죽음 대립 속에서 반짝이는 이 '이슬—눈'의 투명함은 현실적 시간의 지평을 넘어서는 원환(圓環)의 시간성을 환기한다.

　이 시에서 '빈 눈'이 환기하는 원환적 시간성은, 원점으로 회귀하는 애린찾기의 도정을 환기한다. 그 시간성의 궤적은 '속꽃 핀 무화과'의 육체성과 닮아 있다. 시 「무화과」에서 '속꽃 핀 육체'로 상징되는 자아는 미래를 현재 속에 담지하고 있는 존재이다. '아비찾기'의 선적인 시간으

로부터 벗어남으로써, 자아는 새로운 시간성을 잉태한 '애린'으로 변이
된다. 꽃과 열매가 서로 미래이면서도 동시에 과거인 이중적 시간성을
함축한 채 공존하는 것처럼, '애린'은 열매의 내부에 간직된 꽃 곧 미래
에 간직된 과거이며, 동시에 과거 속에 간직된 미래의 시간상을 내포한
다. 다시 말해 "그날은 / 없다 / 있는 것 / 살아있는 것은 / 지금여기 / ……
나날이 / 이리 죽지 않고 / 삶"(「중심의 괴로움」)에서처럼, 애린은 '지금―여
기'의 시간을 '텅 빈 시간'으로 무화시킴으로써 공동화(空洞化)된 중심의
시간성인 것이다.

　이러한 시간의 '열매' 속에 30여 년의 시적 여정을 밟아온 시인 김지
하의 자화상이 비추어진다. 그의 자화상은, 눈을 상실한 깨어진 얼굴로
부터, 찬란한 순간성으로 개화하는 완전한 눈으로의 전이를 보여준다.
텅 빈 중심의 '눈'은 그야말로 '이슬'처럼 온몸이 눈인, 육체성을 초월한
눈이다. 최근작에서 김지하가 천착하는 우주적 생명의 세계는, 투명한
이슬의 이미지가 보여주는 것처럼 텅 빈 순간을 통해 영원성을 발견하
는 과정이며, 그것은 곧 근대성의 잔해와 역사의 파편 속에서 새로운 시
간을 꿈꾸는 과정으로 이해될 수 있다.

5. 역사의 폭풍 앞에서 감긴 눈

　벤야민은 역사의 폭풍 앞에선 천사의 얼굴을 과거의 잔해 속에서 무
참히 미래로 떠밀려가는 모습으로 그려내었다. 폭력적인 정치 권력과 고
통스럽게 대면해 갔던 초기에서부터 우주적 생명의 소생을 꿈꾸는 현재
에 이르기까지의 김지하의 시적 궤적 속에는 잔혹한 역사의 폭풍에서
추락과 비상을 동시에 경험하는 천사의 초상화가 새겨져 있다. 작열하는

현재의 목마름 속에서, 균열된 의식을 상징적 아비의 세계 속으로 투사하던 '황토' 시기의 김지하의 시적 세계는 폭력적인 현실 속에서 시선을 교란당한 자의 고통스런 자의식으로 구축된다. 흰 빛의 폭력성에 의해 붕괴된 시선은 자아와 세계에 대한 성찰이 불가능한 상실의 눈으로 이미지화되어, 자기 소멸의 정념으로 분출된다. 이렇게 초기 김지하 시를 지배하는 저항적 언어의 밑바탕에는, 시선의 붕괴로 상징되는 자기 소멸의 파토스와 소멸의 공포감이 자리하고 있는 것이다.

『애린』 이후 김지하의 시적 세계를 특징짓는 서술어가 된 '생명'이라는 화두는, 자아의 균열과 죽음을 치유하는 과정으로 읽을 수 있다. 개별적 자아를 넘어서 보편성, 전체성의 세계를 지향해 가는 과정은, 자아의 죽음을 보편성으로 확장함으로써 일회적 죽음을 넘어서려는 과정이기도 하다. 이때 무참한 시간의 폭풍 앞에 추락하는 육신을 벗어던지고 새로운 시간을 꿈꾸는 천사는, 온 몸이 '텅 빈 눈'인 이슬의 이미지를 껴입고 출현한다. 천사의 텅 빈 시선 속으로 모든 역사의 잔해와 폭풍이 빨려 들어간 공동(空洞)의 시간성 위에 「애린」 연작이 놓여 있다. 이런 점에서 초기 시의 분열과 시간적 파탄으로부터 자기 구원의 모색으로 쓰여진 「애린」은 김지하의 시세계의 최종점이자 출발점이라 할 수 있다. 블랙홀처럼 모든 것을 빨아들인 거대한 무(無)의 빛이 새로운 시간을 낳을 수 있는 자궁이 될 수 있을지, 죽음의 시간으로 닫혀 버릴지는 시쓰기의 지난한 여정만이 답해 줄 수 있을 것이다.

참고할 문헌

김주연, 「눈이 붉은 작은새, 큰 새 되어」, 『사랑과 권력』, 문학과지성사, 1995.
김 현, 「속꽃 핀 열매의 꿈」, 『분석과 해석』, 문학과지성사, 1988.
남진우, 「생명의 불, 영원한 불빛」, 『신서한 숲』, 민음사, 1995.
성민엽, 「해방의 꿈꾸기」, 『김지하 서정시 전집』, 동광출판사, 1991.

이광호, 「애린, 생명의 징후」, 『애린 2』 해설, 솔, 1995.

임동확, 「꽃핌, 드러남과 숨음의 이중주」, 『개하』 해설, 실천문학사, 2002.

홍용희, 「생명을 사는 언어」, 『꽃과 어둠의 산조』, 문학과지성사, 2002.

______, 「부정의 정신과 생명의 의지」, 『아름다운 결핍의 신화』, 천년의시작, 2004.

시는, 저잣거리에서 만날 수밖에 없는 것

정희성론

이은정

1. 1970년대, 정희성 시인의 자리

"나는 너무도 오랫동안 미움의 언어에 길들어왔다. 분노의 감정이 나를 지배하는 동안에만 시가 씌어졌고 증오의 대상이 내 앞에 모습을 드러낼 때만 마음이 움직였다. 그러나 나는 이제 새로운 길을 찾아 나서고자 한다."[1] 정희성 시인이 2000년대 들어 펴낸 시집의 후기에서 한 말이다. 하지만 1970년대나 2000년대나 정희성의 시에서 미움과 분노와 증오가 언어를 지배하거나 언어 밖으로 흘러넘친 적은 없다. 그의 시는 속으로 뜨겁되 겉으로는 고요하며, 안에는 요동치는 심장박동을 지녔으되 밖으로는 평명하다.

---

[1] 정희성, 「시인의 말」, 『시를 찾아서』, 창작과비평사, 2001, 82면.

좋은 시와 시인들로 흥성했던 1970년대, 정희성 시인의 자리는 뚜렷하다. 그 당시 사회 현실의 문제에 예민했던 여러 시인들 가운데 정희성 시인이 1974년에 펴낸 『답청』과 1978년에 펴낸 『저문 강에 삽을 씻고』는 새로운 다른 목소리로 오롯했다. 그는 1970년에 등단해 지금까지 35년이라는 짧지 않은 시작 기간 동안 네 권의 시집[2]만을 갖고 있으나 누구도 대신할 수 없는 고유한 자리를 지니고 있다. 본래 말을 아끼는 것이 시의 생리이긴 하지만 정희성 시인은 과작일 뿐 아니라 그의 시 한 편 한 편이 저마다 말을 지극히 아낀다. 허술히 넘겨 읽을 말이 없고 가벼이 훑어 읽을 뜻이 없는 그의 시들은 시인의 여일한 의식과 정서를 곧은 뼈마디처럼 새기고 있다. 1970년대 정희성의 시는 민중과 현실과 역사를 향한 곡진한 언어가 고함이나 비명 없이 어떻게 울혈을 다스려 시의 언어로 씌어질 수 있는지를 보여주는 자취를 선명하게 남겼다.

그리고 바로 이 지점에서 정희성의 시에 관한 논의들은 이루어져 왔다. 즉 대개의 민중시가 놓치고 있는 이른바 시적 완성도의 성취를 정희성의 시는 선취하고 있다는 점이다. 이는 긍정적으로 인정되어 왔으나 가끔은 아쉬운 한계로 지적되기도 했다. 바로 앞 시대에 현실 참여적인 시의 지평을 열었던 김수영과 신동엽의 문제의식을 이어받아 민중의 일상적 삶에 내재된 건강성과 생명력을 그려낸 대표시인이라고 평가받는가 하면, 슬픔의 누수나 선동적인 언어 없이 깔끔하리만치 시적으로 정제되고 제어된 그의 시가 어쩌면 '억눌리고 빼앗긴 사람들에 대한 애정을 가장하는 것'[3]이 아닐까 하는 염려를 살 수도 있었던 것이다. 이는 문학과 현실의 자장 안에서 고민했던 많은 시인들이 갖고 있던 딜레마이기도 한데, 정희성 시인은 끝까지 그 긴장을 놓치지 않으면서 문학과 현실은 양극단적인 것이 아니라 함께 갈 수 있는 것임을 보여주었다. 더

---

2) 『답청』, 샘터사, 1974; 『저문 강에 삽을 씻고』, 창작과비평사, 1978; 『한 그리움이 다른 그리움에게』, 창작과비평사, 1991; 『시를 찾아서』, 창작과비평사, 2001.
3) 김종철, 『저문 강에 삽을 씻고』, 시집 발문, 1978, 103면.

욱이 정희성 시인은 실제의 삶에서도 마치 그의 시에서처럼 현실에 순응하거나 타협하길 거부하고 염결한 생의 태도를 견지하여 결곡한 시와 삶 또한 함께 갈 수 있음을 보여주었다. 정희성 시인에 관한 일관된 평가인 '선비정신'과, 시인이 스스로 말하는 '시는 저잣거리에서 만날 수밖에 없는 것'이라는 말에서 '선비'와 '저잣거리'는 언뜻 모순된 것처럼 보여도 이들의 진정성이 만나는 바로 그 지점에 정희성의 시가 존재한다는 점이 그의 저력이라 할 수 있다.

2. 강은, 스스로 흐른다

　시인 역시 동조하듯 그의 첫 시집은 사회 비판적인 성향보다는 고전 소재의 상상력을 수용한 신화적 시세계라는 평가로 합의되어 왔고, 이에 대해 시인 자신은 자신의 첫 시집을 향해 "『답청』의 시세계를 부정하고 싶다"는 언급을 하기도 했다. 하지만 이런 언급은 『답청』에 실린 시 중 일부 시에만 적합한 평가이다. 그의 첫 시집 『답청』은 이후 『저문 강에 삽을 씻고』와 『한 그리움이 다른 그리움에게』의 시들과 동일한 수원과 수맥을 지니고 있다.

　정희성의 초기시가 역사와 신화의 세계를 단순하게 수용한 것은 물론 아니었다. 신화적 세계와 가파른 당대 현실을 접목시켜 우리의 역사적 시간 속에 이어져오는 어둠과 슬픔을 현실인식에 기반한 내용으로 변용하고자 시도했다.[4] 하지만 시인이 이 시도를 이내 선회한 것은 현실 너머의 신화의 세계를 지금 이 현실로 데려와 그 사이를 잇는 작업들에 오

---

4) 「해가사」·「제망령가」·「매헌 옛집에 들러」·「변신」·「탈춤고」·「넋청」은 이런 시도의 시들로 읽을 수 있다.

래 머무르기에는 당시 현실이 너무도 긴박했기 때문이다. 이후 사회 현
실의 한 복판으로 향하는 그의 시적 행보는 한층 빨라졌다.

    얼음을 깬다
    강에는 얼은 물
    깰수록 청청한
    소리가 난다
    강이여 우리가 이룰 수 없어
    물은 남몰래 소리를 이루었나
    이 강을 이루는 물소리가
    겨울에 죽은 땅의 목청을 트고
    이 나라의 어린 아희들아
    물은 또한 이 땅의 풀잎에도 운다
    얼음을 깬다
    얼음을 꺼서 물을 마신다
    우리가 스스로 흐르는 강을 이루고
    물이 제 소리를 이룰 때까지
    아희들아

—「얼은 강을 건너며」 전문

    풀을 밟아라
    들녘엔 매맞은 풀
    맞을수록 시퍼런
    봄이 온다
    봄이 와도 우리가 이룰 수 없어
    봄은 스스로 풀밭을 이루었다
    이 나라의 어두운 아희들아
    풀을 밟아라
    밟으면 밟을수록 푸른
    풀을 밟아라

—「답청」 전문

정희성의 시작 방향이 선명한 이 두 편의 초기시는 여러 모로 닮았다. "깰수록 청청한"과 "맞을수록 시퍼런", 그리고 "밟을수록 푸른"이라는 공통적인 구문을 갖고 있다. 시련을 견딜수록 더욱 강해지는 것, 이것은 정희성의 시가 단련한 힘줄이다. 또 하나 공유하는 어휘는 "스스로"의 힘이다. 스스로 깊어가고 스스로 이겨내며 스스로 흐르는 것 또한 그의 시가 지닌 단단한 뼈마디와도 같다. 청청하게 스스로 흐르는 강물과 시퍼런 봄이 스스로 이룬 풀밭은 정희성 시의 중요한 시적 대상들이다. 또 닮은 점은 "이 나라의 아희들아"이다. 이는 시인 자신을 포함한 민중을 이르는 말이기도 하고 지금보다는 미래에 희망을 거는 표현이기도 하다.[5]

위의 시들에서 어둠, 겨울, 죽은 땅 등은 희망 없는 현실을 비유하는 낯설지 않은 표현들이다. 시인은 이 불모의 절망적 현실을 극복해내기 위해 무엇보다도 강물의 힘에 기댄다. 강물의 면면하고 부드러운 힘은 모든 것을 다 받아들이는 듯해도 모든 것을 이겨내 스스로 살아 있으며, 강물소리는 "이 땅의 풀잎"에서도 살아서 울며 죽은 땅의 목청을 터 소리를 내게 한다. 시인은 "우리가 스스로 흐르는 강을 이루고 물이 제 소리를 이룰 때까지" 얼음을 깨며 얼음을 꺼서 그 찬물을 마시며 전의를 다진다. 얼음을 깰수록 청청한 강물의 의지는 곧 시인의 의지이자 "우리"의 의지가 된다. 정희성 시들은 '우리'라는 단어 하나로 시를 읽는 이들을 하나로 묶어 스스로 흐르고 스스로 움직이게 하는 힘을 지닌다.

「답청」은 김수영의 시 「풀」 이후 불굴의 민중을 뜻하는 중요한 상징이 된 '풀'의 의미와 더불어, 봄에 처음 핀 들꽃과 꽃놀이를 하고 새로 난 풀을 밟으며 봄을 즐기는 민중의 삶이 체화된 한층 공동체적인 시이다. 「답청」에서 풀은 바람보다 먼저 눕고 먼저 일어나는 민중의 끈질긴 저력을

---

5) '아희'에 각기 '어두운'과 '어린'이라는 수식어가 있지만 이는 전망이 불가능하다거나 아희의 어리석음을 드러내는 것이 아니라 세상을 향한 안쓰러움과 연민 섞인 외침을 시조의 관습적 표현으로 드러낸 것에 가깝다. 그의 시에는 이같이 전통시가와 한시의 자취가 역력한 작품들이 여럿이다.

넘어서서, 맞을수록 더 시퍼렇고 밟을수록 더 푸르러져 더딘 봄을 빨리 오게 하는 가열찬 풀밭이 된다. 매맞아 퍼렇게 피멍이 드는 것을 연상하게 하는 "시퍼런"은 오히려 민중의 기세등등한 의지와 생명력을 상징하는 강렬한 상징이다. 그리고 이 시 역시 "우리"라는 표현과 "밟아라"라는 명령형의 어법으로 읽는 이들을 일으켜 세우는 힘을 지닌다.

이 시들에서 시인은 얼어붙은 얼음을 깨서 강물을 흐르게 하고 밟을수록 시퍼래지는 풀을 더더욱 밟아 새파랗게 일어서게 하겠노라는 비유를 통해 질기고도 강인한 민중의 힘을 신뢰하며 현실을 극복하는 신념을 연단하고 있다. 그리고 이것은 정희성의 시세계를 관통하는 주제라고 할 수 있다.

인간 본연에 대한 속 깊은 애정과 삶의 가치를 귀하게 여기는 시인의 시선은 가장 먼저 노동자에 가닿는다. 시 「저문 강에 삽을 씻고」는 그 가장 대표작이라 할 수 있다. 이 시는 '1970년대를 대표하는 문학사적인 성과'라고 평가되어왔다. 망연하게 강가에 앉아 속울음까지 끌어안고 있는 노동자의 모습을 담담한 듯 생생하게 묘사함으로써 현실 참여적인 시들이 지닌 성과는 받아들이고 한계는 넘어서는 독보적인 경지에 이른 시이다. 절망과 희망, 분노와 인내, 슬픔과 기대를 각각 동량으로 지니고 있으면서도 방향 없는 분노에만 빠지지 않고 손쉽게 현실에 순응하지도 않는 자세를 지닌 노동자를 구체적으로 드러내어 현실 참여적인 시에 있어 새로운 전형을 이루었다. 되풀이해서 읽어도 전연 낡은 느낌이 들지 않는, 매번 저릿하고 둔중한 느낌을 남기는 시로, 소리 내지르지 않는 낮은 목소리로 현실의 구체적인 삶의 현장을 묘파하는 시가 어떤 힘과 파장을 갖는지 보여주는 예라고 할 수 있다.

　　흐르는 것이 물뿐이랴
　　우리가 저와 같아서
　　강변에 나가 삽을 씻으며

거기 슬픔도 퍼다 버린다.
일이 끝나 저물어
스스로 깊어가는 강을 보며
쭈그려 앉아 담배나 피우고
나는 돌아갈 뿐이다.
삽자루에 맡긴 한 생애가
이렇게 저물고, 저물어서
샛강 바닥 썩은 물에
달이 뜨는구나.
우리가 저와 같아서
흐르는 물에 삽을 씻고
먹을 것 없는 사람들의 마을로
다시 어두워 돌아가야 한다.

—「저문 강에 삽을 씻고」 전문

‘나’는 하루의 길고 고된 노동을 끝내고 해 저무는 강변에 나가 흐르는 물에 삽을 씻고 쭈그리고 앉아 담배를 피워 문다. 들여다보는 샛강바닥은 썩었으나 그 썩은 물 위로 언제나처럼 달은 뜨고 그 달이나마 잠시 마음에 품어보지만 그는 곧 몸을 일으켜 어느새 어두워진 밤길을 걸어 먹을 것 없는 가난한 사람들의 마을로 돌아가야만 한다. 여기서도 중요한 상징은 ‘강’이다. 이 역시 스스로 흐르고 스스로 깊어 가는 강이다. 강물은 노동자인 그의 몸에 흐르는 물과도 같다. 스스로 흘러 스스로 깊어 가지만 결국 바닥까지 썩어가고 있는 그의 생과 같다. 고달픈 삶에 지쳐 매일 슬픔을 죄다 퍼다 버린 탓에 강은 그의 마음처럼 육신처럼 다 썩어버렸고 맑게 흐르던 샛강은 근대화라는 이름의 뒷그늘에서 바닥까지 오염되어버렸다.

하지만 "흐르는 것이 물뿐이랴"는 구절 안에는 우리네 노동자의 삶도 늘 이렇게 머물러 있지만은 않으리라는 실낱같은 바람이 들어 있다. 그래서 "우리도 저와 같아서" 흐르는 물에 삽을 씻듯 슬픔도 씻어내고 강물이 흐르는 것처럼 세월이 흘러가면 삶도 어쩌면 달라지리라는 기대도 버리지 않는다. "삽자루에 맡긴 한 생애"를 살아온 노동자로 자신의 생이 결국 "이렇게 저물고, 저물어서" 사라져가 버릴 것을 모르지 않지만 무상하고 도도하게 흐르는 강물처럼 지금의 삶도 흐르고 흘러 스스로를 치유할 수 있으리라는 기대가 "썩은 강물 위에 뜬 달"로 표현된다. 정희성의 시에서 '달'은 희망은 없지만 그래도 남아 있는 마지막 눈동자 같은 슬픔의 힘이다. 그래서 "시래기국에서 밤새 수저로 달을 떠내며 울고", "자식의 얼굴에 달은 보이지 않으며"(시 「추석달」), 슬프게 죽어 버린 숙경이의 "앙가슴의 하늘에 비수처럼 꽂혀"(시 「숙경이의 달」) 있는 달이다.

위의 시에서 '강변'과 '마을'은 자의식의 공간과 생활의 공간으로 대조되며 그 사이에 노동의 공간이 있다. '강변'은 그에게 삶을 돌이켜 보게 하는 곳이자 일상의 노동에서 떨어져 나와 자기 자신을 바라보게 하는 공간이다. 썩은 강물에나마 달이 뜨듯 잠시나마 희망을 가져보는 공간이기도 하다. 하지만 '마을'은 "먹을 것 없는" 빈곤한 삶의 공간이다. 어떤 슬픔과 일상의 질곡이 기다리고 있을지 알 수 없으나 돌아가지 않을 수 없는 공간이다. 어둠 속에 어깨를 늘어뜨리고 돌아가야 하는 곳이지만 노동의 가치와 삶의 의미를 주는 곳이기에 그곳은 안쓰럽고 애틋한 삶의 공간이다. 시인은 슬픔만 가득한 희망 없는 삶을 표현하면서도 마을로 돌아가는 그의 뒷모습에서, 그리고 씻어서 들고 가는 그의 삽자루에서 그가 결코 삶의 모든 것을 놔버리지 않으리라는 희망의 악력(握力)을 드러낸다.

이 시는 슬픔과 어둠으로 가득하지만 과잉 없이 절제되어 있다. 고단한 노동자의 삶과 쓸쓸한 그의 뒷모습을 담담하게 묘사하지만 어떤 분노와 격정의 언어보다 서늘하고 깊이 와닿는다. 그러면서도 인간에 대한 애정과 신뢰의 시선이 가득하다. 노동자들의 삶에 대한 공감과 연민은 곧 시인 자신의 삶에 대한 것이며 시대를 나누어 가진 '우리'의 삶에 대

한 것이기 때문이다. 암담하고 불투명한 현실 속에서도 결코 실의와 좌
절의 나락에 빠지지 않고 끝까지 희망의 한 자락을 꽉 쥐고 '스스로 깊
어 가는' 인간을 그리는 시선은 정희성 시인의 자존(自尊)이다.

3. 삶은, 체득된 슬픔의 힘

　물론 정희성의 시는 슬픔과 원망에 떨리기도 한다. 하지만 그럼에도
그의 시는 직설적이지 않다. 현실에 대한 분노와 삶에 대한 애착을 드러
내는 가장 절실한 방법으로 시인은 화자의 힘을 택한다. 사실 그의 시에
는 지식인 화자나 지사적 시인의 목소리가 승하다. 이 화자들은 어쩔 수
없이 증오와 원한을 다스릴 줄 안다. 그리고 시인은 이를 다스려낼 줄
아는 시의 언어가 마치 살갗 밑으로 번져 가는 피멍처럼 지속적으로 오
랜 힘을 지닌다는 것도 안다. 하지만 시인은 분노를 터뜨리지 못하고 원
색적이지 못한 자신의 언어가 갖는 한계도 알고 있다. 살갗 밑의 피멍보
다 찢어진 상처의 핏자국이 갖는 강렬한 힘의 언어가 터져 나오려 할 때
를 알기 때문이다. 선비의 눈으로 바라보는 세상과 노동자로 경험하는
세상을 표현하는 어조에 차이가 없을 수 없다. 그래서 그의 시에는 이중
의 화자 혹은 두 개의 목소리가 공존하게 된다.

　　죽은 백씨의 뼈 속에서
　　휘파람소리 들린다
　　그 생전에 불어 못 본 휘파람을
　　비바람이 대신 분다
　　죽어 오랜 김대건 신부의 뼈도 뼈지만

개뿔도 믿을 게 없던
그의 해골 악문 이 사이에서도
바람은 곧잘 치읍을 낸다

—「백씨의 뼈 1」 중에서

어디 일자리가 없느냐고
찾아온 김씨를 붙들고
바둑을 두는 날은
한 집을 가지고 다투다가
말없이 서로가 눈시울만 붉히다가
돌을 던진다
취해서 돌아가는 김씨의
실한 잔등을 보면
괜시리 괜시리 노여워진다

—「김씨」 중에서

갔다 오마 하고 언제나처럼
한 마디 무뚝뚝한 말을 남긴 채
그이는 가서 돌아오지 않고
몇 푼 안되는 보상금이 되어
탄광에서 죽어 온 남편의
피묻은 작업복과
마을의 키 큰 사철나무 잎에도
석탄은 묻어 있다 (…중략…)
바람을 맞으며 떠나는 이웃들의
무겁고 정처없는 발길에
뻣뻣한 손바닥에
눈물 어린 눈에
펄럭이는 치마에 바람에
석탄은 묻어 있다

봄이 오면 푸르러질 저 보리밭
보리밭의 흰 눈에도
어린 자식들의 피섞인 기침에도
뺨에 얼룩진 눈물에도
석탄은 묻어 있다

—「석탄」 중에서

죽은 백씨, 실직한 김씨, 매몰된 광부들을 바라보는 선비적 시인의 눈은 젖어 있다. 그러나 시인의 언어는 쉬이 젖지 않는다. 그는 사회 현실의 지독한 모순과 거친 역사의 광풍 속에서도 유독 민중의 삶과 현장에 가장 주목해왔지만 묘사와 서정의 힘으로 그들의 고단한 삶을 절실하게 그려내려는 언어의 태도를 견지하려 애썼다. 분노를 표출하는 것과 분노를 표현하는 것이 다를 수 있다면 그것은 정희성의 시에서 잘 드러난다. 시회적인 신념과 사회성이 매우 강한 시에서도 그는 시가 담보해야 할 점들을 놓치지 않는데, 이는 시인의 생래적인 시적 체질 때문일 것이다. 물론 정희성의 시에는 이전의 김수영과 동시대의 김지하와 이후의 박노해의 모습이 모두 살아 있다. 그리고 눈앞의 현실에서 결코 눈을 뗄 수 없는 타고난 사회의식과 시인으로서의 소명의식이 강하다.6) 그러나 무엇보다도 그는 자신이 쓰고 있는 것이 시라는 생각에서 멀리 떨어져 나온 적이 없고 시라는 언어를 통해 역사와 사회 속으로 들어가고자 하기 때문에 시의 본질을 내물리지 않는다. 시인이 지켜내야 하는 시적 거리와 민중들 삶의 밀도 높은 표현, 이 모두에 대한 집착과 긴장을 느슨히 한 적이 없는 것이다.

시 「백씨의 뼈 1」에서 백씨의 죽음은 "개뿔도 믿을 게 없던" 보잘것없

---

6) "역사의 발전을 믿고 이 땅의 여러 가지 어려운 현실 속에서도 무언가를 이룩해 보겠다고 발버둥치는 양심적인 사람들의 문학과 행동을 뒤늦게나마 자각된 눈으로 바라볼 수 있게 된 것을 나는 기쁘게 생각한다", "시인은 모든 사람이 침묵할 때도 침묵해서는 안 되는 사람이며 시대적 요구에서 자유로울 수 없는 사람이다" 등 정희성 시인은 시와 시대와 시인의 밀접한 의식에 대해 여러 글에서 얘기한 바 있다.

는 이의 죽음이지만 한국 최초의 신부로 스물다섯의 나이에 순교한 '김대건 신부'의 죽음에 비유되어 순결하고 비통한 죽음의 의미로 강조된다. 생전에 휘파람 한 번 불어보지 못하고 죽어서도 해골을 악물 정도로 지난한 삶을 살았지만 죽어서 편하게 누운 백씨의 시신은 절로 휘파람 소리를 낸다. 백씨의 시신 위로 부는 쓸쓸한 비바람은 그의 뼈 속과 악문 이 사이에서 부는 휘파람 소리가 되어 새어나온다. 비바람이 그의 시신을 통해 부는 청승맞고 서늘한 휘파람은 백씨의 죽음을 향한 진혼곡이기도 하다. 시 「김씨」에서 '나'와 마주 앉아 바둑을 두는 김씨의 모습도 그와 멀지 않다. 일자리를 잃었지만 김씨는 더없이 순하고 착한 이다. 막노동 일거리를 찾는 절박한 마음을 지닌 그를 붙들어 앉혀놓고 바둑을 두고는 있지만 심란하기만 한 두 사람은 바둑을 두다가 아무 것도 아닌 일에 눈시울을 붉히며 다툰다. 바둑 "한 집을 가지고 다투"는 마음은 지금 이 현실에서 자기 자리를 찾지 못하는 두 사람의 조급함에서 오는 것이고 "돌을 던진다"며 바둑알을 던지듯 두는 마음은 막막한 현실을 향해 돌을 던지는 그 마음이다. 막소주 몇 잔에 취해 쓸쓸히 돌아가는 김씨의 잔등을 바라보며 시인은 불가항력적인 이 암담한 현실에 마음이 끓는다. 이 넓은 세상 어디 한 군데 깃들 곳을 찾지 못해 헤매고 다니는 김씨의 듬직한 "실한 잔등"이 팍팍한 현실에 대해 새삼 노여움을 갖게 하는 것이다. 탄광촌의 비애는 더하다. 시 「석탄」에서 여느 때처럼 아침에 일하러 나섰던 광부들은 탄광에 매몰되어 돌아오지 않고, 남편과 아비를 잃은 아내와 아이들은 그나마 탄광촌마저 떠나야 한다. 광부들의 비참한 죽음은 "몇 푼 안되는 보상금"이 되어 돌아왔을 뿐 삶의 근거를 잃은 식솔들만 남았다. 그들의 쉽게 끝나지 않을 슬픔과 고통은 죽은 남편의 피묻은 작업복과 막막한 울음 우는 아내들의 눈물 그렁한 눈과 펄럭이는 치마와 어린 자식들의 피 섞인 가래침과 눈물로 얼룩진 뺨에 검은 '석탄'으로 묻어 있다. 영원히 털어내지지 않을 남은 생의 고통이 "석탄은 묻어 있다"라는 표현으로 주문처럼 반복되고 있는 것이다.

정희성 시인은 쉽게 끓어오르거나 분노하지 않는다. 오래 끓고 더디 가라앉는다. 백씨의 죽음에 대한 슬픔을 삭여 그의 뼈가 부는 휘파람으로 소리내게 하고, 김씨의 전쟁 같은 삶은 "뛰어도 뛰어도 닿을 곳 없는" 바둑판 위의 생으로 비유하며, 매몰된 탄광에서 죽은 광부들의 원한은 어디에나 묻어 있는 시커먼 석탄자국으로 표현한다. 민중의 삶을 핍진히 그리되 삶의 현장과 시의 언어적 특성을 함께 견지하는 것이다. 이 시들에는 선비적인 시인이 지켜내는 시적 거리가 뚜렷하다.

시인이 택한 또 하나의 화자는 노동자의 목소리이다. 선비적 시인의 목소리와 상충되지 않으나 한결 어조가 높은 절박한 화자가 등장한다. 노동자의 목소리를 그대로 빌어오는 시는 그가 선비적 시인의 한계를 넘어서는 방법이자 고단한 민중들의 삶에 대한 생생한 시적 보고가 된다.

이거나 먹으라고, 배고프면 이거나 먹으라고
그들은 우리에게 똥을 퍼부었어요
그리고 우리는 끌려갔지요
믿을 수 없어요 어머니, 어떻게 사람이
사람에게 그런 짓을 할 수 있는지.
아실 거예요 함께 일하던 순이
산너머 먹골에 살던 그애를.
미쳐버렸어요 그애가 미쳐버렸어요
모든 것이 많이 달라졌어요
어머니, 누가 그 사슴의 뿔을 잘라 갔을까요?
기억하세요? 전 일곱살이었어요
　　　　　　　—「어머니 그 사슴은 어찌 되었을까요」 중에서

오오냐, 고장난 자물쇠나 고쳐주마
목에도 잔등에도
팔뚝에도 힘찬 가슴팍에도
훈장처럼 열쇠를 걸고

금수나 강산 삼천리 방방곡곡
가가호호 골목새새
오뉴월 숨찬 개같이 헐떡대며
나는 그렇게 살아왔다

—「열쇠」 중에서

끼니마다 빈 뒤주에 고개를 처박고
아내가 숨죽여 어깨를 들먹이면
이 병신아, 이 병신아
귀뺨을 후리는 북풍에 몰려
돌아서서 북한산마루를 보며
나는 목침더미 같은 울음을 삼키고
삽을 들어 북한산 눈을 퍼낸다
퍼내도 바닥이 흰 서러움
하루 벌어 하루 먹는 놈이
팔다리만 성해서 무얼 하나
공사판엔 며칠 째 일도 없는데

—「눈을 퍼내며」 중에서

　열아홉 살 처녀는 식모살이로 공장으로 끌려다니다가 노조활동을 하며 공장측과 싸워 똥세례를 당한다. 같이 상경한 친구는 미쳐버렸고 그녀는 지금의 상황을 도저히 이해할 수 없다. 만신창이가 된 그녀의 비탄은 그녀가 어릴 적 보았던 사슴의 뿔이 잘려나간 슬픔의 기억으로 회상된다. 일곱 살 때 처음 동물원을 구경했던 행복하던 때를 기억하는데 지금 아버지는 매일 술에 쩔어 있고 전답 팔아 공부시킨 오빠는 월남전에서 죽었으며 엄마의 손은 논바닥처럼 다 갈라졌다. "경찰서에서 풀려나온 뒤 실컷 울고 싶어" 동물원을 찾은 그녀는 뿔이 잘려나간 사슴에서 지금 자신의 모습을 보고 사슴에게 돌을 먹으라고 던지는 사람들에서 똥을 먹으라고 퍼붓던 이들을 생각하며 치를 떤다. 복받치는 울분을 참지 않고 그녀는 "모든 것이 옛날과 달라졌어요 이대로는 고향에 돌아갈 수 없어요"라고 분연하게 외친다. 시 「열쇠」에서 삼천리 방방곡곡 고장 난 자물쇠를 고쳐주고 다니는 열쇠쟁이는 온몸에 칭칭 철갑처럼 열쇠로 처매고 "오뉴월 숨찬 개처럼 헐떡이며" 살아왔지만 막상 열쇠로 열고 들어설 방 한 칸 없다. 천진하게 그저 "애송아지마냥 눈만 꿈벅"대며 자신을 바라보고 있는 새끼들을 내려다보며 지쳐 돌아온 철갑 두른 애비는 탄식을 금치 못한다. 「눈을 퍼내며」의 화자도 열악하긴 매한가지다. 며칠째 일이 없어 끼니까지 떨어진 그는 빈 뒤주에 고개를 처박은 아내를 향해 애꿎게 욕을 퍼붓고 귀뺨을 후리는 북풍과 펑펑 쏟는 폭설 속에 난데없이 북한산 눈만 퍼내고 있다. 끼니도 잇지 못하는 이 현실에서는 팔다리 성한 것도 죄가 되기에 "목침더미 같은 울음"만 목구멍 아프도록 삼키며 눈을 퍼내듯 가슴속 욕설과 원한을 퍼낸다.

이 화자의 목소리들은 생생하고 직접적이다. "실한 팔뚝으로 온갖 것 만들던 용칠이, 밀린 월급 달라며 주인 멱살 잡다가 펄펄 끓는 쇳물에 팔을 먹힌 용칠이"를 새기고 새기면서 불에 달군 쇠를 밤새 내리치는 대장장이(「쇠를 치면서」), 흠집과 기름투성이인 빈 손을 바라보다가 누군가의 "음험한 웃음소리"에 맨주먹을 불끈 쥐는 노동자(「맨주먹」), 다 늙도록 평생 공사판을 기웃대며 먹여 살린 자식새끼가 돌 들고 피 흘리며 시위하는 것을 가슴 쓸어내리며 북돋는 아버지(「아버지 말씀」) 등은 모두 현상적 화자로서의 노동자가 부각된다. 이 시들에는 1980년대 이후 박노해와 백무산과 김해화와 차정미 등의 시에서 나타난 경험적 노동 현장이 육성처럼 드러나고 있다.

하지만 이 시기 정희성의 시에는 노동의 신성함보다 비애의 색채가 짙다. 노동의 신성함을 강조하는 것이 억압적 노동의 고통을 섣불리 무화시키거나 합리화할 위험이 있음을 경계한다. 노동 현장의 경험적 진실성을 얘기하고 내몰린 민중의 고통스러운 삶을 형상화하는 시가 설령 이 이후에는 상투적인 노동시의 문법 혹은 어법이 되었을지라도 이 당시 시인이 표현한 노동자의 삶은 과장 없이 절실하다. 그리고 무엇보다, 정희성 시에 드러나는 민중들은 엄살이 없다. 근대와 경제성장의 신화라는 미명 아래 치러진 노동의 지옥을 표현하는 목소리는 떨리지만 그들은 스스로 깨어 있다. 딱히 무엇을 배워서가 아니라 자연스럽게 체득된 삶의 건강한 가치를 알게 되어서이다. 시인 또한 이를 잘 알고 있기에 스스로도 민중적 정서를 체화할 수 있었다. 그래서 선비적 시인의 목소리와 노동자의 목소리와 지사적 시인의 목소리가 정희성의 시 안에서 공존할 수 있었던 것이다.

4. 시는, 삶과 언어의 상사화(相思花)

거슬러 오르는 일은 어렵다. 더욱이 도덕적인 방향감각과 균형감각을 잃지 않고 이 물살 빠른 시속(時俗)을 언어로 거슬러 올라가는 것은 쉽지 않다. 정희성의 시는 한결같이 시류를 좇지 않으며 스스로 방향을 정한 시적 인식과 격조를 놓쳐 본 적이 없다. 현실 문제에 천착하는 그 순간에도 시의 태도를 잃지 않으며 저항과 서정의 평형대 위에서 중심을 잃거나 불안한 멈칫거림을 보이지 않았다. '제 정신을 지니고 견디기 어려운 시대'였다고들 얘기하지만 시대가 가팔라질수록 정희성의 시는 오히려 무게중심이 든든히 내려왔다. 시인 자신이 스스로 이런 '지나친 안정감'에 대해 불만을 토로하고 있으니 그것이 의도된 계산이 아님은 분명하지만 간혹 시인이 여몄던 감정이나 정서가 뭉클 흘러나올 때 또 다른 감동으로 움직여지기도 한다. 그의 시에 대해 '정제된', '응결된', '완성도 있는' 등등의 언급을 할 때 그것이 세련된 언어나 언어적 아름다움을 말하는 것은 결코 아니다. 노동시든 민중시든 정희성의 시는 '노동'이나

'민중'과 더불어 '시'에 대한 인식을 가벼이 여기지 않았다. 언어를 귀하게 여기는 시인의 태도와 어떤 고단함에도 불구하고 애틋하고 속 깊게 세상을 바라보는 시인의 시선은 늘 그의 시를 큰 시로 읽게끔 해왔다.

시인은 자신이 1970년대의 대표적인 민중시인으로 꼽히는 세간의 평을 수정하면서 자신의 시는 '민중지향적 지식인 문화에 일조'한 것뿐이라고 덧붙였다. 그러면서도 시인은 자기 자신에 대해 '본질적으론 천진한 낭만주의자'라고 말하고 있다. 그는 서정시인이고 싶었으나 시대와의 불화가 현실 문제에 예민한 시를 쓰게 했는지도 모른다는 것이다. 불과 얼마 전 그는 현실의 모든 문제가 해결된 것은 아니지만 시대가 변했으므로 목청만 높은 시보다는 현실을 표현할 시의 다른 방식에 대한 고민이 필요하다고 진지하게 말한 바 있다. 이는 이미 여러 시인들에 의해서도 제기된 바이나 정희성 시인의 말은 괜한 말로 들리지 않는다. 그것은 그가 일찍이 서정성과 현실인식을 함께 엮어낸 다음 시들의 한 성취로 확인된다.

가여운 입술이나 손끝으로 매만질 수 없는 사랑의 깊이를 더러는 우리가 어두한 심장으로도 느낄 수 있는 것을 왜 몰라 오늘 따라 어설피 흰 살점의 눈 내리고 이 겨울 우리네 마음같이 어두울 뽕나무 스산한 가지 설운 표정을 목로에서나 달래는 심정으로 훼훼 탁한 술잔을 흔들다가는 시나브로 눈발이 흩날리는 거리로 나서보지마는 언제 우리네 겨울이 인정같이야 따뜻한 건가 어두운 나무에서 반짝이는 눈빛 같이야 어차피 반짝일 수 없는 우리네 마음이 아닌 것가 미쳐간 누이의 치마폭에 환히 빛나던 싸리꽃 등속의 그 꾀죄죄한 웃음결만치도 밝게 웃을 수 없다면야 순네의 슬픔에 맞는 가락지 우리 모두가 우리네 슬픔에 맞는 사랑을 찾아 잃어버린 사랑을 찾아 나서볼 일이다

—「사랑사설」 전문

어느날 당신과 내가
날과 씨로 만나서

하나의 꿈을 엮을 수만 있다면
우리들의 꿈이 만나
한 폭의 비단이 된다면
나는 기다리리, 추운 길목에서
오랜 침묵과 외로움 끝에
한 슬픔이 다른 슬픔에게 손을 주고
한 그리움이 다른 그리움의
그윽한 눈을 들여다볼 때
어느 겨울인들
우리들의 사랑을 춥게 하리
외롭고 긴 기다림 끝에
어느날 당신과 내가 만나
하나의 꿈을 엮을 수만 있다면

—「한 그리움이 다른 그리움에게」 전문

　이 시들은 시인이 지향해온 서정성과 현실인식이 가장 행복하게 만난 시들이다. 「사랑사설」은 첫 시집 『답청』에서 가장 오래 눈을 붙드는 시 가운데 한 편이며 「한 그리움이 다른 그리움에게」는 그의 작품 중 대중적으로 가장 널리 알려진 시이다. 인간이 가진 감정 중 가장 귀하고 선한 것을 가려내어 이름붙인 것이 사랑과 그리움이라는 것을 유순하게 받아들이게 하는 시들이다. 가여운 입술과 손끝으로 느낄 수는 없지만 깊고 어둑한 우리 심장으로는 느낄 수 있는 "사랑의 깊이"는 굳이 말하지 않아도 서로 알고 있다. 겨울이 우리네 인정 같이 따듯할 수 없고 어두운 우리 마음이 눈처럼 반짝일 수도 없고 미친 누이 치마폭의 싸리꽃만큼의 꾀죄죄한 웃음도 우린 밝게 웃을 수 없지만, 그래도 슬픔의 가락지만한 사랑을 찾아 나서자고 한다. 서로 믿고 있는 사랑의 깊이만으로도 거칠고 험한 삶의 물살을 그럭저럭 헤쳐 나갈 힘을 얻기 때문이다. 그 힘은 당신과 나의 그리움이라는 씨줄과 날줄의 힘으로 더 단단해진다. 이 시에서 시인이 추구하는 이상은 "당신과 나의 꿈으로 짠 비단"이라는 아름다운 비유로 형상화된다. '당신과 나'는 시인이 지향하고 추구하는 너와 나의 삶, 민중적 삶, 공동체적 삶, 하나된 삶이다. 우리가 날줄과 씨줄로 만나 꿈을 엮고 그 꿈들이 만나 비단을 짜면, 한 슬픔은 다른 슬픔에게 손을 내주고 한 그리움은 다른 그리움의 눈을 들여다보며 쓸쓸함 속에서도 우리들의 사랑을 비단처럼 자아낼 수 있다는 것이다. 어떤 혹한 속에서도 깊고 따듯하게 사랑을 지킬 수 있음을 확신하는 것, 이는 정희성 시인이 시를 쓰는 이유일 것이다.

정희성 시인은 저공비행을 하는 시인이다. 그는 서정의 태도와 현실의 천착을 찬찬히 씨줄과 날줄로 비단처럼 엮어낸다. 그는 네 번째 시집 『시를 찾아서』라는 시에서 "한 줄기에 나서도 잎이 꽃을 만나지 못하고 꽃이 잎을 만나지 못한다"는 '상사화'라는 꽃의 운명을 시의 운명으로 깨닫는다. 이는 시의 언어와 삶의 진실이 갖는 운명, 시와 시대의 숙명, 서정시와 저항시의 운명이기도 하다.

내심 상사화의 운명을 거역하면서도 시인은 시(詩)라는 말이 설령 '말(言)이 곧 절(寺)'이라는 뜻으로 이루어져 있다 해도 시는 절이 아닌 '저잣거리'로 내려와야 한다고 믿는다. 다만 저잣거리에 내려와서도 끝없이 삶의 진리를 찾아나서야 한다고 믿는다. 그래서 이 시의 마지막 행 "저잣거리 걷고 있을 우바이 그 고운 사람"은 현실의 모든 시인인 동시에 바로 '시는 저잣거리에서 만날 수밖에 없는 것'이라고 올곧게 확신하는 정희성 시인 자신이다. 강물처럼 스스로 깊이 흐르고, 백씨와 김씨의 슬픔을 나누고 안고, 당신과 나의 꿈으로 비단을 짜고, 우바이가 되어 시정(市井)을 걷는 것은, 내내 이 현실 가까운 높이에서 낮게 날고 있는 정희성 시인의 신념인 것이다.

참고할 문헌

김영철, 「민중시의 지형과 고전적 상상력」, 『시와 시학』, 1997년 겨울.

김종철, 『저문 강에 삽을 씻고』 발문, 창작과비평사, 1978.

박영근, 「단절과 시의 새로운 발견」, 『실천문학』, 2000년 가을.

송기한, 「닫힌 가능성에서 열린 실천으로」, 『시와 시학』, 1997년 겨울.

신경림, 『한 그리움이 다른 그리움에게』 발문, 창작과비평사, 1991.

______, 「다섯 권의 시집」, 『창작과비평』, 1979년 봄.

임규찬, 「우리네 슬픔에 맞는 사랑의 갈구」, 『답청』 해설, 문학동네(재간행), 1997.

묶인 자의 여정

김명인론

황인교

1. 어둠을 보는 자

"인식과 탐구"[1]의 시인이며 "정신적 서정주의를 밑바탕에 깔고 있는"[2] 김명인의 시는 높고 깊지만 명료하다. 특히 1970년대의 시는 더욱 그러하다. 김명인의 시는 끊임없이 명료하게 보고 느끼고 생각하게 한다. 따라서 시의 본령일 언어적 일탈이나 절대적인 울림으로부터 좀 벗어난 지점에 있다. 그가 시 쓰는 자 모두가 꿈꾸는 경지일 시적 향취, 즉 절대적인 언어 유희의 추구로부터 좀 벗어나 있게 하는 것, "강한 서정"[3] 또는 "이야기가 있는 시",[4] "완강하고 끈질기게 추구해 온 진지성"[5]이라는

---

1) 김치수, 「인식과 탐구의 시학」, 『동두천』, 문학과지성 시인선 9, 1979, 111면.
2) 정끝별, 「정체성 확인을 향한 서정의 깊이」, 『세계의 문학』 66, 1992년 겨울, 435면.
3) 김한식, 「여행과 빈집의 시학」, 『작가세계』, 1998년 봄, 348면.

서정시에는 어울리지 않을 특성에 끌리게 하는 것, "자신이 겪어 온 개인적인 생활사를 날 것 그대로 활자화하여 박는 데서부터 출발하게 하고 있는 것"[6]은 무엇인가. 아니 왜인가. "평범한 것에서 슬픔을 보고 내면을 다지는"[7] 정신의 단련이나 수양, "시의 기능과 역할에 대해 회의하며 대상과 자신의 관계를 통한 의미의 극대화 시도",[8] "가볍고 즐거운 몽상적 구도가 아닌 새로운 시적 깨달음"[9] 등 개인적 수양이라는 동양의 시적 전통을 이루고 새로운 시적 모색이라는 평가를 받게는 되나 시인이 "언어 자체의 절대적인 탐구"[10]를 벗어나는 것은 문제가 된다. 서정성이라는 절대적인 동일성의 아름다운 경지를 스스로 벗어나는 것이 시인으로서는 위험한 도박일 수도 있는데 왜 그러는지, 또 어떻게 그리하면서도 시일 수 있는지를 살펴봐야 하겠다.

그의 시에는 보는 자, 느끼는 자, 생각하는 자, 심지어 서사에나 어울릴 법한 이야기하는 자의 흔적이 언제나 있다. 그의 시를 읽으며 독자는 보라고 생각하라고, 알아야 한다고 하는 목소리를 듣는다. 이 목소리는 매우 약하고 불안하다. "직접적인 사귐",[11] "바로 그 현장에 있으면서 그 현장의 사람들을 주시하"는, "스스로의 시적 투입"[12] 속에서 고통스러운 인식에 도달하나 고작 그것뿐이며 거기에서 멈춰야 하기 때문이다.

김명인의 시에서 이 목소리의 흔적은 보는 행위로 나타난다. 무엇을 볼 수 있는가 볼 수 없는가, 아무 것도 보이지 않는 어둠, 그리고 그 속에서 갑자기 들리는 소리나 보이는 빛은 그의 시에서 매우 중요하다.

<hr>

4) 김치수, 앞의 글, 120면.
5) 최동호, 「그리움, 또는 우연과 필연의 형식」, 『시와 시학』, 1995년 봄, 167면.
6) 이동하, 「70년대의 시와 현실의식」, 『현대시』, 1984년 여름, 168면.
7) 김한식, 앞의 글, 348면.
8) 김치수, 앞의 글, 120~121면.
9) 최동호, 앞의 글, 167면.
10) 김치수, 앞의 글, 120면.
11) 김 현, 「고아의식의 시적 변용」, 『문학과지성사』, 1978년 여름, 553면.
12) 박덕규, 「우리가 되기 위하여」, 『한국문학』, 1982년 10월, 304~305면.

보통 이 보는 자는 매우 피동적이고 무기력하다. 분명 문제가 되는 장면을 묘사하고 무엇이 문제인지도 알지만 일정 거리 밖에서 그저 바라보기만 할 수 있을 뿐이다. 그래서 이 본다는 것은 몹시 고통스럽다.

—「동두천 II」 중에서

창 밖, 날마다 눈 덮이는 세상, 누구도 오래 머물지 않는, 사라지거나 새롭게 되거나 하리만치 기반이 약해 금방 부서져 흩어질 것 같은 그곳에 혼혈아인 아이들이 있다. 이 아이들은 가르쳐 주지 못 하고 떠나는 선생을 향해서, 멀리 떨어진 이곳을 향해 오래 손을 흔들고 있다. '어둠 속의 손 흔듦'은 이곳에 있는 이들을 향한 절대 절명의 구조의 신호이며 절박한 외침이다. 선생인 내가 그곳에 남아 있다 해도 달라질 것이 없을 만큼 기지촌이라는 현실의 어둠은 절대적이며 거대하다. 선생이었으나 "고아들과 끝까지 / 미운 오리새끼처럼 뙤약볕에 엎드려 있던"(「동두천 III」) 이 선생은 약을 먹은 곳이다. 한 개인이 속속들이 보고 알면서도 어찌할 수 없는, 이런 거대한 세계의 어둠이 있음을 시인은 얘기하고 있다. 그리고 마지막 행으로 인해 이렇게 일정 거리 밖에서 바라보는 것이 얼마나 고통스러운 것인지 드러난다. 마지막 행 '어느새 또 다시 선생이 되어'는 이런 문제가 반복적으로 인식되어 절대로 잊혀지지 않으며, 가르쳐 주지 못했음에도 떠나왔음에도 여전히 아이들을 가르칠 책임이 있는 선생으로서 계속 바라보는 일을 멈출 수 없음을 담담히 고백하고 있다. 이런 알고 깨달은 자의 고통으로 인해 이 시는 독자와 정서적 교감을 이룬다.

이렇게 김명인의 시는 문제가 되는 상황과 그를 보는 자의 무기력함과 책임을 함께 드러낸다. 거대한 세계의 어둠과 그로 인해 억압 받는 개인을 보게 하고 동시에 이로 인해 복잡한 반성과 회한을 느끼는 자아를 표출한다. 시인과 독자는 바로 이 지점에 서 있다. 고통 받으며 바라보는 지점이다.

> 운동장을 질러가는 아이들을 바라보면
> 너희 나라가 생각난다.
> 한 나라가 무엇으로 황폐해지는지 나는 모르지만
> 한 어둠에서 다음 어둠으로 끌려가며
> 차례차례 능욕당한 네 땅의 신음소리를 다시 듣는다.
> (…중략…)
> 불란서 튀기 너는 우리부대의 마스코트였지만
> 가난한 나라의 한 병사가 바라본 너는
> 슬픔이 아니라 미움이었다.
>
> ─「베트남 Ⅱ」중에서

가난한 나라의 한 병사로서 전쟁을 겪는 베트남을 바라보며 '미움'이라는 주관적 감정에 이르고, 이국 병사의 마스코트인 탐과 나를 동일시하게 됨을 고백한다. 이것은 전쟁으로 능욕 당하는 땅의 능욕에 동참하면서 그 신음소리가 낯설지 않음을 기억하며 불의한 현실의 거대한 억압을 바라봐야 하는 자의 고백이다. 가난 때문에 총을 들고 능욕하는 자이며 유사하게 능욕 당한 기억이 있는 자로서 부대 안의 혼혈아를 볼 때, 탐의 존재가 자신의 모순 된 정체성을 생생히 드러내므로, '미움'을 잃는다. 그리고 "처음부터 네 손에 쥐어 줄 아무것도 나는 없었"(「동두천 Ⅱ」)던 무기력한 스스로에 대한 안타까움 역시 크다.

어느 날 밤 남자 식구들이 모두 사라지고 총소리를 들은 후, "나는 허구헌 날 애장터에 올라가 / 삼각파도에 걸린 수평선을 털어내면서 // 그 언저리 어두운 황천 속으로 / 하루씩 가라앉는 것을 바라보았"(「영동행각 IV」)고 절름거리며 가야 하나 "막막하구나 하루의 끝은 / 며칠이고 거듭 웅크려 바라보는 이곳의 바다 / …… 어느 한 발짝 에서 더 나갈 수 없"(「꿈꾸는 땅」)는 스스로를 미워하는 게 고작이다. "땅의 이름으로 아픔을 / 가르치면서 담 너머 / 진종일 펄럭이는 벌판을 / 바라본다. 무엇을 / 견디고 이길 수 있을까 / 거듭 흔들리는 욕된 사랑들 / 더 뚜렷한 부끄러움을 / 감추면서 ……"(「우는 아이를 때리며」)에서도 세상은 담 너머에서 펄럭이고, 견디고 이기기보다는 그를 바라보며 아픔과 욕된 사랑, 부끄러움을 느끼고 있음을 고백하고 있다. 김명인의 시는 세계의 어둠을 바라보는 자의 흔들리는 시선, '욕된 사랑' 때문에 진실하며 아름답다.

이 흔들리는 시선은 "…… 예사로운 일에조차 앞날이 흐려 어두운데 / 뻑뻑한 눈 비비고 또 볼수록"(「베트남 I」) 더 흐려지고 "배고픔도 잊고 흐려 안 보이는 / 어린 날도 모두 잊어버리고"(「아우시비쯔」) "흐려서 더는 보이지 않는 / 그 너머 질펀한 어둠의 어느 가장자리"(「동두천 VI」)에 이를 뿐이다. "사방이 끊어지고 문득 / 되돌아보면 캄캄한 안개바다 / …… / 네가 홀로 웅크린 곳은 어디든지 절벽 같은 파도의 끝"(「안개 바다」)으로 절망의 공간에 갇힌다.

그런데 이런 어둠은 시인에게서는 출발의 시각이며 인식의 순간이기도 하다. 어둠이 깊으면 깊을수록 "정든 마을에서 빠져나와 어둠 속에 / 서성대는 사람들이 있"(「고산행」)고 "어둠 속에서 / …… / 흘러가는 무언가가 들려 온"(「동두천 VII」)다.

어둠 속에서 인식의 순간은 갑자기 반짝이며 달려든다. 현현한다. "문득 스스로 와 닿는 집 속이 잠깐씩 들여다 보이"(「켄터키의 집 II」)고 "여기까지 끌고 온 생애가 다 보이"(「들깨꽃」)고 "등불을 켜곤 어디론가 가고

있는 돛배 한 척이 보이"(「김정호의 대동여지도」)고 "황천 어디로 / 우리들의
서른 살이 물거품처럼 떠올라 꺼져 가는 것이 보인다"(「영동행각 I」), "파도
에 가려지는 순간마다 수없이 / 지우고 켜지고 또 지워지며 / 어둠에 묶인
어둥들이 떠오른다."(「영동행각 IV」) 이렇게 이 순간은 어둠 속에서 잠깐
갑자기 나타나나 이내 사라지고 사라지나 이내 다시 나타나기를 반복한
다. 즉 반짝이며, 홀로이며 끊임없이 어디로인가로 흐른다. 때로는 '별',
'조각달', '빈 배'가 된다.

이런 '빛'은 그의 시집 동두천에서 유일하게 희망을 노래하는 시 「들
판에서」에서는 '번개'가 되어 '아버지의 여름'을 이룬다. 시인은 드디어
"새 넌출은 죽은 넌출을 덮고 넌출들은 죽어서도 / 새로운 숲을 이루고
있는 것도 보았다"라고 고백하며 "아버지의 들판"에서 "그날그날의 식사
와 고향 하나를 지켜내"고 있다는 깨달음에 이른다. 고향 들판에서 땅과
혈연의 유구함, 견디고 이겨내는 생명의 모습을 발견한다. 이런 발견은
끊임없이 흔들리며 타자화되는 불안정한 우리 역사 속에서 전통과 자연
을 통해 동일성과 영원성을 노래해야 했던 기존 시인들의 음풍농월과
유사하기도 하다.

이렇게 김명인의 시에서 '본다'는 것은 어둡고 불안하게 변주되며 일
관되게 어떤 구체적인 지점을 향한다. 이는 시인 개인의 선택이나 지식
인인 시인의 시대에 대한 대응 방식이며 결과적으로 한국문학의 한 흐
름과도 닿아 있고 그 당대 문학의 요구에도 걸맞는 적절한 것이었다. 당
연히 시인은 1970년대부터 현재에 이르기까지 꾸준히 시대의 흐름을 읽
어내며 스스로의 정신적 성장까지 이루어내는 시를 발표하여 시단의 주
목을 받는 모범생의 위치에 이르러 있다.

2. 쉼 없이 걷는 자

아직 왕성한 시작을 하고 있는 시인이며 30여 년에 이르는 시력이 있는 시인이니 그의 시에 대해 단정적으로 얘기를 하기는 아직 이르다. 게다가 김명인의 시처럼 명료하고 적절하게 짚어 얘기하기는 더욱 쉽지 않다. 이런 경우 그의 시에 대해 아예 침묵하는 게 맞겠지만 과거 일정 시기를 뒤적여 그의 시력의 출발지를 살펴보려 한다. 이 글은 그의 1970년대를 주목하고 있다. 1979년에 펴낸 그의 시집 「동두천」의 시들을 통해 그가 다루는 현실의 폭과 깊이와 어둠을 드러내는 방식을 보려 한다. 그리고 그의 시가 어떻게 당대의 특성을 직간접적으로 고스란히 담아내고 있는지도 살펴보려 한다. 1970년대에 본격적인 시작을 시작한 시인으로서 그 시대를 읽어내고 그에 적절히 대응하고자 했던 노력이 시집 「동두천」에는 도처에서 묻어난다.

"이 황량하고 살기 힘겨운 시대에 ……삶과 사물에게 나는 얼마만큼의 절실한 사랑을 베풀고 있는지 …… 내 몫의 체험에서도 나는 여전히 편견이 많고 선택의 폭이 좁다 ……"는 이 시집의 자서는 삶과 체험을 중요하게 생각하며 그의 사랑이 매우 이타적이고 사회적임을 드러낸다. 이는 선비 또는 지식인의 풍모로서 한국문학에서 낯설지 않다. 이런 태도는 다산이나 만해로 이어지는 주요한 흐름을 드러낸다.

그리고 이런 지금 이곳에서의 삶을 온전히 알고자 하는 요구는 1970년대가 "정치적 좌절의 대가로 문화의 장에 집중된 한국인의 자기 발견의 노력이 괄목할만한 성과를 이룬 시대"[13]였으므로 당연하다. 1970년대는 "문학을 뜬구름 잡는 음풍농월이거나 여기, 또는 '생의 구경적 탐구'라는 미명하의 허무적인 토속적 세계로의 침잠 같은 것으로 여기던 50년

---

13) 정과리, 「고도성장기의 한국문학」, 『제3차 한일문학심포지엄자료집』, 2면.

대의 기이한 통념이 비판되"고 "문학은 현실 생활의 가장 민감한 공명판이면서 그에 대한 존재론적 고뇌이자 새로운 삶을 향한 풍요한 꿈꾸기라는 생각이 뿌리 내리"14)는 시대였다. 1976년에 시인이 참여했던 '반시' 동인들도 "상황에 대한 점검, 재인식"을 외치고 있었다.

삶, 상황 또는 현실을 담아내고자 한 시인 김명인은 진정성을 획득하고자 매우 솔직하고 투명하게 "나를 묶는 과거"를 벗어나려는 애씀을, "환희와 희망에 가 닿을 미래"에 대한 바람을 적는다. 다음 시집 「동두천」 뒤에 붙인 시인의 글은 이 시인의 명료함이 어떤 것인지, 이 시인이 시를 통해 이루고자 한 것이 무엇인지를 짐작하게 한다.

"시의 바탕이 진정성으로 이해될수록 더욱 불가해한 고통의 뿌리에 나는 닿아 갔고, 스스로를 확인하는 괴로움 속에서는 시를 선택한 것까지를 포함한 수 없는 뉘우침이 왔다. 결국 내가 쌓은 시간의 양만큼 나는 살아 있었고, 그것이 내가 헤쳐 온 전부의 세계였다.

……내 시 속에 나도 모를 모호함이 섞였다면, 그것은 내가 허물지 못한 욕망의 벽이거나, 자신을 바로 못 본 미숙함이었으리라. 더 오랜 날을 두고 나를 마저 헐어버리면 스스로를 위해 흘려 온 눈물이나마 더욱 투명해지겠지."

이런 진정성, 투명함은 시의 소재 및 주제와 표현 모두를 지배한다. 한 마디로 그의 시는 시인의 체험을 드러내는데, 시인의 체험이 매우 특별하여 당대의 소외된 공간 모두를 거치며, 그 드러내는 방식 또한 특별하여 보고 생각하고 느끼며 반성하게 하는 방식을 취한다.

그리고 이렇게 명료하게 진정성을 구하는 자세일 수 있는 것은 시인의 개인적 지향이기도 하다. 이는 그의 시적 여정이 1970년대를 넘어서 일정한 정신적 높이에 이르며 달관과 소요의 경지로 훌쩍 가 버릴까봐 걱정하는 이들이 있기까지 함에서도 알 수 있다.15)

---

14) 정과리, 앞의 글, 2면.
15) "이제부터 김명인은 일종의 성가 의식이나 달관, 소요의 경지를 결연하게 뿌리쳐야

　　이런 구도의 자세는 김명인의 시에서 끊임없이 걷는 행위로 나타난다. 1970년대 시에서 그의 여정은 매우 고단하며 멈춤도 목적지도 없어 유장하다.[16] 그의 시에 나타나는 유장한 여정은 시인이 그토록 비판하며 고발하고자 한 당대의 모토였던 "중단 없는 전진"과 어쩜 그리도 유사한지 역설적으로 당대의 고단함/부지런함 그 자체를 드러낸다. 1970년대에 시작된 한국인의 중단 없는 전진은 2000년을 넘어선 지금 어지러운 속도전, 역동적인 에너지로 다양한 국면에서 분출되고 있다. 그리고 김명인도 여전히 걷는다. 때로 강물처럼 유유히, 바람처럼 스치듯이, 일정 속도로 모든 걸 겪어내며. 온 나라가 미친 듯이 전진을 외치며 행진할 때이니 시인도 헤매며 떠돌며 찾는 여정을 멈출 수 없었을 것이며 지금도 그 전진이 탄력을 받아 온 세계로 퍼져 나가듯, 시인 역시 이 지상에서 바다를 건너 사막으로 산정으로 걷는다.[17]

한다. 이제까지 장만 밑천으로 그의 시는 현실과 인간에 대한 통찰을 습합시키는 용광로가 되어야 한다." 김용직, 「현실주의자의 관념 수용」, 『시와시학』, 1995년 봄, 155~156면.

16) 김명인 시에서 '길'이 중요함은 이미 많이 지적된 바 있다. 홍정선은 김명인의 시를 "고향을 떠나 고향을 찾는 길", 정끝별은 "구체적인 삶의 길에서 보편적인 삶의 길로 나아가는 여정"으로 보고, 김한식은 "여행의 기록"으로 보며 집과 길의 의미에 주목하고 있다. 김용직은 김명인의 변두리 선호와 공간의 확대에 주목하여 그의 공간이 계속 확대되며 내정화하고 있음을 지적하고 있다. 주로 초기 1970년대 시는 떠나는 자의 현장 체험이 생으로 드러난 것으로 긴 여정의 시작이었다고 보고 있다.

17) "그의 도상의 정신, 정신의 도상은 등단 이후 일관되게 추구해 온 것으로 생업(고아, 고학, 교사, 베트남 참전, 대학 선생, 교환 교수 등)과 여정(고향 후포, 동두천, 영동, 스와니, 아메리카 유타, 연해주 등)이 맞물리며 숙성된 것이다. 시인은 언제나 어느 곳에도 안주하지 못하는 여행자의 태도를 유지하며 내성과 성찰이라는 정신세계를 포함한 불가해한 관념의 세계를 향해 존재론적 구도의 정념을 열정적으로 보여주고 있다"(한강희, 「기행과 이국체험, 여정의 시학」, 『시와 사람』, 2002년 여름, 90면)고 얘기하는 연구자까지 있다.

3. 묶여 절뚝이는 자

1970년대 김명인의 시는 상황이 드러나고, 그 상황을 경험하고, 그런 상황에 대한 인식 및 자각의 표출이라는 세 가지 국면과 관련이 있다. 추위와 허기, 어둠 등으로 상황은 다가들고 그 안에 존재하는 개인은 그를 겪으며 그런 상황에 대한 명료한 인식 또는 행동에 이르는 과정이 나타난다. 그러나 때로는 상황을 보는(주시하는) 존재 또는 자아가 있어서 그곳의 어둠을 서술하거나, 그 어둠을 겪는 개인적인 체험을 감각적인 이미지나 구체적인 장면으로 표출하거나, 그에 대한 인식 및 자각을 토로나 단정적인 어투로 표출하고 있기도 하다.

시 「그대는 어디서 무슨 병 깊이 들어」에서는 이 세 가지 국면이 드러나며 무엇보다도 명료한 인식에 이르는 과정이 잘 나타나므로 자세히 살펴보고자 한다. 김명인의 시가 일깨우는 1970년대 현실에 대해서는 꽤 많은 논의와 정리가 이루어졌다고 본다. 이제는 차분하게 시라는 것이 시대의 기록이나 고발이 아닌데 그런 기록과 고발에 몰두하게 된 시인의 의식을 살펴보는 것이 필요하다고 본다.

> 길을 헤매는 동안 이곳에도 풀벌레 우니
> 계절은 자정에서 바뀌고 이제 밤도 깊었다
> 저 수많은 길 중 아득한 허공을 골라
> 초승달 빈 조각배 한 척 이곳까지 흘려보내며
> 젖은 풀잎을 스쳐 지나는 그대여 잠시 쉬시라
> 사람들은 제 살붙이에 묶였거나 병들었거나
> 지금은 엿듣는 무덤도 없어 세상 더욱 고요하리니
>
> 축축한 풀뿌리에 기대면
> 홀로 고단한 생각 가까이에 흐려 먼 불빛

살갗에 귀에 찔러 오는 얼얼한 물소리 속
내 껴안아 따뜻한 정든 추억 하나 없어도
어느 처마 밑
떨지 않게 세워 둘 시린 것 지천에 널려

남은 길을 다 헤매더라도 살아가면서
맺히는 것들은 가슴에 남고
캄캄한 밤일수록 더욱 막막하여
길목 몇 마장마다 묻힌 그리움에도 채여 절뚝이며
지는 별에 부딪히며 다시 오래 걸어야 한다.
—「그대는 어디서 무슨 병 깊이 들어」 전문

‘그대는 어디서 무슨 병 깊이 들어’라는 제목은 맺지 못한 문장의 형태를 취하여 동작 또는 행위를 나타내는 술어가 와야 문장이 끝나도록 되어 있다. 이는 동작 또는 행위가 부재 하는 현실을 드러내며, 동시에 다양한 동작이나 행위가 있어야 함을 드러낸다. 행위를 드러내지 않는 현실은 행위가 불가능할 만큼 상황의 억압이 크거나 개인의 몽상이 복잡한 경우이다. 김명인의 시는 전자인 경우가 많고 이는 1970년대라는 시대에 상황이나 사회라는 코드가 중요했기 때문이다. 이곳에서의 삶의 질곡이 지속되며 커지면서 그에 대한 주체적인 성찰이 싹트던 시대이며 그런 현실을 살피는 것은 오로지 문학을 통해서만 가능한 시대에 몽상이나 꿈꾸기는 구태의연한 음풍농월로 거부되었다.[18]

이런 시대임을 드러내며 그렇다면 시인은 비어 있는 술어의 자리를 채울 행위나 동작을 다양하게 모색하고 있는가. 오히려 끊임없는 모색의 행

---

18) 대표적인 것으로 “시의 범속화나 비시적 영역의 확대에 크게 기여하였던 김수영의 세계”, “1970년을 전후해서 ‘못난 놈들’의 살아가는 이야기를 쓰기 시작한 신경림이나 뒤이어 암담한 시대를 사는 대학생, 지식인, 인부, 군인들이 직접 몸부림치는 현장을 그려 내기 시작한 정희성의 노력, 그리고 70년대의 정치적, 경제적 불균형 속에서 함께 조국의 비극적 현실을 껴안아 보려는 김명인, 정호승, 김창완, 이동순들의 노력”을 박덕규(앞의 글, 299면)는 들고 있다.

위 그 자체에 머물러 있는 것은 아닌가. 즉 이런 완결되지 않는 문장, 끝나지 않은 문장은 채워질 움직임을 계속 꿈꾸게 한다는 점에서 그의 시에 빈번히 나타나는 쉼 없이 걷고 있거나 떠도는 자의 행보와 일치한다.

또 이 시의 제목은 주체와 장소와 상태를 나타내 시인의 시에 나오는 존재와 공간, 다루고 있는 상태를 주목하게 한다.

먼저 '그대'라는 호칭은 김명인의 시에서 중심이 되는 존재와 그 존재와 시인의 관계를 나타낸다. 이 시인의 시에서는 항시 서정시의 본령일 '나'보다 우리 또는 구체적인 인물 등 다른 이들이 중심이 된다. 아니면 나의 내밀한 감정조차도 객관화되어 "끝까지 내가 나를 헐어내야 할 이 고단한 외로움도 죄 / 무서워서 더욱 큰 죄 짓고 홀로 흘러야 할 밤은 / 막막하구나 너는"(「켄터키의 집 Ⅱ」)에서처럼 나의 외로움은 죄이며 곧 너의 막막함에 다름 아닌 것으로 그려져 홀로인 나는 곧 홀로 흐르는 너가 되어 이내 '우리'가 된다.

그리고 다른 이들은 내가 부르는 대로 나에게 보이는 대로 그려진다. 그러나 언제나 나의 대상에 대한 정서적 몰입이나 상상적 변환보다는 이들의 감정, 상태, 이야기가 중요하다. 그리고 이렇게 할 때 "내가 국어를 가르쳤던 그 아이 혼혈아인 / 엄마를 닮아 얼굴만 희었던 / 그 아이는 지금 어디서 / 다방 레지를 하고 있는지 몰라 연애를 하고 / 퇴학을 맞아 고아원을 뛰쳐 나가더니"(「동두천 Ⅳ」)처럼 당대의 문제적 개인인 혼혈아의 일상을 시 속에 드러낼 수 있다.

그러므로 나와 이들 사이에는 정서적, 인지적으로 일정한 거리가 필요하며 존재한다. '그대'는 호칭임에도 '너, 당신' 등 직접 부르는 말에 비해 비일상적이며 거리가 멀다. 부재시에 부르는 간접적인 호칭이므로 어조에 따라 감정적인 가까움을 표현하기도 하나 시적 화자와 상대방 사이에는 일정한 거리가 유지된다. 이 거리는 상황을 인식할 수 있는 거리이며 스스로를 되돌아보며 스스로에 대해 반성하고 자각할 수 있는 거리이기도 하다. "아직도 어떤 게 가르침인지 모르면서 / 이제 더 가르칠

자격도 없으면서 나는 여전히 선생이고 / 몰라서 그 이후론 더욱 막막해
지는 시간들"(「동두천 V」)은 이렇게 거리를 두고 바라보며 반성과 자각에
이른 자의 괴로움과 막막함을 나타낸다.

그리고 '그대는'으로 '는'이 붙으면서 그대와 나의 거리가 더 벌어지
고 '그대'는 이곳의 나 또는 다른 이들과는 비교가 되고 구별되는 존재
로 또렷이 떠오른다. 그의 시에 나오는 '선생' 역시 구별되는 존재인 바,
김명인의 시에는 이렇게 바라보고 인식하며 깨달음에 이르는 자가 항상
있으며 후기 시로 갈수록 이의 비중이 커진다.

'어디'는 익명의 공간을 막연히 지칭하나 '어디서'는 구체적인 일이 벌
어지고, 사건이 생기고, 문제가 있는 지점을 나타낸다. 어디선가 모두들
다양한 삶을 겪어내고 있으며 이를 담아내고자 하므로 김명인의 시에서
장소는 매우 중요하다. 시인의 시에서 공간은 바닷가에서 산 정상에 이르
나 결코 수직적 초월의 공간이 아니라 묵묵히 걸어야 하는 수평적 공간
으로 모두 삶의 장소, 현장이다. 따라서 고아원·기지촌·전쟁터·공사
장·일터 등 소외되고 문제가 되는 1970년대의 장소가 폭넓게 나타난다.

'무슨 병 깊이 들어'는 원인 모를 아픔이나 문제가 깊음을 나타내며
이어 올 술어가 아픔이나 문제로 인한 어떤 행위임을 상상하게 한다. 이
런 문제로 인해 죽음에 이르거나 앓거나 겪어 내거나 할 것인데 제목에
서 이 부분은 비어 있다.

이 시는 3연 18행으로 7행의 긴 연으로 시작하여 6행, 5행으로 한 행
씩 짧아지고 있어 긴 1연에서 조금씩 짧아지며 3연에 이르는 속도감이
있다. 1연은 '~었다, ~라, ~리니' 등 다양한 형태의 종결어미가 나타나
나 2연은 종결어미가 없이 6행을 이루며, 3연은 끝 행에 '~어야 한다'의
단정적인 종결어미가 있어 1연에서 호흡이 몇 번 끊기며 이어지고 2연에
서 계속 이어지다 3연에 이르러 확실히 매듭을 짓는 형태를 보이고 있
다. 이런 형태 역시 김명인의 시가 긴 여정을 거쳐 목적지에 이르고야
말 것임을 나타낸다. 그리고 그의 시를 더욱 명료하게 한다.

　7행으로 길지만 종결된 세 문장으로 이루어지는 1연은 전술한 세 가지 국면 가운데 어둠을 거리를 두고 바라보는 데서 시작하고 있다.

　첫 행의 '길을 헤매는 동안'은 김명인 시의 주요 모티브인 길이 헤맴의 공간임을 드러낸다. 떠돎이나 방황이 이 시인의 몫이고 이것은 1970년대의 시대상이기도 하다. 국토 전반에 무수한 길이 새로 생기니 고향을 떠나 그 위를 떠도는 군상이 있게 되었다. 그러나 김명인의 특별한 점은 이 헤맴이 일종의 길 찾기, 탐구하는 행위라는 점이다.

　이런 길 찾기를 하고 있는 주체인 그대는 헤맴의 공간인 '저 수많은 길' 가운데 '아득한 허공'을 선택한다. '허공'은 길 아닌 길로서 끝 간 데 모를 광활한 공간이며 '아득한'은 그 끝 모를 깊이와 넓이로 던져지는 추락과 팽창의 아찔함을 나타낸다. 즉 '아득한 허공'은 비일상적인, 죽음 저편의 신화적인 공간으로 시인의 상상력이 만들어낸 공간이다. '저 길'은 이곳으로부터 떨어진 일정 거리 밖의 공간이었으나 '아득한'은 참으로 멀리 있으나 무한한 팽창이 가능한 공간이므로 이내 점점 커져서는 하늘과 땅, 여기와 저기의 경계를 지운다. 경계와 구분을 해 두 지점을 이어 한 지점을 향하게 하는 공간인 길이 사라진 통합의 공간이 생성된다.

　그대의 공간이 아닌 이곳도 변화를 알리는 풀벌레 울고 변화와 전환의 시각인 자정에서 계절이 바뀌어 점점 밤이 깊어가며 흔들리나 아직도 그대로부터는 멀리 있다. 그대는 이때에 '아득한 허공'을 선택하여 신화적 공간을 열어 이곳과의 소통을 시도한다. 허공은 바다가 되고 달은 작은 배 한 척이 되어 이곳으로 보내진다.

　'초승달'이 앞으로 채워질 한 쪽이 빈 달이듯이 이 배도 '빈 배'이다. 아직 부족하여 많은 것을 채워 넣어야 할 그런 존재, 그런 공간이므로 이 비임은 현재의 결핍이 미래의 충만을 향한 신생의 떨림, 열망일 수도 있음을 드러낸다. 이런 채움을 향한 에너지가 이 배를 흐르게 한다. 지금의 외로움도 이런 비임, 결핍 때문으로 이로 인해 그대는 어딘가를 향하여 걷고 흐른다. 그 어딘가는 이곳의 풀잎이다. '풀잎' 역시 달빛에 액화되어 젖어 물이 되었으므로 그대는 흘러와 이곳을 '스쳐 지난다'. 스치는 것은 순간의 부딪침으로 소통을 이루기에는 너무 시간이 짧아서 만났는가 싶은 순간에 끝나는 그런 접촉이다. 순식간에 지나치는 것으로 흘러온 에너지로 인해 흔적이나 상처를 남기기도 하나 아주 잠시의 부딪침인지라 잘 모르는 새 지나가고 쉬이 잊혀지는, 만나자마자 이별인 그런 부딪침이다. 이렇게 스쳐 지나는 그대는 어디론가 또 떠돌며 흘러 갈 것이고 이곳과는 다시 무관해질 것이며 게다가 그대의 방랑은 무의미한 떠돎으로 영원한 형벌일 것이다. '아득한 허공을 골라' 이곳에 이른 것은 순간이고 이제 방황하는 가운데 지향 없는 나락으로, 가없는 어둠으로 추락할 위험에 처한 것이다.

'그대여'는 이런 순간에 떠도는 자를 불러 머물게 하는 절박한 외침이다. 이 외침은 맹목적으로 흐르다 무화될 존재에게 대화를 청하며 관계 맺기를 시도한 것으로서, 이로 인해 막연한 존재가 일정 거리 밖의 구체적인 대화 상대자로 자리하게 하여 이곳과 소통이 가능한 장을 열며, 이곳이 그대가 선택해 와 있는 바로 그 지점임도 환기시킨다.

이렇게 절박하게 불러 세운 그대이니 건네는 말은 당연히 한가한 인사가 아니라 강한 명령이다. 그러나 상대의 입장을 배려하여 '멈추라'나 '이곳에 머물라'가 아니라 '쉬라'이며 경어법을 사용하여 상대에 대한 존중을 극대화하고 있다. 또한 부담이 되지 않도록 '잠시'임을 밝히고 있다. 헤맴이 아니라 멈춤, 쉼이 필요함을 부드럽게 명령하고 있다. 왜 헤매는지, 뭘 찾는지 잠시 멈춰 숨 고르며 가늠해 볼 것을 부탁하고 있다. 이리 어렵게 이곳에 이르렀는데, 진정 뭔가를 찾느라 떠도는 자인지 그렇다면 길이 아닌 여기도 좀 보라고 이곳에 무엇이 있는지도 좀 알아야 하는 게 아니냐고 그를 위해 그 아득한 나락, 쉼 없이 떠도는 여정에서 좀 벗어나 볼 것을 부탁하고 있다.

'잠시 쉬시라'는 명령이나 부탁이며 소망이다. "아주 짧은 시간이라도 좀 쉬라, 이곳에서 있도록 하시라. 이곳을 알았으면 좋겠다"는 이곳에서의 쉼이 필요함을, 떠돌지라도 잠시 멈추어 이곳, 여기를 보아야 함을, 스쳐 지나서는 언제나 아득한 허공중에 있을 뿐임을, 찾는 길이 어디에도 없을 것임을 얘기하고 있다.

그리고 이곳에 '사람들'이 있고 그들이 멈추기도 하는데 그런 경우에 이유가 있음을 얘기하고 있다. 이곳에서 그대를 부른 것은 '나' 하나가 아니고 '사람들'이며 여기서 만나야 할 것도 다수인 이들이다. '사람들'은 김명인의 시에서는 중요한 기호이다. 그의 시에서 이렇게 '나'가 아니라 '사람들'이 나타나는 순간에 그의 시는 개인의 내밀한 고백이나 소통이 아니라 다수의 삶이 문제가 된다. 이렇게 삶을 영위하는 다수가 있음을 보이고 그들이 이곳에 머무는데, 그 머무름은 잠깐의 멈춤이나 쉼이 아니라 묶임임도 밝히고 있다. 때로 이 묶임이 병듦, 무덤 속 주검일 수도 있음을 밝히고 있다. 이 묶임이나 병, 주검은 이곳에서 영위되는 삶의 국면이므로 이제 개인의 길 찾기, 헤맴은 사람들의 이곳에서의 삶으로 연결된다. 이제 그대가 쉬며 보고 알아야 하는 것은 이곳의 묶임, 병, 주검이다.

그리고 떠도는 자를 묶는 '살붙이'는 가족 등의 관계가 인간에게 하중이 크며 중요함을 드러낸다. 병이나 주검 역시 이곳에 존재를 묶어 뿌리내리게 하는 닻으로 떠다니는 빈 배를 멈추게 하는 것이다. 이것이 바로 그대가 찾는 것임을 알리며 이런 지상의 삶에 주목할 것을 부탁하고 있다. '무슨 병 깊이 들어'라는 제목은 이렇게 지상에 그대를 멈추게 하는 '병듦'을 가리키는 것으로 기실 떠도는 자들 모두 무슨 병이든 깊이 앓으며 이곳의 삶에 묶여 있음을 나타낸다.

이제 시간도 '지금'으로 한 점으로 집중되고 그대의 흐름도 한 점으로 축소되어, 말없는 죽은 자가 귀까지 닫은 절대 침묵 속에 그대와 시공은 한 점이 된다. 아래로 내려가는, 안으로 열리는 순간과 지점에 이른다. 이 안으로의 여행, 자기 성찰은 죽은 자를 포함한 우주가 숨죽이는 절대 고요 속에 시작된다.

　1연은 초자아일 떠돌며 탐구하는 존재가 이곳에 이르러 스스로를 만나기 직전까지를 순차적으로 그리고 있다. 이런 길 찾기가 이르는 지점인 이곳이 사람들이 서로 묶여 살며 병들고 죽기도 함을, 그런 것이 사람살이임을 드러내고 싶어함이 김명인 시의 아주 특별한 점이다. 1연의 "사람들은 제 살붙이에 묶였거나 병들었거나" 역시 개인적인 서정이 아니라 일상적인 삶의 국면이 문제임을 드러낸다. 이 '살붙이'는 시 「들판에서」에서 "아버지의 들판"에서 "넌출"이 이어져 이루는 "숲을" 보는 성찰에 이르는 것으로 낯익은 고향땅, 가족을 의미한다. 이는 시인에게는 매우 중요한 기호이며 이를 급속히 파괴해가는 1970년대는 "어둠 속으로 끝없이 잘려 사라지는 길들 / 어디 갔나, 그 친구 공사판에서도 찾을 수 없고"(「철새와 함께」)로 땅과 사람이 사라지던 시대였던 것이다.

　2연은 안으로의 여행, 자기 성찰로서 개인적인 내면을 드러내므로 '그대'는 '나'가 되고, 이 자아가 보고 느끼며 알게 되는 것을 주어도 종결된 문장도 없이 나타내고 있다. 2연은 쉬는 모습을 그리는 데서 시작하고 있다. 이곳에 이르는 동안 멀리서 들리던 '풀벌레 울음'소리가 스치듯 닿은 지점인 '젖은 풀잎'이 되었고, 그리고 그 '젖은 풀잎'은 이제 더 가까이 이르고 보니 '축축한 풀뿌리'임을 알게 되었다. 물은 땅의 한 점인 풀잎을 지나 이제는 아래로 퍼져 나가는 뿌리까지 적시고 있는 것이다. 물론 이런 뿌리에 이르는 것은 흘러 스미는 물기 때문에 가능하다. 그리고 그대는 이렇게 뿌리내리기를 시도하고 있기도 하다.

　풀벌레의 울음은 계절을 바꾸며 위로 퍼져 그대에게 이르러 허공 중에 이곳이 있음을 알렸고 그대는 그 허공을 선택해 흘러와 이곳 젖은 풀잎에 이르고 이제 축축해진 뿌리에 기댄다. '풀잎을 스쳐 지나'던 그대의 가벼운 행보는 이제 '풀뿌리에 기대'는 것으로 바뀐다. 떠돌던 그대는 이제 땅 속에 이르는 뿌리에 의지하여 땅과 하나가 된다. '기대'는 것은 내 중심을 내가 아닌 다른 것에 두고 그에 의지하여 서는 것으로 일종의 뿌리내리기를 시도하는 것이다. 그러나 중심이 다른 이에게 있는 이런 뿌리내리기는, 잠시 머무는 자, '스쳐 지나'는 데 익숙한 자의 것으로 다른 이를 통해서 이곳과 연결을 이루는 것이니 진짜 뿌리내리기는 아니다. 이 시에서 떠도는 자의 뿌리내리기를 가능하게 하는 것은 물이다.

이 순간 나는 '홀로'이다. 이 땅에서 구별되는 존재로서 외롭게 스스로를 대면한다. 누구나 내 안으로 들어가 나를 만나는 것은 '홀로' 할 수 있다. 다른 이와 공유할 수 있는 것이 아니다. 그리고 이때 시인에게 다가드는 것은 나를 완전히 벗어나는 몽상이나 꿈, 즉 어둠 속으로의 여행, 내 내면의 깊이로의 곤두박질이 아니라 일상의 고통이나 문제로 복잡한 '고단한 생각'이다. 이것은 그의 여정이 고단한 것과 일치한다. 자유롭고 비현실적인 꿈꾸기를 통해 어두운 곳에서 울고 있는 버려진 나를 만나는 것이 아니라 '고단한' 일상의 단내가 나는 '생각'이 밀려든다. 그리고 그를 깨워 인식하게 하는 '불빛' 또한 꺼지지 않는다. 이 불빛이 멀리서라도 흐리게라도 보이는 한, 나는 나를 완전히 벗어날 수 없고 내 내면의 어둠을 만날 수 없다. 나는 이제까지 있어온 나이고 그런 나로서 계속 보는 자로서의 역할을 해야 하는 것이다. 이렇게 이 시인의 시에는 나를 밝히는 불빛 하나가 항시 있다. 이것은 충동적인 내 내면의 모습을 가두고 억제하고 특별한 역할을 부여한다. 시인은 언제나 깨어 있는 자, 보는 자로서 그를 정확히 알리고 판단하며 그 사실의 진정성을 책임져야 한다.

이런 깨어 있는 '나'의 내면으로의 여행이 어디에 이를 수 있는지를 3행은 보이고 있다. 내 안의 어둠을 향한 여행이니 불빛이 꺼지지는 않아도 아주 멀리서 흐리게 빛난다. 당연히 생각이나 머리는 멈추고 온 몸의 감각이 눈을 뜬다. 이때 '축축한' 습기가 '물소리'가 되어 나를 공격한다. 그 소리 때문에 온 몸이 찔려 아프며 정신이 없다. 통증과 그를 느끼는 '귀'와 '살갗'만이 있다. '나'란 존재는 몸을 둘러싼 거죽으로 통증을 느끼며 항시 수동적으로 소리를 수용한다. 이렇게 뿌리의 삶을 체험한다. 연결과 소통의 물로 인해 땅에 뿌리내린 존재에 이르나 그 끊이지 않는

'물소리', 자신을 깨우는 소리 때문에 온몸에 고통을 느끼며 뿌리가 된다. 물이 뿌리를 끊임없는 통증으로 깨우며 살게 하는 것임을 안다. 고통이 생임을, 통증이 살아 있음임을 안다. 사람들 모두가 살붙이에 묶여서든, 병이 들어서든 아픔을 몸으로 겪어야 하는 것임을 깨닫는다.

그러나 3행까지 이런 깨달음 및 체험의 주체인 '나'가 시 텍스트에는 나타나지 않는다. 1행에서는 주어 없이 '기대는' 행동을 하고 있고 2행은 어수선한 내면의 풍경이 드러나고 3행은 통증을 느끼게 하는 상황과 그 통증이 생생히 드러날 뿐이다. 물론 이리 자세히 알 수 있으니 '나'임은 분명하다. 그러나 시인은 아직 '나'라는 말을 삼가고 있다.

'나'는 이 시에서 일관되게 이야기하는 자, 바라보는 자, 인식하는 자로서 있다. 2행의 멀리 있는 '불빛'처럼 그의 시를 밝히고 있다. 나는 '뿌리'가 되는 '나'를 드러낸다. 그러나 이 '나'는 시적 대상으로 '그대'이며 '사람들'이므로 내 개인적인 내적 어둠이나 충동과는 무관하다. '살갗'과 '귀'는 내 내면과 외면이 만나는 지점이고 따라서 문제가 되는 아픔은 언제나 내 몸 밖의 현실이나 삶에서 온다.

'나'는 4행에서 '내 껴안아 정든 추억 하나 없어도'로 이 지상에서의 삶의 징표일 '껴안'고 정든 추억'을 만들어 가져야 하는 자로서 나타난다. '껴안고' '정들고'하는 행위 모두가 다른 이와 관련된 것이다. '나'에게는 '살붙이'와의 '묶임'이 중요함을 알 수 있다. 다른 이와 관계를 맺는 주체로서 '나'는 존재한다. 이것은 개인적인 나가 아니라 다른 이와 함께하는 사회적인 나가 중요함을 나타낸다.

그러나 나는 이런 추억이 없는 비인 자이다. 이런 부분이 결여된, 부족한 자로서 이런 것에 관심 갖지 않을 수 있는 자이다. 그러나 나는 이런 비임, 결핍이 채워져야 함을 아는 자이기도 하다. 그런 결핍, 비임 때문에 떠돌았고 이제 이곳에서 '뿌리'가 되어 보면서 내 떠돎의 이유, 비인 부분을 알았기 때문이다. 개인인 '나'를 이 지상에서 고통으로 깨워 살도록 하는 것은 '정든 추억'이다. '껴안음' '정든 추억'은 묶임, 병듦,

주검의 다른 이름이기도 하다. 내가 떠돌며 헤맸던 것은 이것이 없었던 때문이다. '정든 추억'을 찾는 여정이었던 것이다.

아울러 이제 이런 '정든 추억'으로 인한 사람들의 고통, 외로움, 시림에 눈뜨게 된다. 다른 이의 고통을 아는 것이다. 이 세상을 사는 이들의 '시림', 그들이 추위에 떨고 있음이 눈에 들어오고 그런 것들이 '지천에 널려' 무수히 많음을 보며, 그 추위를 피할 '어느 처마 밑'을 찾게 되고 그들을 '떨지 않게 세워 두'고 싶을 뿐이다. 이렇게 김명인은 다수의 고통에 눈을 뜬 것이다. 이런 이타적인 태도는 그의 시의 주조를 이룬다.

3연은 이런 다수의 고통에 눈떠 그를 위해 사느라 힘겨운 자의 각오를 나타낸다.

이곳에 머물러 자신이 헤매는 이유 및 지향점을 알았으나 이제 깨달은 자로서 다시 걷는 길은 더욱 고통스럽다.

다른 존재의 시림을 아는 자, 보는 자는 헤매기로 각오하여 헤맴을 넘어선다. '남은 길을 다 헤매더라도'는 영영 '정든 추억' 만들기는 물론 길 찾기에 실패하여 떠돌더라도 좌절하지 않을 것이며, 이어지는 '살아가면서'에 의해 살아가는 과정, '살아냄'이 자신에게는 더 중요함을 드러낸다.

2행에서 4행은 살아낸다는 것이 얼마나 어려운지, 계속 사는 것이 어떤 것인지를 보이고 있다. '맺히는 것들'은 우리를 깨어 살게 하는 '추억' 또는 '묶임'이 따뜻하고 아름다운 관계 맺기나 소통이 아니라 내 안 깊이 딱딱한 응어리로 굳어 자리하는 고통이며, 그것이 항시 내 안에 있어 무게 추처럼 뒤로, 아래로 잡아 다님을 얘기한다. 그리고 내가 있는 상황은 '캄캄함 밤'으로, 이렇게 어둡고 힘겨운 때일수록 '막막하여' 방향을 잃고 손놓게 되는 무기력한 상태에 빠짐을 보이고 있다. 이런 때에 인간은 누구나 그만 멈추고 싶어져서 주검에 이르기도 한다.

이 시는 주검이 아니라 절뚝임에 이른다. 맺힘의 무게를 안고 어둠을 뚫고 가는 길에는 채이고 부딪히는 고통을 겪어 절뚝이며 걷는다. 이 길은 '길목 몇 마장 마다' '그리움'이 '묻혀' 있고 이 그리움이 걷는 나를 잡으며 동시에 나를 차 버린다. 나는 이 그리움 때문에 절뚝인다. 그리움 때문에 잠시 멈추나 그 그리움을 겪은 후 그 고통에 채여 다시 걷느라 절뚝인다. 길목마다 '묻힌' 그리움은 '추억'이다. 이 추억은 그를 겪는 이들을 바라보는 나를 비겁하고 부끄럽게 하던 어두운 현실을 드러낸다. 특히 동두천 시편에서는 "침을 뱉느냐 더러운 그리움으로 / …… / 혼혈아야 내가 국어를 가르쳤던 아이야"(「동두천 Ⅳ」)로 혼혈아와 이 땅의 엉킴을 "더러운 그리움"이라 얘기하며, "쓰러지지 못해 또 다시 떠나는 우리들의 비겁함"(「동두천 Ⅲ」), "기우뚱거리면서 엎어지면서 / 아직도 나를 절뚝거리게 만들면서"(「동두천 Ⅵ」) "그리움으로 거머쥐는 이 주먹의 의미조차 / 모르면서 너는 나를 부끄럽게 한다"(「동두천 Ⅷ」)로 그 안에서 경험한 비겁함과 부끄러움을 얘기하고 "절름거려 떠돌"(「동두천 Ⅸ」)거나 "외로 새우던 밤"을 얘기하고 있다. 이렇게 절뚝임은 추억, 살붙이에의 묶임, 병이 있는 현실과 엉키는 것이며 쓰러지지 못 해 다시 떠나는 것이기도 한 것이며 아주 사소한 삶의 국면을 겪어야 하는 것임을 나타낸다. 그래서 이런 자잘하고 사소한 묶임이 계속 이어지며 그로 인해 채여 기우뚱거리고 엎어지는 고통이 있는 것이 삶임을 알게 한다.

그리고 이런 지상의 그리움만이 아니라 내 길을 밝히는 하늘의 '별' 역시 문제이다. 걸어가며 이 '별'이 질 때마다 나는 그에 부딪힌다. 무수히 별이 지고 뜨건만 사라지고 다시 나타나건만 질 때마다 나는 상처를 입고 넘어진다.

그러나 삶이란 그런 것이므로 '다시 오래 걸어야 한다'고 삶에 대한 결연한 의지를 보이고 있다. 언제나 무거운 응어리를 안고 한 치 앞이 안 보이는 어둠 속을 고통과 상처를 겪으며 간다. 채여 절뚝이게 하는 그리움이 있는 한, 부딪히는 지는 별이 있는 한 걸어야 한다고 얘기하고 있다. 절뚝임은 걷고 멈추고의 반복이므로, 지는 별은 문득 갑자기 다시 나타나 반짝이므로 언제나 다시 그리고 오래 계속 걷는다. 그리고 이것은 당연히 그래야 한다. 이것은 분명한 선언이며 어찌 해 볼 도리가 없는 삶의 조건이다.

이런 분명함이 이 시인의 남다른 점이다. 망설임이나 회의 없이 결연하게 걷기를 인정하고 선언하며 주장하고 있다. 이것은 시집 『동두천』의 시에서 현실을 명료하게 인식하고 진단하는 태도와도 일치한다.

4. 묶임을 연주하는 자

이렇게 김명인의 초기 시에서는 걷기, 행보, 여정이 중요하다. 이 여정은 지금 이곳에서의 삶을 한 걸음 한 걸음 밟아가며 살아내는 것으로 자유로운 탈출이나 하늘로의 비상, 저 아래로의 추락이나 저 먼 곳으로의 질주 등 비일상적인 일탈의 공간을 창조해내는 문학적 상상력과는 무관하다. 오히려 빠져나가고, 떠나가고, 건너가고, 뿔뿔이 흩어지고, 거쳐가며, 계속 흘러가며, 지루하게 반복되는 삶의 것이다. 즉, 김명인의 시에서 '걷다'는 '살다'이다.

그래서 이 걸음은 절뚝임이고 여정은 걸으며 겪는 묶임·병듦·추억·그리움 등으로 채워져 있다. 시지프스처럼 우리는 계속 다시 살아야 하는 존재이다. 돌이 아니라 추억덩어리와 뒹굴어야 하므로, 바라보며 지나가는 자임에도 이 삶은 매순간 생생하고 치열하다. 그리고 이 살아내는 "펄럭임" 또는 "묶임"을 공간과 체험의 확대를 통해 변주하며 그 연주를 영원히 멈출 수 없는 자가 시인 김명인이다.

참고할 문헌

김용직, 「현실주의자의 관념수용」, 『시와 시학』, 1995년 봄.

김인환, 「내가 만난 김명인」, 『시와 시학』, 1995년 봄.

김치수, 「인식과 탐구의 시학」, 시집 『동두천』 해설, 문학과지성사, 1979.

김한식, 「여행과 빈집의 시학」, 『작가세계』, 1998년 봄.

김　현, 「고아의식과 시적 변용」, 『문학과지성』, 문학과지성사, 1978년 여름.

______, 『젊은 詩人을 찾아서』, 문학과지성사, 1983.

박덕규, 「우리가 되기 위하여」, 『한국문학』, 1982.10.

李東夏, 「70年代 詩와 현실인식」, 『現代詩』, 1984년 여름.

정과리, 「고도성장기의 한국문학」, 『제3차 한일문학심포지엄 자료집』, 1995.

정끝별, 「정체성 확인을 향한 서정의 깊이」, 『세계의 문학』 66, 1992년 겨울.

정호승, 「김명인 시인을 찾아서」, 『서정시학』 2, 나남, 1992.6.

최동호, 「그리움, 또는 우연과 필연의 형식」, 『시와 시학』, 1995년 봄.

______, 「시의부정, 해체 그리고 시적 생성」, 『문학사상』, 1996.10.

한강희, 「'여정의 상상력', 길과 여정의 시학」, 『시와 사람』, 2002년 여름.

홍정선, 「마음의 자세, 혹은 마음 속의 빈자리」, 『현대문학』, 1992.7.

맺힘과 풂, 긴장과 이완의 카타르시스

신경림론

김혜니

1. 1970년대 한국시와 신경림

1970년대 한국 문학의 전개 과정에서, 1970년대를 특징짓는 시대적 상황은 우선 강력한 개발 독재에 의한 산업화·도시화의 급속한 강행을 들 수 있다. 이에 따라 한국 사회는 자유 민주주의가 엄격히 제한되었고 분단 모순의 이데올로기가 강화되면서 개인의 행동 또한 규제를 받게 된다. 이러한 여파는 자연을 도구화시키게 되면서 인간 공동체가 상실되기 시작한다. 그리하여 인간 관계는 사물화되고, 자본이 물신화되는 등 여러 관계들의 비인간화 현상이 두드러지게 대두된다. 1970년대 문학의 양상, 특히 시의 경향도 이러한 시대 지표의 영향 아래 1970년대의 사회 상황과 동궤적 양상을 띤다.

1970년대 우리 시문학의 특성은 그 앞 시대인 1960년대의 문학을 배

경으로 한다. 1960년대는 4·19와 6·25 등 역사적 사건과의 대응 관계
에서 참여시·서정시·언어시의 흐름을 보여준다. 특히 1960년대의 시는
해방 이후 순수 예술 향방의 반성을 촉구한 데 의미가 있다. 이에 비해
1970년대 우리 시문학의 특성은, 이 시대의 정치적 상황 변화와 산업화
경향에 따라 더욱 첨예한 문학 정신을 드러낸다. 그 문학 정신이 바로
민중시 혹은 리얼리즘시를 탄생시킨다. 한국 문학에서 민중에 대한 관심
은 이미 카프의 프로 문학과 해방기 문단의 민족문학론 등에서 잘 드러
난다. 그런데 1970년대에 와서 민중이 중요한 요소로 떠오르게 된 것은
1960년대 이래의 성장 위주의 근대화 정책이 초래한 사회 전반의 구조적
모순의 심화, 이에 따른 민중 생존권의 위협, 노동자와 농민 운동과 같은
민중 운동과 민중의식의 성장, 이에 대한 지식인과 문인들의 관심 등이
복합적으로 작용한 데 있다.

　1970년대 우리 시의 역사적 특성을 드러내는 밑바탕에는 김춘수의 시
와 김수영의 시가 자리잡고 있다. 1960년대의 이른바 순수－참여의 대립
은 1970년대에 들어서도 연장선상에 있었다. 이는 특히 시적 대상과 시
적 인식의 범주를 확정하는 문제, 그리고 시적 형상화의 방법과 연관된
것으로, 참여파의 시인이나 순수파의 시인 모두에게 큰 영향을 미쳤다.
그리하여 순수－참여의 이분법적 인식이 어느 정도 극복되고 시와 현실
의 간격이 상당히 좁혀지는 결과를 낳았다.

　김춘수류의 시인들은 1970년대에 오면서 '의미와 무의미', '대상·의
미·자유', '대상의 붕괴' 등과 같은 시론들을 발표했다. 뿐만 아니라 김
춘수는 「처용단장」(1970)·「이중섭」(1976) 등을 발표하면서 자신의 시세계
를 심화시켰다. 그리고 자신의 시론을 이른바 '무의미 시론'이라고 확정
하였다. 이러한 김춘수의 무의미시는 1970년대에 들어오면서 이승훈의
'비대상시'로 계승된다. 그의 시론 '비대상'에 의하면, 비대상시는 한 마
디로 세계 상실의 시이다. 김춘수의 무의미시와 이승훈의 비대상시와는
전혀 다른 각도에서 오규원 역시 반란을 일으킨다. 오규원의 시적 해체

현상은 이후 1980년대 초 황지우와 박남철에 와서는 급진적인 전통시의 해체 현상을 보여준다.

　1970년대에 들어오면서 김수영류의 참여시는 새로운 목소리로 확산된다. 곧, 1950년대 후반에 등장한 신경림에 의해 새로운 특성으로 나타난 것이다. 신경림은 김수영의 시에서 읽을 수 있었던 모더니즘의 요소를 말끔히 배제하였고, 또한 신동엽의 시가 보여주던 도시 서민들의 애환이나 분단의식을 시의 표면에 드러내지 않았다. 신경림에 의해 주도되는 이 시기의 참여시는 1950년대 시인인 고은의 변모, 1960년대 시인들인 이성부와 조태일 등에 의해서도 새로운 양식을 획득하였다.

　신경림은 1956년 『문학예술』에 「갈대」·「탑」·「낮달」 등이 추천되어 문단에 등단한다. 그가 태어난 충북 증원군 노은면은 일찍이 광산 지역으로 개발된 곳이고, 일제의 농공병존 정책에 의한 농민 수탈이 전형적으로 이루어졌던 곳이기도 하다. 그러한 까닭에 신경림의 내면에는 고향이 가난의 원형으로 각인되어 왔다. 그의 고향은 남한강변의 아름다운 자연과 사람살이의 고달픔이 서정으로 물씬 묻어나는 시심(詩心)의 고향이기도 하다. 또한 논 사이를 두고 웃말 장터가 있었기 때문에 그곳에서 현실 바닥에서 일어나는 일과 함께 사람들과 부대끼며 민중들의 삶의 애환을 체험하였다.

　이러한 그의 고향에 대한 소묘는 그의 시세계에 두 가지 강력한 점을 형상화하여 표출하게 된다. 하나는, 일제 강점기의 남루하고 척박했던 민중의 역사를 유년 시절부터 온몸으로 체험하고, 그것을 생생한 현장감으로 표출한 점이다. 그리하여 민족사의 여실한 국면과 민중들의 살아가는 이야기를 적극적으로 형상화시켰던 것이다. 또 하나는, 아름다운 자연과 사람살이를 구체적이고 섬세하게 읽어내어 표현할 수 있었던 점이다. 이 두 가지는 그의 시세계를 관류하는 원동력으로 자리한다. 나아가 이러한 그의 민중에 대한 문학적 관심은 1970년대 한국 문학의 전개 과정에서 가장 중요한 지표의 하나로 자리매김된다. 그는 초기시에서부터

줄곧 근대화 과정에서 소외되고 가난한 민중들의 현실적 삶과 생활의식을 시 속에서 대상화하지 않고 동질감을 토대로 형상화했다. 또한 유난히도 어려웠던 우리 민족의 근현대사에 대한 역사적 통찰을 민중들의 이야기 곧, 서사를 통하여 노래해 왔다.

2. 시집 『농무』의 등장과 그 특징

신경림은 1970년대 시단에 새로운 성과를 뿌리내린다. 시집 『농무』가 발간되기 전, 한국시를 지배한 것은 현실에서 벗어난 언어를 번롱(飜弄)하는 모더니즘의 시 경향으로써, 소위 존재를 탐구하거나 내면을 탐구하는 '난해시'들이었다. 그 난해시들은 현실의 주인인 대중들에게 공감대를 형성하지 못하고 외면당할 수밖에 없었다. 이처럼 당시 시단의 실정은, 민중의 삶에 뿌리내린 일상어들의 아름다움과 활력이 넘치는 민중 연대적인 문학이 없었다. 그런데 신경림 시인이 등장하여 민중들이 일상사에서 쓰는, 민중들이 편하게 이해할 수 있는 언어로 소위 '쉬운 시'를 내놓았다. 이렇게 민중들의 삶에서 얻어진 정서를 독자들이 이해할 수 있는 쉬운 언어로 표현한 신경림의 시들은 당시 독자들에게 신선한 충격을 안겨주었다. 시집 『농무』의 새로움은 내용에 있어서 1960년대 농촌의 핍진한 현실을 사실적으로 그렸고, 형식에 있어서는 누구라도 쉽게 이해할 수 있는 평이한 어휘와 문장을 동원했다는 점에서 그 시사적인 성격과 의의를 지닌다 할 수 있다.

신경림 시는 1971년 『창작과비평』 가을호에서 「농무」·「전야」·「서울로 가는 길」·「폐광」·「오늘」 등 5편이 게재된다. 그리고 신경림은 1973년 초 시집 『농무』의 초판을 자비 출판한다. 이어서 1975년 3월에 60여편의 시로 증보되어 창작과비평사에서 시집 『농무』가 재간행되는데, 그 시집에는 그동안 발표된 신경림의 시가 전부 수록된다. 그리고 이듬해 신경림은 이 시집으로 제1회 만해 문학상을 받는다. 그만큼 이 시집은 1970년대 한국시에 큰 영향을 끼쳤고 나아가 한국시의 물줄기를 바꾸어 놓았다고 평가할 수 있다. 이러한 시집 『농무』는 발간된 지 30년 가까이 흐른 오늘에 이르기까지도, 1970년대 시의 한 흐름을 주도하면서 독자들과 후배 시인들에게 많은 사랑을 받고 있다.

시집 『농무』는 다양한 시적 질료들이 등장하고, 내용과 구도에 있어서도 여러 가지 양상을 보여주고 있지만 그 맥락은 대략 여섯 가지로 특징 지울 수 있다.

첫째, 춤(농무·곱사춤·아무렇게나 흔들어대는 몸짓), 노래(유행가·노랫가락), 술(막걸리·소주), 게임(화투판·씨름판) 등의 하층민의 시적 질료들이 시집 전체에 걸쳐 두드러지게 등장한다는 것이다. 이는 시인의식이 근대화 과정에서 소외된 농촌이나 노동자 계층에 대한 관심을 두고 있다는 사실을 극명하게 대변하고 있다. 그러나 퍼소나들이 이렇게 춤을 추고 노래를 부르고 술을 마시고 놀이판을 벌린다는 것은, 고단한 삶을 온몸으로 체험한 농민들에게 일종의 온갖 억울하고 분한 감정을 토닥여주는 카타르시스의 효과를 유발하고 있는 유희성을 보이고 있다.

둘째, 농촌과 도시 변두리를 공간적 배경으로 하여 겨울과 밤이라는 시간적 배경이 주류를 이루고 있다는 점이다. 『농무』는 한 작은 농촌 마을을 중심으로 하여 산 여러 군데 금광이 있고 또한 도시 변두리의 공간적 배경이 펼쳐진다. 이 마을은 신바람나게 한판 놀이가 펼쳐지기도 하고 그 무렵 유행하는 대중가요나 민요가락들이 곧잘 들리는 곳이기도 하다. 이러한 시인의 성장 환경은 단순하고 폐쇄된 두메산골과는 달리 개방된 복합사회로서 시인에게 민중적 정서를 체험하게 했다고 볼 수 있다. 여기서 겨울이나 밤의 배경은 농촌 민중들의 절망적인 삶을 드러 내준다고 할 수 있다.

셋째, 극한 상황 속에서 소외되고 결핍된 채 살아가는 농촌 민중, 떠돌이 노동자들, 도시 빈민으로 전신한 사람 등의 퍼소나를 등장시키고 있다는 점이다. 농촌과 산업화의 구조 속에서 농촌을 떠나 도시 변두리로 흘러든다 하더라도 가진 것 없는 자들이 겪는 삶의 세파는 더욱 거세지게 마련이다. 가난이 싫어 도망치는 아낙네, 자살을 권하는 어버이, 애비 없는 애기를 밴 처녀 등은 '통곡'으로 일관된 죽음과 별다르지 않은 삶을 살아가고 있다. 또한 도시 변두리에 살아가는 이들의 삶이 궁핍하다는 것은 농촌에서의 삶과 다름없지만 그로 인한 고통을 해소할 길이 전혀 없다는 점에서 농촌에 사는 사람들보다 훨씬 비극적이라 할 수 있다. 더 이상 살 수 없어 농촌을 떠난 이들이 맞부딪치는 현실이란 바로 그러한 것이다.

넷째, 서정적인 주조에 서경이 보태지고 그 속에 서사적 의미를 내함하고 있음을 주목하지 않을 수 없다. 『농무』를 일관되게 관류하고 있는 정서는 비애와 한(恨)이다. 산업화 사회에서 소외되고 몰락해가는 농민들의 비애를 농촌의 구체적인 현장의 모습을 통해 생생하게 형상화해내고 있다. 그리고 잔치와 풍물 등 전통 농경 사회의 모습을 다루고 있으며, 시인의 서사적 충동을 구현하고 있는 인물, 가령 동족 부락 같은 데서 빈번히 쓰이는 친척어 그리고 겨레 수난기에 희생당한 인물들을 등장시켜 농촌 풍물시에 사회 역사적 차원을 부여하고 있는 것이다. 이와 같은 이야기시의 시적 형식을 즐겨 사용하고 있는 것은 아마도 1930년대의 백석·이용악·오장환 등의 영향과 연결되어 있다고 할 수 있다.

다섯째, 민요조 가락의 수용이다. 신경림 자신이 직접 "구체적으로 시가 민중으로부터 사랑을 받기 위해서 시 속에 우리 고유의 민요적 가락을 되살리는 것이 어떻겠느냐"[1]는 말을 하고 있음을 본다. 민요는 민중의 삶과 생활 속에서 살아가는 가운데 자연발생적으로 생겨난 노래이다.

---

1) 신경림, 「나는 왜 시를 쓰는가」, 『삶의 진실과 시적 진실』, 전예원, 1983, 52면.

그리고 우리나라 민요에서는 고려 속요나 김소월의 시에서처럼 3음보가
더 원형질에 가깝다. 그러나 신경림은 민요를 의식하기는 하지만 그의
시에는 4음보가 많다. 가령, 그의 대표적인 시 「목계장터」는 4음보격을
적절하게 활용하고 있는 것이다. 이러한 신경림의 민요를 통한 새로운
시형식의 실험은 침체를 벗고 다양한 문학적 활로를 모색하기 위한 하
나의 돌파구로서 역할을 충실히 담당했다고 할 수 있다.

3. 맺힘과 풂의 신명풀이–춤과 노래

1) 농민들의 한과 고뇌

징이 울린다 막이 내렸다.
오동나무에 전등이 매어 달린 가설 무대
구경꾼이 돌아가고 난 텅 빈 운동장
우리는 분이 얼룩진 얼굴로
학교 앞 소줏집에 몰려 술을 마신다.
답답하고 고달프게 사는 것이 원통하다.
꽹과리를 앞장세워 장거리로 나서면
따라붙어 악을 쓰는 건 조무래기들뿐
처녀애들은 기름집 담벽에 붙어 서서
철없이 킬킬대는구나.
보름달은 밝아 어떤 녀석은
꺽정이처럼 울부짖고 또 어떤 녀석은
서림이처럼 해해대지만 이까짓
산 구석에 처박혀 발버둥친들 무엇하랴
비료 값도 안 나오는 농사 따위야

아예 여편네에게나 맡겨 두고
쇠전을 거쳐 도수장 앞에 와 돌 때
우리는 점점 신명이 난다.
한 다리를 들고 날라리를 불꺼나.
고갯짓을 하고 어깨를 흔들꺼나.

─「농무」 전문

이 시는 산업화 과정에서 급속도로 와해되어 가던 1970년대의 농촌을 배경으로 하여, 소외된 농민들의 한과 울분을 사실적으로 전달하고 있다. 텅 빈 운동장과 철없는 쪼무래기들만 따라 다니는 장거리의 농무, 비료 값도 나오지 않는 농사 등은 모두 그러한 농민들의 소외감과 울분을 그려내기 위한 시적 장치들이라고 할 수 있다.

"징이 울린다 막이 내렸다"에서 농촌에 남은 청년들이 학교 운동장에서 연극을 공연했음을 생각할 수 있다. 또한 "막이 내렸다"로 이 시가 시작되는 것에서, 초점이 연극 공연에 있는 것이 아니라 그 행사가 끝난 뒤의 '농무'에 있음을 알 수 있다. 막이 내린 가설 무대와 학교 운동장의 텅 빈 모습에 공연자들은 공허감과 소외감에 사로잡힌다. "구경꾼이 돌아가고 난 텅 빈 운동장"은 농촌 사람들이 돈 벌러 도시로 몰려간 후 공동화(空洞化)된 농촌의 쓸쓸한 분위기를 자아낸다. 그들은 자신들의 고달픈 마음을 소줏집에서 술로 달랜 뒤, 장터로 나가 농무를 계속한다. "답답하고 고달프게 사는 것이 원통하다"는 것은 1970년대 초 산업화 과정에서 소외된 농촌 현실에 대한 불만과 자신들의 무력함에 대한 울분을 토로함이다. 이 구절은 이 시의 직접적인 모티프가 된다.

그러나 농악놀이는 농민들의 적극적인 호흥보다는 농악패에 대한 냉담한 반응으로 농무의 비극성은 고조된다. "따라 붙어 악을 쓰는 건 조무래기들뿐 / 처녀애들은 기름집 담벽에 붙어서서 / 철없이 킬킬대는구나"에서는, 조무래기들과 처녀애들을 등장시켜 소외된 농민들의 한과 슬픔을 인식하지 못하고 그 현실을 비판할 줄도 모르는 일반 민중들의 순진한 모습을 보여준다. "어떤 녀석은 / 꺽정이처럼 울부짖고"에서는 모순된 농촌 현실에 대한 불만과 울분을 토로한다. '꺽정이'는 조선 명종 때 황해도 구월산에서 활동한 백정 출신의 의적으로 당시 사회의 신분제에 저항한 인물이다. "또 어떤 녀석은 / 서림이처럼 해해대지만"에서는 농촌의 모순된 현실에 편승하여 자기 이익만을 추구하는 이기적이고 기회주의적인 인물의 모습을 그리고 있다. '서림이'는 임꺽정의 모사(謀士)였으나 그를 배신하여 나라에 고발한 인물인 것이다.

이들은 장터 거리를 지나면서 자신들의 울분과 자학적인 체념을 춤으로 표현하는데, 그 울분은 '쇠전'을 지나 소나 돼지를 잡는 '도수장' 앞을 지날 때 최고조에 달한다. "쇠전을 거쳐 도수장 앞에 와 돌 때 / 우리는 점점 신명이 난다"는 것은 현실에 대한 농민의 분노와 비애를 역설적으로 드러낸 것이다. 자조와 한탄이 '신명'으로 전환되는데, 여기에는 분노의 감정이 살기가 느껴질 정도로 섬뜩하게 내면화되어 있다. 바로 농민들 자신의 처지가 도살장에 끌려가 죽음을 당하는 소들과 다를 것이 없기 때문이다. 따라서 화자 패거리가 농무에 몰입하는 행위는 고달프고 희망이 없는 현실로 되돌아가고 싶지 않은 착잡한 심정을 반영한다고 볼 수 있다. 원래 춤은 흥겨울 때 나오는 사람의 몸짓인데, 이 시에서 농무는 더욱 심화되는 한과 울분을 극복하고자 하는 농민들의 처절한 몸짓으로 나타나며, 이를 통해 그들의 아픔과 허탈감이 역설적으로 고양되고 있다.

2) 맺힘과 풂 — 춤과 노래

전통 문화 가운데 행위 전승으로 큰 비중을 차지하는 우리의 민속놀이를 달리 전승 놀이, 향토 오락, 민속 유희, 전통 놀이 등으로 일컫는다.

그런데 우리가 민속놀이라고 이름하는 놀이의 성격에는 즐기기 위한 오락성이나 겨루기와 내기를 곁들인 게임성뿐만 아니라 풍요를 기축하는 제의성 및 아름다움을 추구하는 예술성까지를 내포하고 있다. 민속 문화는 민중에 의해 역사적으로 전승되어 온 전통적인 문화이며, 그 나라의 원시·고대 문화가 역사적으로 지속되어 온 전통적인 문화이다. 따라서 민속이란 귀족적 상층 문화와 대립되는 내용을 지닌 민중적 하층 문화로써 고유성·역사성·지속성이 있는 민간의 풍속을 가리키는 것이다.

위의 시 제목인 '농무'는 '농악무'를 가르키는 것으로 농부들이 여러 가지 농악기를 치면서 추는 흥겨운 춤이다. 농악의 기원은 노동설과 제의설 등 두 가지로 집약된다. 노동설은 농악이 농경 의례, 곧 생산과 풍요의식에서 비롯되었다는 설이다. 그리고 제의설은 농악이 제천의식인 소도(蘇塗)에서 비롯되었다는 설이다. 따라서 농악은 생존을 위한 노동과 투쟁의 철학에서 잉태된 것으로서, 그 형식은 각종 제의와 전투 행위에서 큰 영향을 받고 있다. 우리 민족의 옛 농경 조직은 합력결사체인 두레 노동제와 노동 교환 형식인 품앗이제도로 되어 있었다. 두레 생활의 특징은 공동 노동, 공동 가무, 공동 회식이었으므로, 농악의 형태도 집단적 예능으로 발전하였다. 그리고 두레의 농경 방식은 노동·노래·춤 등을 삼위일체로 행하게 되어 있었으므로 노동요나 집단적인 춤이 자연발생적으로 파생되었다.

이와 같이 농악은 집단의식에서 싹튼 예능 양식으로서 농경 생활이 시작되면서부터 발달한 문화의 한 양식이다. 그리고 농악에는 신명(神明)이 있다. 농악의 악기는 원래 신을 부르는 악기였고 잡귀를 몰아내는 악기였기에, 사람의 기운을 북돋아주는 주술 음악적 기능을 가졌다. 춤을 통해 소외된 존재의 고독과 고통을 풀어 기쁨으로 승화시키는 데서 신명은 나온다. 신명 없는 일은 고통의 노동일 수밖에 없으므로 농민들은 활기 있는 노동 생활을 위하여 농악을 통하여 신명을 얻어내려고 했다. 이렇게 볼 때 농악은 본질적으로 공동체적 염원을 결집하는 진취적인

행위, 신명으로 고통을 극복하는 재생과 생존의 예능이라 할 수 있다.[2]

　'농무'는 춤과 함께 소리(노래)가 곁들인 농민들의 집단의식이다. 농민들이 꽹과리, 날라리, 징, 북 따위의 소리에 맞추어 벙거지에 매어단 털이나 띠를 빙빙 돌리며 흥겹게 춤을 추는 민속놀이이다. '농악'은 즐겁고 흥겨워서 자연발생적으로 일어나는 신바람, 어깻바람에서부터 시작된다. 한국인은 예부터 가무를 즐기는 민족으로 문헌에 나타난다. 이것은 무천(無天)과 맞이굿(迎鼓) 등에서도 찾아볼 수 있다. 하늘에 감사의 제사를 올리고 풍년을 기원하는 노래와 춤의 신명나는 축제를 거행했던 것이다. 이러한 춤은 감사와 기복(祈福)을 상징한다. 이처럼 상고시대의 제천의식에서부터 삼국시대의 집단 가무와 무격(巫覡)의식, 고려시대의 여러 가지 궁중 연회 및 국제적 규모의 팔관회(八關會)·연등회(燃燈會)·나례의식 같은 국가의식에서 노래와 함께 행해졌다. 조선시대에는 고려시대부터 전승된 향악 무용, 당악 무용, 백희 가무 등에 속하는 많은 춤이 있었다. 이러한 춤과 노래는 집단이 의식을 치를 때, 천지 신명과의 교응을 표상한 것이다.

　농무는 말하자면 한판 신명나는 놀이를 통해 그것에 몰입해 있는 사람들이 일종의 감정의 정화, 곧 카타르시스를 맛보게 하는 효과적인 소재라고 할 수 있다. 시 「농무」를 이해하기 위해서는 주요 모티프인 '농무'를 포함한 전통적인 민중 연희 양식들이 농촌 공동체 내에서 수행하는 양면적인 기능과 성격을 이해하여야 한다. 이러한 연희 양식들은 생산 관계의 억압 속에서 살아가는 농민들을, 일시적으로나마 그 억압으로부터 해방시켜준다. 그리하여 이 연희 과정에서는 평소 억압되었던 농민들의 열정이 폭발적으로 분출되기도 하고, 지배 계급의 위선과 무능에 대한 신랄한 풍자가 터뜨려지기도 한다. 그런 의미에서 전통 사회의 민중 연희들은 민중들에게 카타르시스를 경험하게 해준다. 다시 말하여 농

---

2) 정병호, 「농악이란 무엇인가」, 『농악』, 열화당, 1986, 15~18면 참조.

악놀이는 한편으로는 단순히 민중 자신들의 공동체적 유대를 강화하기 위한 자발적인 축제이기도 하지만, 또 한편으로는 제한된 범위와 제한된 시간 내에서나마 일상적 삶의 질서에 의해 억압당해 오던 민중들의 숨통을 틔워주는 것이다. 그럼으로써 결과적으로는 지배 질서의 안정과 안녕을 도모할 수 있다고 판단한 지배 계급의 배려에 의해서 조장된 것이기도 했다.

시 「농무」는 쌓이고 맺힌 한을 풀어내는 과정에서 자연스럽게 몸짓이 시작되면서 하나의 양식화된 민중 연희인 '농무'로 발전하는 과정을 그리고 있다. 이 시에서 '농무'는 가설 무대에서의 한 판과 도수장 앞에서의 한 판 등 두 마당으로 구성되어 있다. 소위 경제 발전이라는 구실아래 진행된 농촌 공동체의 해체에 대한 농민들의 좌절감과 분노가 한바탕 농악놀이를 통해 터뜨려진다. 시적 화자 패거리들의 농무는 장터 거리를 지나면서 자신들의 울분과 자학적인 체념을 춤으로 표현하는데, 그 울분은 '쇠전'을 지나 '도수장' 앞을 지날 때 최고조에 달한다. 그런데 여기서 주목해야 할 것은 시의 모티프가 되고 있는 '농무'가 그와 같은 제한된 범위 안에서 허용된 저항이며, 따라서 제한된 범위 안에서 농민들에게 자신들의 불만과 울분을 털어놓을 수 있는 기회를 줌으로써, 그들을 다시금 일상적인 삶의 질서로 돌아가도록 만드는 장치의 역할을 하고 있다는 점이다. 시인은 바로 이 점을 예리하게 포착하고 있는 것으로 드러난다.

이 시에서 '농무'는 더욱 심화되는 한과 울분을 극복하고자 하는 농민들의 처절한 몸부림인 것이다. 그 맺힌 한풀이의 몸부림은 "이까짓 / 산구석에 처박혀 발버둥친들 무엇하랴", "비료값도 안 나오는 농사 따위야" 등 체념적인 자기 인식과 어우러지면서 점점 더 격렬해진다. 그리하여 시인은 꽹과리나 북·장구 등을 잡고 농악을 치면서 농민들은 절망과 분노를 거침없이 분출하고, 동시에 농민들은 일정한 카타르시스를 일으키면서 일종의 체념 상태로 들어간다. 나아가 농민들은 모순과 억압으로 가득찬 일상적 삶의 질서 속으로 되돌아가고 있는 것이다. 다시 말하여, '농무'는 삶의 맺힌 한을 풀어내는 집단적인 신명풀이로서 현실에 대한 분노와 극복 의지를 보여준다고 할 수 있다. 그런데 시 「농무」는 농촌 현실의 모순에 대한 울분의 정서를 드러내고 있지만, 농촌 현실의 붕괴를 예언하고 있는 것은 아니다. 그리고 이 농무를 통해서 농민들이 느끼는 카타르시스는 완전한 의미에서의 해방이 아니다. 그것은 농무가 끝나는 순간 농민들은 다시금 기존 지배 질서에 순응하면서 살아갈 수밖에 없기 때문이다.

이러한 맺힘과 풂의 신명풀이로서의 춤과 노래는 신경림 시집 『농무』의 도처에서 산견된다. 예를 들면 다음과 같은 시들이 보여진다.

> 징소리 꽹과리소리
> 면장은 곱사춤을 추고
> 지도원은 벅구를 치고
> (…중략…)
> 안마당에서 노랫가락을 뽑고
> 처녀들은 뒤울안에서
> 새 유행가를 익히느라
>
> —「오늘」 중에서

> 젊은이들은 징과 꽹과리를 치고
> 처녀애들은 그 뒤를 따르며 노래했다
>
> —「폭풍」 중에서

> 해만 설핏하면 아랫말 장정들이
> 소줏병을 들고 나를 찾아왔다.
> 창문을 때리는 살구꽃 그림자에도
> 아내는 놀라서 소리를 지르고
> 막소주 몇 잔에도 우리는 신바람이 나

방바닥을 구르고 마당을 돌았다.
그러다가 마침내 우리는 조금씩
미치기 시작했다. 소리내어 울고
킬킬대고 고래고래 소리를 지르다가는
아내를 끌어내어 곱사춤을 추었다.

—「실명」 중에서

위의 시 「오늘」·「폭풍」·「실명」 등에서는 농민들이 징과 꽹과리를 치면서 신명나게 소리하고 춤(곱사춤)을 추면서 자못 신명나는 듯이 보인다. 가령 시 「오늘」만 보더라도 온 마을이 잔치 분위기에 휩싸여 있는 듯 보인다. 그러나 실제로 이 시들은 농촌 삶의 고단함에 대한 시인의식과 농민들의 비감(悲感)적인 절망감이 깔려 있다. 농민들이 이렇듯 노래하고 춤을 추면서 흥청거리는 것은, 한바탕 울분을 발산하는 몸부림이다. 나날이 피폐해져 가는 농촌에서 절망적으로 몸부림치며 살아가는 농민들의 그것과 동일한 것이다. 끝없는 가난에 대한 체념과 자신들을 가난으로 몰아넣은 세상에 대한 원한과 분노, 좌절과 실의, 절망과 슬픔 같은 것들이 그들의 삶의 내용과 질을 이루고 있는 것이다. 「실명」에서처럼 농민들은 "신바람이 나 방바닥을 구르고 마당을" 돈다. "그러다가 우리는 조금씩 미치기 시작"한다. 그리하여 "울고 / 킬킬대고 고래고래 소리를 지르다가는 / 아내를 끌어내어 곱사춤을 추"킨다. 이렇듯 난장판 같은 공간에서의 노래와 춤을 통해서 농민들은 맺히고 억눌렸던 원한과 불만과 공격 심리를 마음껏 푸는 것이다.

이러한 농민들의 노래와 춤은 거침없이 분출되는 신바람과 함께 그것들이 일정한 카타르시스를 일으킨다. 놀이를 통해서 긴장을 해소하고 화해의 관계와 갱신을 새롭게 모색할 수 있는 것이다. 이렇게 풀려지게 되면 맺혀 있는 상태의 단절과 경색은 해소되어 버린다. 곧 정화(淨化)의 상태로 돌아가는 것이다. 그것이 바로 신명을 스스로 되찾는, 곧 현실을 극복하는 원동력이 된다. '결자해지(結者解之)'라는 말처럼 스스로 맨 사람의 스스로 풂이다.

이렇듯 시인은 피폐한 삶 속에서도 자신의 존재성인 신명을 잃지 않고 춤을 추고 노래를 부르는 농민의 초상을 그림으로써 비장미를 연출한다. 그리하여 비록 현실이 절망적이고 비극적이라 하더라도 인간미를 잃지 않는 농민들의 꿋꿋한 생명력을 확인하고 있는 것이다. 이 점이 바로 모더니즘과 고투하면서 허무주의를 극복하고 민중의 삶 속에 깊이 뿌리내리려는 신경림 시가 지닌 탄력성이라고 할 수 있다.

4. 긴장과 이완의 복귀-노름과 술

1) 농촌의 궁핍과 농민의 애환

      못난 놈들은 서로 얼굴만 봐도 흥겹다.
      이발소 앞에 서서 참외를 깎고
      목로에 앉아 막걸리를 들이키면
      모두들 한결같이 친구 같은 얼굴들
      호남의 가뭄 얘기 조합 빚 얘기
      약장사 기타 소리에 발장단을 치다 보면
      왜 이렇게 자꾸만 서울이 그리워지나
      어디를 들어가 섰다라도 벌일까
      주머니를 털어 색시집이라도 갈까
      학교 마당에들 모여 소주에 오징어를 찢다
      어느새 긴 여름해도 저물어
      고무신 한 켤레 또는 조기 한 마리 들고

달이 환한 마찻길을 절뚝이는 파장
─「파장」 전문

이 시는 신경림의 「농무」와 같은 경향의 시로 농촌의 현실을 소재로
하고 있는 작품이다. 시골장의 개장과 파장이라는 시간적 전개 상황을
통하여 흥겨운 만남에서 울적한 심정을 표현하고 있다. 화자의 기존의
삶은 1행으로부터 4행에 이르기까지 보여지듯이 인정이 넘치는 농촌을
토대로 하고 있는 삶이다.

북적거리던 장이 끝나고 난 파장의 적막한 상황을 전제로 씌여진 이
시에 나오는 '못난놈들'은 가난의 고락을 함께 나누고 걱정하는 농민들
의 대명사이다. 여기서 "못난 놈들은 서로 얼굴만 봐도 흥겹다"는 표현은
자기 비하적인 표현이라기보다는 친근감에서 우러난 동류애를 표출한다
고 할 수 있다. 장터에 나서면 다정 다감한 동료들을 만나지만 서로 이야
기를 나누다 보면 어느새 서로의 마음이 무거워지는 농촌의 궁핍한 현실
을 맞닥뜨리게 되는 것이다. "모두들 한결같이 친구 같은 얼굴들"에서는
농민들의 공동체적 삶에 대한 애정이 물씬 묻어 나오고 있다. 화자에게
있어서 기존의 삶은 인정이 넘치는 농촌을 토대로 하고 있는 것이다.

그러나 장터에 나서면 농민들은 가뭄과 빚에 쪼들리는 농촌의 궁핍한
현실을 생각하지 않을 수 없다. 화자는 이러한 현실에서 약장사 소리에
서울을 그리워하기도 하고, 주머니를 털어 색시집을 가볼까 잠시 생각해
보기도 한다. 여기서 농촌 현실에 대한 강한 불만이 농민들의 삶에 대한
아픔으로 드러나면서 삶의 포기와 도피, 자포자기의 심정이 표출된다.
그들이 "서울이 그리워지나"고 말한 것은 도시를 그리워한다는 것이기
보다는 농촌의 경제적 궁핍함으로 인하여 도피하고자 하는 심리로 받아
들일 수 있다. 인정의 유무를 떠나서 도시는 적어도 먹고 살아가는 데
궁핍함을 주지는 않을 것이라는 기대 때문이다. 인간들의 다정한 교류와
농촌의 소박한 정서를 포기해야 할 정도로 심각해진 농촌 사회 현실은

화자로 하여금 노름이나 주색질로 삶을 자포자기하게 만드는 상황에까지 이르게 한다. 이처럼 심각한 농촌 문제는 농민들에게 절망을 몰아오고, 그 절망의 표출 방식은 '노름'과 '색시집'이라는 형식으로 나타나고 있는 것이다.

파장 이후 고무신과 조기를 사 들고 귀가하는 화자의 모습에서 농촌에서 살아가는 농민들의 아픔과 애환을 엿보게 되는데, 이러한 절망적 상황을 시인은 '절뚝이는'으로 표현하여 농촌 현실의 불구성을 시적으로 형상화하고 있다. "어느새 긴 여름해도 저물어 / 고무신 한 켤레 또는 조기 한 마리 들고 / 달이 환한 마찻길을 절뚝이는 파장"의 세 줄의 싯귀는 감정을 과잉으로 표출하거나 정서를 낭비하지 않는 탁월한 절제의 힘을 보여주고 있다. 이 묘사적 문장은 장이 파한 후 초라한 모습으로 귀가하는 농민들의 모습과 그 곳에 배어 있는 스산한 삶의 한 단면을 간결하게 압축된 싯귀에 매우 효과적으로 담아내고 있는 것이다. 따라서 현실을 수용하고 아픔을 감내하고자 하는 화자의 모습을 보여주는 부분이다. 말하자면 비애보다는 현실을 견디는 삶의 긍정적 모습을 보여주고 있는 것이다.

시 「파장」도 「농무」와 같은 맥락에서 이해할 수 있다. 그러나 이 시에서는 「농무」에서와 같은 격렬하고 폭발적인 정서의 분출은 찾아보기 어렵다. 오히려 이 시는 파장 무렵의 장터 풍경을 잔잔한 어조로 가난 속에서 서로 부대끼며 살아가면서 서로에 대한 믿음과 신뢰를 가꾸어가는 촌사람들의 모습을 그리고 있다. 시집『농무』에는 절망하고 체념하며 고통스러워하는 민중들의 모습이 도처에서 산견된다. 그 무엇하나도 이루어내지 못하는 농민들은 '노름'과 '술'로 가슴속에 품은 가난한 삶의 고통과 분노를 어루만진다.

2) 긴장과 이완 ― 노름과 술

시집 『농무』에 수록된 시는 모두 60편이다. 이 가운데 놀이에 해당하는 화투·씨름판·날굿이·마작판·농악 등이 상당량의 시편에서 묘사되고, 술에 해당하는 막걸리와 소주 등을 마시는 묘사도 20편이 넘는다.

우리나라에서 있어서 자생적 민속놀이는 농경 문화에 연원을 두고 생성되어 각 시대의 생활 양식과 의식 구조의 변화에 따라 개변되면서 전승되어 왔다. 민속놀이는 시간성에 따라 명절놀이·계절놀이·연중놀이로 나눠지고 공간성에 따라 실내놀이·실외놀이로 나눠지며, 놀이의 목적에 따라 세시놀이·오락놀이로 나눠진다. 이 외에 놀이의 방식에 따라 경기놀이와 가무놀이, 개인놀이와 집단놀이, 상대놀이와 비상대놀이로 나누어진다. 그리고 놀이의 사상 주제적 내용에 따라 자연 정복·노동 생활을 반영한 민속놀이, 체력단련·무술연마를 위한 민속놀이, 지혜와 재능을 겨루고 일깨워주기 위한 민속놀이, 반침략·조국방위를 주제로 한 민속놀이, 반봉건 계급 투쟁을 반영한 민속놀이로 나눠진다.[3]

시 「파장」에서의 화투는 일종의 경기놀이에, 씨름과 마작은 체력단련·무술연마놀이에 각각 해당된다고 할 수 있다. 피폐해져 가는 농촌에 남아 있는 농민들의 일상은 이처럼 장날 장터에 모여 하릴없이 참외를 나눠 먹고 '섰다'를 하거나 학교 마당에 모여 술을 마시며 그 막막함을 털어 내는 것이 고작이다. 그러면서 지루하게 반복되는 삶의 무료함을 버티고 있을 뿐이다. 지루한 일상 속에 형성되는 이들의 내면은 시 「파장」의 7행부터 9행에 잘 드러나고 있다.

또한 시집 『농무』에는 막걸리나 소주 종류의 '술'이 자주 등장한다. 농민들은 흥청거리는 장터에 위치한 학교 마당에 모여 오징어를 안주로 소주잔을 기울이면서, 살아가는 일의 어려움을 토로하고 가난하고 못난

---

3) 김승찬 외, 「민속놀이의 이해」, 『한국의 민속문학과 전통문화』, 삼영사, 2004, 276면 참조

사람들끼리 서로 아픔과 슬픔을 나눈다. 그렇게 어울리다 보면 "어느새 긴 여름해도 저"문다. 그러면 농민들은 제각기 자기 집으로 향한다. 「파장」의 시적 화자 역시, 환한 달빛을 받으면서 주머니를 털어 산 고무신 한 켤레와 조기를 들고 집으로 돌아가는데 그 모습은 매우 아름답고 감동적이다.

우리나라에 있어 언제부터 주조법 또는 양조술이 개발되었는지에 대해서는 기록이 확실하지 않다. 그러나 농경 문화의 역사와 함께 그 역사가 오랜 것은 사실이다. 술의 역사는 인류의 생존과 더불어 아주 오래 전부터 비롯되었다고 할 수 있다. 농경의식 문화는 술의 발생론적인 기원이다. 『위지동이전』의 '마한조'나 '진한조' 그리고 '예조'와 '부여조'에 보면, 농경의 시작과 마지막 시기에 있어서 신에게 제사하고 또 신을 즐겁게 하기 위한 계절적인 제의에서 술을 마시고 노래와 춤을 추었다는 구절이 자주 나타나고 있다. 이렇게 보면, 술을 빚는다거나 마신다는 사실은 원래부터 농경의 제의와 깊이 관련되고 있음이 확실하다.

이러한 제의에서 특히 술이 쓰여졌다는 것은 두 가지의 의미를 지니고 있다. 그 첫째는 곡물 재배 문화권에서는 술이 밀·쌀과 같은 주곡인 곡물로 빚은 것이기 때문에 수확의 산물인 곡물을 상징하고, 동시에 신에게 바쳐지는 제물 및 제의적인 공물이란 점이다. 일단 먼저 제물로 바쳐진 술은 나중에는 인간이 서로 나누어 마시게 된다. 둘째는 밀(쌀)이 썩어 누룩으로 발효되고 다시 술이 빚어지는 과정을 통해서, 낡은 옛것의 장송과 새것의 생산이 이루어지는 순환적인 질서에 대한 염원의 상징적인 의미가 내재되어 있다는 점이다. 아무튼, 이러한 농경적인 노동과 제의의 원형 속에는 언제나 술이 개재하게 마련이다. 그리고 술이 바로 신과 인간이 서로 교류하게 되는 음료적인 매개물이 되고 있다는 사실이다. 여기서 술은, 결국 신의 것이면서 동시에 인간의 것이라는 술의 양의적인 관념이 제시되는 것이다.

기독교에서 포도주를 신 또는 예수 그리스도의 피로 상징하는 점도

이와 밀접하게 관련된 현상일 것이다. 누룩 속에 취기가 있듯이, 술의 세계에는 본질적으로 신의 세계와 인간의 세계가 공존하고 있는 것이다. 말하자면 마력이나 신성함이 있는 반면, 외잡스러움과 비속함이 또한 술 속에 내재되어 있는 것이다. 그래서 '알콜'이란 단어의 어원이 아라비아어로 '생명의 에센스'란 뜻과 함께 반(反)고독 및 정신을 분리시킨다란 뜻 그대로, 술은 인간의 정신을 괴로운 현실로부터 벗어나게 해서 도취와 황홀의 세계로 들어가게 하는 변신을 가져다 주기도 한다. 반면 술은 이성을 마비시키고 외잡스러운 생각과 세계에 빠뜨리기도 하는 마법의 액체이기도 한 것이다.4)

인간은 본질적으로 향연성을 지니고 있다. 서로 모여서 마시고 즐기려는 본성이 바로 그것이다. 그래서 술은 향연에서 가장 중심적인 음료이다. 술자리를 함께 나누다 보면 서로 먼 관계에 있는 사람이나 서먹서먹한 관계에 있던 사람도 특별한 관계가 되어 다가온다. 술은 도취에 의한 일탈과 망각의 기능을 갖고 있다. 알콜이 진통제가 되듯이 술을 마신 상태는 현실의 제약된 상황이나 심리적인 긴장의 상태로부터 벗어나게 하는 위안과 정화 작용을 하는 것이다. 전통적인 한국시에서 술은 우정의 상징이면서 불안·공포·변화·무상관을 푸는 주요 상징이 되고 있는 것이다.

시 「파장」에서의 술은 신에게 헌사되는 신주의 성격보다도 인간이 술이 지닌 도취적인 마력에 빠져드는 상태와 세속적 근심, 괴로움을 망각해 버리려는 의도를 내포한다. 술은 농민들이 한데 어우러져 우정과 화합을 가져다 주는 매개물이 된다. 농민들은 소주잔을 기울이면서 어려움을 토로하고 가난하고 못난 사람들끼리 서로 아픔과 슬픔을 나누는 것이다. 그들은 술을 마시고 도취 상태에 들어 세속적인 고뇌와 제약에서 벗어난다. 그 흥취는 농민들로 하여금 매고 감기고 죄고 얽혀진 한(恨)을

---

4) 이재선, 「술의 고고학과 고현학」, 『우리 문학은 어디에서 왔는가』, 소설문학사, 1986, 234~239면 참조.

풀어 정상적인 원래의 상태로 돌아가게 한다. 밝은 밤의 풍경 속에 '고무
신 한 켤레'와 '조기 한 마리'를 들고 마찻길을 걸어 집으로 돌아가는 농
부의 모습이 바로 그것이다. 이처럼 매고 감기고 죄고 얽혀진 긴장을 이
완시켜 원래의 상태로 되돌아가게 하는 것이다.
　시집『농무』에서는 시골의 작은 마을의 노름방과 술집이 자주 등장하
여 농민들이 화투놀이를 하면서 술을 마시며 시간을 보내는 모습이 드
러난다.

　　　아편을 사러 밤길을 걷는다
　　　진눈깨비 치는 백리 산길
　　　낮이면 주막 뒷방에 숨어 잠을 자다
　　　지치면 아낙을 불러 육백을 친다
　　　(…중략…)
　　　아낙은 신세타령을 늘어놓고
　　　우리는 미친놈처럼 자꾸 웃음이 나온다

—「눈길」중에서

　　　우리는 협동조합 방앗간 뒷방에 모여
　　　묵내기 화투를 치고
　　　내일은 장날, 장꾼들은 왁자지껄
　　　주막집 뜰에서 눈을 턴다
　　　(…중략…)
　　　술을 마시고 물세 시비를 하고
　　　색시 젓갈 장단에 유행가를 부르고

—「겨울밤」중에서

　　　메주 뜨는 냄새가 역한 정미소 뒷방.
　　　십촉 전등 아래 광산 젊은 패들은
　　　이슥토록 철 늦은 섰다판을 벌여

아내 대신 묵을 치고 술을 나르고
(…중략…)
개평을 뜯어 해장국을 시키러 갔다.

—「경칩」 중에서

　시 「눈길」에서는 농민들의 초라한 겨울나기의 모습을 보여주고 있다. 밤에는 아편의 힘으로 시간을 소일하고 낮에는 잠을 자거나 술과 놀음으로 시간을 때운다. "진눈깨비 치는 백리 산길"은 그만큼 겨울이 농민에게 주는 고난과 고통이 험하다는 것을 암시해준다. 특히 이 시의 "우리는 미친놈처럼 자꾸 웃음이 나온다"의 반어적인 싯귀는 관심을 집중시킨다. 그것은 농민들에게 있어서 겨울나기란 설상가상(雪上加霜)에 해당하기 때문이다. 이러한 절망이 자학으로 표출된 것이 이 시에 표현된 '웃음'의 의미이다. "미친놈처럼 자꾸 웃음이 나온다"에서의 '웃음'이란 농민 전체의 웃음이다. 농민들은 조롱을 내포하고 있는 희극적인 웃음을 통해서, 곧 심리적 카타르시스에 의해서 농촌 현실에 억압되고 고통스러운 것을 해소하고 서로의 연대성을 확보하면서 생활의 갱신적인 가치를 발휘하는 것이다. 이처럼 웃음의 기능은 즐기게 하고 갈등과 긴장을 완화하여 정신의 건강함을 지니게 할 뿐만 아니라, 비판의 반역성마저 갖게 하는 것이다.

　「겨울밤」에서도 화투놀이와 술 그리고 노래가 등장한다. 「눈길」에서의 진눈깨비가 겨울과 함께 절망과 고통을 의미하고 있는 반면, 「겨울밤」에서의 겨울과 눈은 농민들이 지니는 체념과 비애의 또 다른 면을 의미하고 있다. 시 「겨울밤」은 농한기의 겨울밤, 협동조합 골방에 모여 앉아 묵내기 화투를 치는 농민들의 모습을 그리고 있다. 그들의 관심은 온통 살아가는 일, 특히 농사일에 집중되어 있다. 그리하여 농민들의 살아가는 어려움을 토로하면서 "우리의 슬픔을 아는 것은 우리뿐"이라고 서로가 서로를 위로한다. 답답한 현실이 빚는 울분과 비애, 체념과 자학은 화투놀이와 술에 기대게 되는 데, 이는 자포자기의 태도나 현실의 굴복이 아니라 현실을 변화시켜보려는 역설적인 몸부림이라고 할 수 있다.

한편 「눈길」·「겨울밤」·「경칩」 등에서 보여주는 '겨울'은 절망을 넘어 '봄'의 부활, 재생을 암시하는, 곧 '죽음과 재생'이라는 계절의 의미를 지닌다고 할 수 있으며, '밤'은 어두움을 넘어 '새벽'의 출발과 희망을 암시하는 시간의 의미를 지닌다고 할 수 있다. 이런 의미에서 '겨울'과 '밤'은 고통의 상징이며 암담한 상황의 배경이지만 한편으로는 농민들의 화합과 친화를 통해 건강한 내일을 기약하는 시간적 배경의 의미를 지닌다고 할 수 있다.

풀이의 근원적이고 일차적인 의미는 긴장의 이완성과 화해성이다. 즉, 풀이는 제어된 심적인 긴장을 풀어주게 할 뿐만 아니라, 인간 상호간의 관계의 경색을 해소함으로써 서로의 일체감이나 평형감을 확인케 한다. 즉 화투놀이와 술을 통해 농민들로 하여금 답답함, 원통함, 분함 등을 해소하고 평상심으로 돌아가 일상성으로 복귀하도록 한 것이다.

5. 정화의 미학

1970년대 산업화시대의 한국 문학의 전개 과정 중에서 가장 핵심적인 지표 가운데 하나는 민중에 대한 문학적 관심이라고 할 수 있다. 시 분야에 있어서 민중의 발견과 민중의 문학적 수용은 김지하·정희성 그리고 신경림 등의 시에서 드러난다. 김지하는 「오적」(1970)을 통해 권력층의 부정 부패와 타락에 희생되는 힘없는 민중의 이야기를 다루었고, 정희성의 『저문 강에 삽을 씻고』(1978)는 어두운 역사와 소외 집단의 고통을 노래했다. 그리고 신경림은 『농무』를 통해 근대화 과정에서 소외된 농촌과 농민의 슬픈 이야기를 주제로 삼았다. 따라서 1970년대 민중지향적 문학은 당시의 사회 구조의 모순 속에서 고통을 당하고 있는 민중의 생활과 감정을 사실적으로 표현하려는 문학으로서 자연발생적인 등장이라고 할 수 있다.

시집 『농무』는 산업화 과정 속에서 철저하게 희생되고 소외된 농촌과 농민의 삶을 그리고 있다. 「농무」·「파장」·「겨울밤」·「눈길」·「경칩」·「실명」 등은 바로 신경림 시인 자신의 체험을 바탕으로 점차 해체되어 가는 1960~70년대 농촌 현실과 그 속에서 살아가는 농민들의 좌절, 분노, 비애를 탁월하게 형상화한 시들이라고 할 수 있다. 그의 시공간 속에는 전쟁의 상흔, 폐광이 되어 버린 광산, 장터, 자전거포 순댓국집 등이 등장하고, 일반적으로 시골의 생활과 농민들의 삶에 대한 일상성이 큰 흐름을 형성한다. 그곳에서 농악놀이·씨름판·날궂이 등은 자주 등장하는 시적 질료이다. 또한 농민들은 내기 화투를 치면서 무료하고 답답함을 버텨내고, 막걸리나 소주를 마시면서 괴로움을 달랜다. 농민들은 잠시라도 일상성에서 벗어나 먹고 마시고 왁자지껄 서로 신명나게 어울려 즐기지만, 시인이 시적 화자를 통해서 보여주는 것은 놀이의 공간 속에 스며 있는 삶의 고단함과 비애이다.

따라서 『농무』를 떠받치고 있는 주된 정조는 농민들의 세상에 대한 절망과 울분과 좌절이라고 할 수 있다. 때문에 『농무』의 시들에서는 흔히 삶의 의욕과 희망을 상실한 채 절망과 좌절감에 사로잡혀 있으며, 때로는 그러한 현실을 격렬하게 표출하기도 하는 민중들의 모습을 발견하게 된다. 이러한 농민들의 심성의 바탕에는 한(恨)의 짙은 그림자가 드리워 있다. 한이란 매우 복합적인 감정이지만 근원적으로는 원한의 감정이 처절하게 결빙되어 심리적인 자폐 상태, 곧 맺힘의 상태에 있는 것을 뜻한다. 오랜 시간을 두고 감정에 상처 입은 것이 지속되어 마침내 가슴에 응어리로 맺혀진 것이다. 이런 한의 뿌리는 사회성 및 인간 관계와 깊이 관련된다.

『농무』에서의 농민들의 슬픔과 탄식의 감정대는 으례 한의 응어리로 집적되어 있다. 그리고 농민들은 그 한의 응어리를 춤과 노래의 신명풀이로, 혹은 화투놀이와 술로 내뿜으면서 그리고 다독거리면서 푼다. 그들의 이러한 놀이와 게임은 원풀이·화풀이·분풀이·심심풀이와 다름 아닌 것이다. 그러한 농민들은 자신들의 삶을 구속하는 사회·경제적인 모순을 총체적으로 인식하지 못하고, 그리고 변혁 주체로서의 자기 인식에 도달하지도 못한 즉자적인 상태의 민중들이다. 그러나 그 속에는 이미 뒷날 스스로 변혁의 주체로 성장해갈 수 있는 역동적인 잠재력을 내함하고 있는 자들도 있다.

산업 사회화 과정에 있는 현대 문학의 기능적인 과제는 이러한 풀이의 긍정적인 승화에서 찾아볼 수 있을 것이다. 급속한 산업화와 테크놀로지의 발전은 물질에 가치를 두고, 인간을 비인간화로 만들며, 여러 가지 분배가 균형을 이루지 못하고, 부 또한 편재화된다. 그리고 인간의 상호 소외에 의해서 새로운 원한을 조성할 여지도 그만큼 확산되어 있는 것이 사실이다. 그래서 오늘날 문학의 한 부분에서는 가진 자, 쥔 자의 테두리에서 배제된 없는 자, 잡힌 자의 존재를 강조하는 반항의 시학(詩學)이 나타나고 분노와 욕설의 속되고 당찬 어법이 적지 않게 드러나고 있는 형편이다.

문학은 어떤 의미에서는 언어 예술인 동시에 심미적인 하나의 인간학이다. 문학은 인생의 근본 문제를 푸는 가장 진지한 노력일 것이다. 문학은 인간애를 바탕으로 현대인에게 당면한 과제를 어루만지고 맺힘을 풂으로 그리고 긴장을 이완으로 풀어 가는 정화의 미학적인 기능을 담당하면서 이 지상에 자리하고 있어야 할 당위성을 지녀야 한다. 아울러 바람직한 국가는 노래와 춤, 놀이와 술 등의 축제 기능을 가져야 할 것이다. 원한을 맺게 하는 것이 아니라 맺힌 한을 정상적으로 풀어주고 또 긴장의 응어리를 이완시켜준다는 점에서 정치와 굿 또는 축제가 잘 어우러져 조화를 이루어야 할 것이다.

참고할 문헌

신경림, 「농촌 현실과 농민 문학」, 『창작과비평』, 1972년 여름.

______, 「나는 왜 시를 쓰는가」, 『삶의 진실과 시적 진실』, 전예원, 1983.

정병호, 「농악이란 무엇인가」, 『농악』, 열화당, 1986.

김승찬 외, 「민속놀이의 이해」, 『한국의 민속문학과 전통문화』, 삼영사, 2004.

이재선, 「술의 고고학과 고현학」, 『우리 문학은 어디에서 왔는가』, 소설문학사, 1986.

이광호, 「'농무'의 세 가지 목소리」, 『문학과비평』, 1988년 여름.

김한영, 「신경림 '농무'」, 『시와 시학』, 1991년 여름.

갇힌 시간과 그 해체

박재삼론

김영미

1. 서정의 시간성

박재삼은 서정시의 원형질을 순도 높게 함유하고 있는 시인이다. 섬세한 언어로 표현된 서정의 낮은 울림과 떨림이 주는 미적 감동을 그의 시는 갖고 있다. 그가 당대 비교적 대중적 인지도가 높았던 사실이나, 논자들에게 긍정적 평가를 받아온 점 등은 이러한 면모를 반증하는 것이다. 예민한 감성으로 자기만의 세계를 구축하고 있는 그의 시를 통하여 서정시의 힘이 무엇인가를 확인하게 된다.

1970년대는 우리시의 폭이 다양하게 확장되어 나간 시기이다. 이것이 주로 서구적 발상과 표현 방식에 경사되어 있음은 누구나 동의하는 사실일 것이다. 시에서의 지적 조작과 난해함으로 요약되는 모더니즘과의 대척점에 박재삼은 서 있다. 그는 극히 동양적인 세계 인식과 정서 안에 존재하고 있다. 또한 이것을 시조라는 전통 양식에 바탕을 둔 가락과 어법으로 표현하는 데 뿌리를 둔다. 그의 시가 친숙하게 독자에게 다가서고, 폭 넓은 공감대를 형성하고 있는 것은 이러한 면모에서 말미암는 바가 크다.

하지만 그의 시가 단순히 전통과의 접합점 위에 서 있는 것인가에 대해서는 의심을 품어볼 필요가 있다. 기존 연구자들은 한으로 대표되는 전통적 정서를 노래한 시인으로 박재삼을 규정해 왔다. 이것은 박재삼의 시를 추상화시키는 태도로, 그만의 시적 개성을 지적하는 데에 어려움을 준다. 박재삼의 주조를 이루는 슬픔이나 눈물은 한으로 일반화시켜 규정할 수 없는 독특한 색채를 띠고 있다. 통상적으로 한은 고통을 수반하는 비극성의 최고점으로 규정된다. 하지만 박재삼 시의 슬픔에는 이와 함께 낭만성이 깃들여 있다. 슬프면서도 달콤하고 아름답다. 그의 슬픔은 어두운 색조가 아닌 밝은 색조를 지닌, 무거움의 대상이 아닌 가벼움의 대상이다. 그것은 풀리어 부드럽게 감기는 안개와 같다.

박재삼 시에서 이러한 점은 삶과 세계에 대한 사유의 깊이와 개성에서 비롯된다. 이는 그의 시를 관류하고 있는 일관된 흐름이며, 화자의 선택이나 서술 방식 등 시적 외장을 통제하는 내적 동인으로 작용하고 있다.

이 글은 박재삼의 시를 특징짓는 비극적 정서가 갇힌 시간의 폐쇄성에서 비롯되고 있으며, 이것을 해체하여 풀어넘음으로써 비극성에서 벗어나 낭만성을 얻고 있다는 사실을 해명하는 데 목표를 둔다.

2. 갇힌 시간의 부활

1) 갇힌 시간의 의미

시에 나타나는 시간의 양상은 시인이 갖고 있는 의식의 한 모습을 단적으로 보여준다. 그것은 시인이 구축하고 있는 세계의 골격을 이루는 것이기 때문이다.

박재삼의 시는 끊임없이 과거의 시간에 매여 있다. 이는 과거지향과 다르다. 과거지향은 현재를 부정하거나 거부하고, 그 빈 곳에 과거를 살려내 채우는 것이다. 하지만 박재삼 시에서 현재는 거부되지 않는다. 현재는 지금 이 자리에 존재하고 있다. 하지만 이 현재는 독자적으로 존재하는 시간이 아니다. 오로지 과거에 의해 존재할 수 있으므로, 과거는 현재의 존재 근거가 된다. 과거는 현재를 생성하고, 현재에 덧씌워지며, 현재를 조정한다. 그러므로 박재삼 시에서 시간의 움직임은 확산되어 흘러가는 것이 아니라, 거기 고여 정지해 있다. 그것은 갇힌 시간이다.

천년 전에 하던 장난을
바람은 아직도 하고 있다.
소나무 가지에 쉴새 없이 와서는
간지러움을 주고 있는 걸 보아라
아, 보아라 보아라
아직도 천년 전의 되풀이다.

그러므로 지치지 말 일이다.
사람아 사람아
이상한 것에까지 눈을 돌리고
탐을 내는 사람아.

—「천 년(千年)의 바람」 전문

1연에서 화자는 바람에서 "천 년"이란 시간을 발견하고 있다. "천 년"
이란 긴 시간의 과거는 바람으로 끊임없이 현재화된다. 바람은 천 년의
과거를 현재로 실어 나르는 대상이다. "천 년 전에 하던 장난을 / 바람은
아직도 하고 있다"란 진술에서, 바람을 경계로 과거와 현재는 "천 년 전
─바람─아직"과 같이 마주하여 만나고 있다. 현재는 "천 년 전의 되
풀이"로 존재하는 시간이다. "아직도"에는 과거의 시간이 앞으로도 계속
되어 나갈 것임이 내포되어 있다.

바람이 천 년을 되풀이하고 있는 존재인 것과 마찬가지로, 사람도 다
만 과거를 뒤풀이하는 존재에 불과하다. 여기에서 2연의 "그러므로 지치
지 말 일이다"란 진술이 가능해진다. "이상한 것에까지 눈을 돌리고 / 탐
을 내는 사람"은 현재란 점 위에서 본 사람이다. 하지만 바람에 비추어
볼 때, 그것은 천 년 전 행위의 되풀이에 불과할 따름이다. 천 년 전의
되풀이로서의 삶은 현재의 어려움을 거부하기보다는 수긍하게 만든다.
"그러므로 지치지 말 일이다"란 발화에는 지친 삶을 담담히 수용하는 화
자의 여유로움이 담겨 있다.

바람과 사람은 현재에 존재하는 대상이면서도 과거라는 시간의 끈에
묶여, 과거에 포함된다는 점에서 동일하다. 현재는 과거의 통로 끝에 놓여
있으며, 그 갇힌 시간의 통로에 바람과 사람은 들어가 있다. 갇힌 시간에
서 현재의 모습은 독자성을 상실한 채, 다만 과거에 의해 규정될 뿐이다.

한 십년 만에 남쪽 섬에도 눈이 내린 이튿날이다. 사방이 나를 지켜보는
듯싶은 황홀한 푼수로는 꼭 십년 전의 그때의 그지없이 설레이던 것과 상당이
비슷하다. 하나 엄살도 없는 지엄(至嚴)한 기운은 바다마저 잠잠히 눈 부셔 오
는데……

그렇다면, 한 십년 전의 이런 날에 흐르던 바람의 한 자락이, 또는 햇살의
묵은 것이, 또는 저 갈매기가, 이 근처 소리없이 죽고 있다가, 눈물 글썽여 되
살아나는지는 어느 누가 알 것인가.

만일에도 그렇다면, 우리의 어리고 풋풋한 마음도 세월따라 온전히 구김살
져오는 것만은 아니다. 헤아릴 수 없는 바람의, 또한 햇살의, 또한 갈매기의 그
중에서도 어떤 것은 고스라니 십년 후에 살아남았을 것처럼, 흔히는 그 구김살
져오게 마련인 마음의 외진 한 구석에 어리고 풋풋한 마음이 곁자리하여 숨었
다가 기껏해야 칠십 년의 그 속에서도 그야말로 이런 때는 희희낙락해지는 그
것인지도 모른다.

—「무제(無題)」 전문

화자는 1연에서 "한 십 년 만에 남쪽 섬에도 눈이 내린 이튿날"의 느
낌을 "꼭 십년 전의 그때의 그지없이 설레이던 것과 상당히 비슷하다"고
말하고 있다. 현재의 설레임은 과거의 설레임으로부터 온 것이다. 이는
"황홀한 푼수"라는 화자를 전제로 하고 있다. 하위적 층위에 있던 "푼수"
는 "황홀한"이란 수식어에 의해 자유로이 층위를 초월해 존재하는 양상
을 지닌다. 이 "황홀한 푼수"는 과거에 갇혀 현재의 현상들을 객관적으
로 직시하지 못하는 시인 자신과 동일화된 인물이다. 눈은 그에게 십 년
전의 설레임을 다시 살려내는 동인으로 작용한다. 화자는 눈이 내린 사
실이 아니라, 그것이 과거의 설레임을 다시 살려내는 것에 황홀해 하고
있다. 이 과거로부터의 되살아남은 곧 삶의 지속이고 삶의 영속성을 확
인해주는 것이기 때문이다.

2연은 과거의 되살아남에 대한 확대이다. "한 십 년의 이런 날에 흐르
던 바람의 한 자락"과, "햇살이 묵은 것", "갈매기"가 되살아남을 화자는
보고 있다. 이들은 십 년의 "소리없는" 죽음에서 "눈물 글썽여 되살아난"
존재들이다. 현재의 대상은 모두 과거에서 되살아난 것들이다. 화자의
설레임이 살아남과 함께 외부 세계의 대상들도 그 과거의 시간에서 되
살아나고 있는 것이다.

이러한 사실들로부터 화자는 3연에서 십 년 전의 과거가 아닌, 더 먼
과거의 것들도 되살아날 것임을 확신해가고 있다. 그것은 "우리의 어리
고 풋풋한 마음"이란 대상의 되살아남이다. 1연에서 "나"는 3연에서 "우

리”로 확대되면서 화자에게 국한된 사실이 아닌 보편적 진리로서의 의미를 가진다. “어리고 풋풋한 마음”은 세월 따라 구김살지게 마련인 마음의 외진 한 구석에 숨었다가 살아나, “희희낙락해지는 그것”으로 살아난다. 과거는 죽거나 숨어 있다가 다시 살아나며 끊임없이 현재화된다. 따라서 현재는 독자적으로 존재하는 그 무엇이 아니라, 과거에서 온 그 무엇이다. 현재는 과거로부터 되살아난 실체인 것이다.

따라서 과거의 시간은 끊임없이 현재의 시간에 오버랩되어 현재를 관통하면서 현재와 미래를 조종한다. 화자는 이 갇힌 시간에 예속되어 현재를 바라보고 한정하고 있다. 이러한 점은 다음과 같은 그의 시에서 쉽게 확인할 수 있다.

① 한 이십 몇 년 전 사업(事業) 실패한
  울아버지 상(相)을 하고
  이 강산에 진달래꽃 피었다.

—「진달래꽃」 중에서

② 옛날의 우리 누님이 흰 옷가지를 주무르던 그리운 빨래터의 그 닦인 빨랫돌이 멀리서 시방 쟁쟁쟁 반짝이고 있는데…… 참 새로 보겄구나.

—「한나절 언덕에서」 중에서

③ 된장 고추장 냄새가
  아련한 창호지 가에 비치듯
  밀양 박씨 어느 한 파의
  그 중의 한 집안의
  죽지 못해 죽지 못해
  억울하게 귀양살이하며
  고향을 생각는고나.

—「옹기전에는」 중에서

①~③에서 현재는 과거와 단단하게 연결되고 있다. 현재의 현상들은 과거로 함몰되어 가고, 과거에 의해 채색된 모습으로 존재한다.

①의 "진달래"는 "한 이십 몇 년 전 사업 실패한 울아버지 상"이 되고 있다. "이 강산에 핀 진달래"의 현재는 "한 이십 몇 년 전"과 함께 하는 시간으로서의 현재다. 과거는 현재를 바라보는 시점이다. 그러므로 화자에게 진달래를 보는 객관적 시점은 철저히 차단될 수밖에 없다. 오로지 화자는 기억에 갇힌 시선으로 진달래를 바라본다. 여기에서 "사업에 실패한 울아버지 상"이란 소년의 목소리가 만들어진다. "사업에 실패한 아버지"의 기억 안에서만 현재의 진달래는 존재한다. 과거는 진달래의 모습만이 아니라, 그에 대한 화자의 정서를 고정시키고 규정하는 범주가 되고 있다. 따라서 "이 강산에 핀 진달래꽃"의 확장 이미지는 "우리 아버지상"으로 축소되고 만다.

②에서 "빨랫돌"은 "옛날"과 "시방"에 놓여 있다. 옛날은 "우리 누님, 그리운 빨래터"란 시어와 함께 여성적인 따뜻한 모습을 지닌 시간이다. 화자는 "빨랫돌이 멀리서 시방 쟁쟁쟁 반짝이고 있는데 ……"란 말줄임의 진술과 함께 과거로 들어가고 있다. 그 속에서 화자는 "우리 누님이 흰 옷가지를 주무르던" 기억을 되살려내면서, "참 새로 보것구나"와 같이 현재의 의미를 만들어낸다. 빨랫돌이란 차갑고 무거운 대상, 노동의 고달픔을 환기시키는 대상에 누님과 함께 한 과거가 놓임으로써, 이는 "반짝이는" 다정한 존재로 바뀌고 있다.

③의 옹기전에 놓여 있는 그릇들은 밀양 박씨의 한 집안 사람들로 환치되고 있다. 옹기 그릇은 쉽게 가난과 옹색함, 투박함을 연상시키는 대상이다. 또한 현대와 어울리지 않는 오래되고 낡은, 내몰림과 소외의 대상이다. 이러한 옹기전을 박재삼은 "죽지 못해 / 억울하게 귀양살이" 하는 "밀양 박씨 어느 한 파의 그 중의 한 집안"의 모습으로 보고 있다. 거기 놓인 옹기 그릇에는 박씨 가족의 비극적인 역사가 그대로 담겨져 있다. 옹기는 그 오욕의 시간을 그대로 끌어안고 있는 것이다.

　이와 같은 시간의 감힘은 박재삼이 과거의 인물들을 시에 살려내어, 그들의 삶을 현재를 사는 이들의 삶에 덧씌우는 것에서도 확인할 수 있다. 그의 시에는 다음 예와 같은 인물들이 반복적으로 등장하면서 중요 모티프를 이룬다.

①목이 휘인 채 꽂진 꽃대같이 조용히 **춘향**이는 잠이 들었다. 칼 위에는 눈물 방울이 어룽져 꽃이파리의 겹쳐진 그것으로 보였다.

―「화상보(華想譜)」 중에서(강조는 인용자. 이하 같음)

②하늘이여
　저 햇빛과 바람이 짜내는 엄청난 재산을
　누구나 골고루 갖게는 하되
　욕심 많은 놀부한테는 더 많이
　흥부한테는 눈물 섞어
　그것을 갖게 하는 곡절을

―「흥부의 햇빛과 바람」 중에서

③시방도 안 죽은 것 같은
　남평 문씨(南平 文氏) 부인(婦人)의 마음가에 사랑일로서
　햇무리로 손잡고 놀던 날 생각하면
　왜 안 기뻐, 세상은 왜 안 기뻐야.

―「광명(光明)」 중에서

④이윽고 **누님**은 섬이 떠있듯이 그렇게 잠들리.
　그때 나는 섬가에 부딪치는 물결처럼 누님의 치맛살에 얼굴을 묻고
　가늘고 먼 울음을 울음을
　울음 울리라.

―「밤바다에서」 중에서

　위의 시들에 보이는 춘향, 흥부, 남평 문씨 부인과 누이 등은 모두 현

재에 존재하지 않는 과거의 인물들이다. 또한 이들 과거 인물들은 신분의 제약이나 가난·죽음 등으로 폐쇄된 삶을 살아야 했던 것에 공통점을 갖고 있다. 이 삶의 폐쇄성은 곧 삶의 비극성과 연관되고 있다.

①②는 벗어날 수 없는 극한의 절망에서 만들어지는 슬픔을 보여준다. ①에서 "목이 휘다 — 꽂진 꽃대 / 칼 위에 어룽진 눈물방울 — 꽃이파리의 겹쳐짐"이란 비유는 슬픔과 아름다움이 연결되면서 비극적 상황을 최고조로 만들고 있는 극적 표현이다. 춘향은 절망적 상황에서 "조용히 잠이 들었다"로 그것을 수용하는 태도를 보여준다. 절망에 대한 수용은 그 상황에서 벗어날 수 없다는 막힘과 단절에서 비롯된 것이다. 흥부는 ②에서 "햇빛과 바람이 짜내는 재산"도 "더 많이 가짐 : 눈물 섞어 가짐"으로 놀부와 대비되고 있다. 햇빛과 바람이 짜내는 무형의, 누구나 가질 수 있는 재산도 눈물 섞어 가져야 하는 흥부의 가난은 더 할 수 없는 궁핍의 상황을 환기시킨다. 바람과 햇빛도 가지지 못한 자로서의 극단적인 모습을 그는 보여준다.

③④는 죽은 자의 슬픔이 잘 드러나고 있는 시이다. 그 죽음의 상황은 ③처럼 젊어서 홀로 된 과부, ④처럼 젊어 목숨을 버린 누이처럼 비극적이다. 죽음이란 폐쇄 상황에 갇혀 있는 슬픔은 산 자를 매개로 하여 드러나고 있다.

③의 남평 문씨 부인은 "시방도 안 죽은 것 같은"으로 화자와 친밀한 관계에 있는 인물이다. 그를 화자는 "햇무리로 손잡고 놀던 기억"으로 살려내고 있지만, 그 "기쁨"은 실제할 수 없는 기쁨이다. "왜 안 기뻐, 세상은 왜 안 기뻐야"로 반복되는 반어의 뒤에는 남평 문씨 부인의 죽음에서 오는 슬픔이 강하게 드러난다. 그 슬픔에는 시방도 안 죽은 것 같은 죽은 자의 슬픔이 전이되어 함께 들어 있다. 안 죽은 것 같지만 죽은 자, 죽어서도 산 자와 함께 하고 싶은 자의 억제된 슬픔이 "왜 안 기뻐"란 진술에 잘 살아나고 있다.

④에서 누님은 섬이 되어 잠들고 있다. 섬은 이승의 화자와 저승에 있

는 누이와의 거리와 단절을 드러낸다. 화자는 "섬가에 부딪치는 물결"이
되어 누님에게 다가가고자 하며, 누님의 치맛살에 얼굴을 묻고 울고자
한다. 그러나 "잠들리, 울음 울리라"의 미래형 진술은 하고자 하지만 할
수 없는 상황임을 암시하고 있다. 화자는 누님의 슬픔에 가 닿고 싶지만,
이는 이룰 수 없는 것이다. 결국 밤바다는 죽은 누님의 슬픔으로 가득
출렁이는 공간이다. 이룰 수 없는 사랑을 품고 있는 춘향, 벗어날 수 없
는 궁핍함 속에 살아야 했던 흥부, 젊은 과부로 스스로 바다에 빠져 죽
어야 했던 남평 문씨, 어린 나이에 이승과 결별한 누님 등은 모두 슬픔
의 동인을 내재하고 있는 인물들이다. 이들의 벗어날 수 없는 굴레는 이
들을 슬픔의 대유물로 존재하게 한다. 그런데 그러한 이들 삶의 모습은
사라진 과거가 아니라, 현재에도 지속하는 것으로 나타나고 있다. 과거
삶의 슬픔은 현재 삶의 아픔과 겹쳐지면서, 현재의 그것을 드러낸다. 다
음 시에 나타나는 과거의 춘향과 현재 화자와의 겹쳐짐 현상은 이러한
것을 단적으로 보여주는 예이다.

①흐느낌으로 피던 살구꽃 등속(等屬)이 또한 흐느끼며 져버린 것을 어쩌리요
②세상은 더욱 너른 채 소리내어 울고 있는 녹음을,
　언제면 소복(蘇復) 본단 말이요
③피릿구멍 같은, 옥(獄)에 내린 달빛서린 하늘까지가 이내 몸에 파고들어
　가쁜 명(命)줄로 앓아싫는 저것을 어쩌리오
④이런 때, 천지(天地)는 입덧이 나 후덥지근하고,
　태장(笞杖) 끝에 피멍진 천첩(賤妾) 춘향의 전신만신(全身滿身) 캄캄한 살 위
에도 병 생기는 아픔을……
⑤ 만일에도 이 한밤 당신이 서서 계신다면은
　어느 별만 우러러 아프게 반짝인다 하리요

—「녹음(綠陰)의 밤」 전문

　이 시는 다섯 개 문장으로 발화되고 있다. 이들은 "어쩌리오, 말이요,

하리오"와 같이 고전적 어투를 취하고 있어, 얼핏 춘향의 독백처럼 보인다. 그러나 좀더 자세히 살펴보면 이 시의 화자는 둘이다. 과거의 춘향과, 춘향의 관찰자로 등장하는 현재의 서술자 화자이다. 전자를 화자 A, 후자를 화자 B로 부른다면, 이 시의 화자는 발화③을 기점으로 화자 A(①, ②)에서 화자 B(④, ⑤)로 이동하고 있다.

춘향을 화자로 드러내는 표지들은 "흐느낌-살구꽃-녹음-소리 내어 울다-피릿구멍-옥(獄)-달빛 서린 하늘-이내 몸-가쁜 명(命)줄-태장" 등으로 이어진다. 이들은 주로 ①~③의 발화에 집중되어 있다. 다른 화자의 존재를 알게 해 주는 표지들은 "이런 때-저것-입덧이 나 후덥지근한 천지-천첩(賤妾) 춘향-이 한밤-당신"들로 주로 ④~⑤에 나타난다.

이들 표지들은 분리되어 나타나면서도, 겹쳐지고 있다. ①, ②에는 화자 A의 표지만 나타난다. "살구꽃"과 "녹음"에는 죽음을 앞에 둔 춘향의 슬픔이 깊이 배여 있다. ③의 전반부에서는 "이내 몸"으로 춘향을 드러내는 나타나지만, 후반부에서는 춘향이 처한 장면을 "저것"으로 거리를 두어 객관화시켜 부르는 화자 B의 표지가 나타난다. 화자 A와 B가 겹쳐지는 발화이다. ③에서 화자는 춘향에서 관찰자로 옮겨온다. 화자 B의 진술은 ④, ⑤로 이어져 "이런 때, 이한밤"처럼 현재의 시간과 인물이 나타나고 있다. 화자와 함께 과거는 현재와 겹쳐지면서 현재로 넘어온다. 이를 정리하면 다음과 같다.

발화 ①	발화 ②	발화 ③	발화 ④	발화 ⑤
A(춘향) →	A(춘향) →	A (춘향) / B(관찰자) →	B(관찰자) →	B(관찰자)
과거	과거	과거 / 현재	현재	현재

③을 경계로 화자는 과거의 춘향에서 현재의 관찰자로 옮겨온다. 이는 인물의 존재론적 전이를 의미한다. 따라서 화자 B에는 화자 A인 춘향의

슬픔이 그대로 담겨지게 된다. 춘향에게 있었던 "녹음의 밤"은 죽음을 앞둔 탄식의 밤이다. 그 녹음의 밤은 화자의 전이와 함께 다시 현재의 화자 B에서 "이런 때"가 되어 존재하고 있다. 따라서 그것은 "천지는 입덧이 나 후덥지근하고 / 태장(笞杖) 끝에 피멍진 천첩(賤妾) 춘향의 전신만신(全身滿身) / 캄캄한 살 위에도 병 생기는 아픔"의 시간으로 규정될 수밖에 없다. "신록의 밤"은 춘향과 그를 보는 관찰자와 화자의 의식이 간극을 넘어 합일되는 시간이다.

결국 녹음을 바라보는 현재 화자의 아픔은 "흐느낌으로 피고 지던 살구꽃 등속, 소리내어 울고 있는 녹음" 등으로 드러나는 춘향의 아픔에서 생겨난 것이다. 춘향의 아픔은 ③에서 "달빛서린 하늘까지가 이내 몸에 파고들어 / 가쁜 명(命)줄로 앓아싷는 저것"으로 화자에게 전이되고 있기 때문이다.

아픔은 춘향과 관찰자 화자가 공유하는 것이다. 이는 두 화자에게 아픔의 원인이 동일하다는 것으로 해석될 수 있다. 춘향의 벗어날 수 없는 신분적 제약은, 그로 하여금 갇힌 자로 존재하게 만든다. 갇힌 자의 막막한 슬픔이 녹음의 밤을 "흐느낌과 울음"으로 만들고 있다. 녹음의 밤, 화자 B의 슬픔도 춘향과 동일하다는 것은, 그 역시 갇혀 있는 존재이기 때문이다. 흥부나 심청, 죽은 누이와 죽은 남평 문씨 등은 모두 벗어날 수 없는 제약들에 갇혀 있는 존재란 점에서 동일하다. 그들은 가난이나, 죽음을 선택해야 되는 상황 등에서 벗어나지 못하고 이에 함몰되고 마는 인물들이다.

박재삼은 이들과 함께 '갇힘'에 동참하며, 자신의 갇힘을 드러낸다. 그는 유년의 기억이나 어머니와 누이 등에서 벗어나지 못하고 갇혀 있다. 「추억에서」 연작은 이러한 점을 잘 드러내 준다.

진주 장터 생어물전에는
바닷밑이 깔리는 해다진 어스름을,

울엄매의 장사 끝에 남은 고기 몇 마리의
빛 발(發)하는 눈깔들이 속절없이
은전(銀錢)만큼 손 안 닿은 한(恨)이던가
울엄매야 울엄매.

별밭은 또 그리 멀리
우리 오누이의 머리 맞댄 골방 안 되어
손 시리게 떨던가 손 시리게 떨던가.

진주 남강 맑다 해도
오명 가명
신새벽이나 밤빛에 오는 것을,
울엄매의 마음은 어떠했을꼬
달빛 받은 옹기전의 옹기들이
말없이 글썽이고 반짝이던 것인가.

—「추억에서」 전문

이 시에서 화자의 추억은 "생어물전, 해다진 어스름, 울엄매의 장사
끝에 남은 고기 몇 마리, 우리 오누이의 머리 맞댄 골방 안, 시리게 떨던
손, 말없이 글썽이며 반짝이던 옹기들" 등의 서럽고 쓸쓸한 것들로 이루
어져 있다. 이들은 어두움과 축축함, 좁음, 눈물남 등의 이미지를 지닌다.
"울엄매"는 이러한 일련의 이미지의 중심에 서 있다. "울엄매"가 환기하
는 시간과 공간에 박재삼은 갇혀 있다.

박재삼의 시에서 갇힌 시간은 과거를 현재로 이끌고 오면서 그 과거
에 의해 존재하는 현재를 낳고 있다. 과거는 현재의 존재 근거가 되는
동시에 현재를 통제한다. 또한 시간에 갇힌 존재의 폐쇄성은 과거의 인
물들을 시의 중요 모티프로 쓰도록 작용하고 있다. 그런데 박재삼 시에
서 이 갇힌 시간은 정태적으로 고여 있는 시간에 그치지 않는다. 살아
움직이는 동태적 모습을 보여준다. 그것은 죽은 존재이지만, 살아 있는

존재로 움직이고 있다. 죽음 뒤에 다시 죽음은 소멸되어 그 자리에 살아
나는 자가 된다. 갇힌 시간은 죽음에서 살아 움직이는 존재와 함께 부활
하고 있다.

2) 살아 있는 죽음

박재삼 시에서 과거의 인물은 현재의 인물과 죽은 자 / 산 자로 대비된
다. 그러나 이러한 대조는 표면적인 것이고, 궁극적으로 이들은 죽음을
넘어 동일한 방식으로 존재하고 있다. 죽은 자는 산 자와 마주하여 현존
하거나, 지금 살아 있는 자로서의 목소리를 낸다. 살아 있는 죽음의 모습
을 보여준다.

> ① 흥부 부부가 박덩이를 사이하고
> 가르기 전에 건넨 웃음살을 헤아려 보라.
> 금이 문제리,
> 황금 벼이삭이 문제리,
> 웃음의 물살이 반짝이며 정갈하던
> 그것이 확실히 문제다.
>
> —「흥부 부부상(夫婦像)」 중에서

> ② 잘못되어 눈감은 심(沈)봉살까.
> 희안케 눈뜨고 딸 만나고 영화(榮華)한 것 본받아서
> 잘못 미친 사람들도 맑은 기운을 맑은 기운으로
> 바로 받게 할 날이 없을까 몰라.
>
> —「무제(無題)」 중에서

> ③ 저저(底底)히 할 말을 뇌일락이면 오히려 사무침이 무너져 한정없이 멍멍한
> 거라요 문득 때까치가 울어오거나 눈은 이미 장다리꽃밭에 흘려 있거나 한 거

라요. 비 오는 날도, 구성진 생각을 앞질러 구성지게 울고 있는 빗소리라요. 어쩔 수 어쩔 수 없는 거라요.

— 「무봉천지(無縫天地)」 중에서

①, ②에서 흥부부부와 심봉사는 박제된 과거의 사실로 존재하지 않는다. 현재 살고 있는 이들과 같은 시간에 함께 있다. ①에서 화자는 "헤아려 보라"로 청자를 흥부부부 앞으로 유도하고 있다. 그 청자와 대면하면서 흥부부부는 현재화된 인물로 살아나고 있다. 이제 흥부부부는 "반짝이며 정갈하던 웃음의 물살"이란 현재의 가치를 갖고 있는 인물로 존재한다. "웃음의 물살, 반짝이던 정갈함"의 가치를 가장 선명하게 부각시키는 인물들인 것이다. 1~2행에서 흥부부부는 청자에게 환기의 대상인 과거 인물로 등장한다. 하지만 3행 이후에서는 "문제리, 문제다"라는 현재 시제의 진술과 함께 이들은 청자와 함께 현재에 존재하는 인물로 바뀌고 있다.

②시에서 과거의 인물과 현재의 인물들은 씨실과 날실처럼 얽혀서 전개되고 있다. "심봉사(과거) : 잘못 미친 사람들(현재)"의 대립은 다시 "희안케 눈뜨고 딸 만나고 영화하다 : 맑은 기운을 맑은 기운으로 바로 받다"로 연속되어 나가고 있다. 이러한 연속적인 대립에 의해 심봉사는 현재의 인물들과 함께 같은 공간에 놓인다.

③에서 죽은 자는 살아 있는 현재의 인물이 되어 발화하고 있음을 보게 된다. 이 시는 춘향을 화자로 발화된다. 하지만 과거 모습 그대로의 춘향이 아니라, 현재화된 춘향의 모습을 하고 있다. "뇌일락하면, 멍멍한 거라요, 울어오거나, 흘려 있거나 한 거라요, 비 오는 날, 울고 있는 어쩔 수 없는 거라요"처럼 현재 시제의 구어체 종결 어미는 이 시의 화자를 보다 생동감 있게 만들고 있다.

과거의 인물들은 현재 살아 있는, 움직이는 자로 존재해 있다. 그들은 현재화되어 현재의 인물들 옆에 나란히 존재하고 있거나, 현재 인물의 목소리로 발화한다. 이들과 함께 과거에 갇혀 있던 시간은 살아 움직이게 된다. 따라서 박재삼 시에서 삶과 죽음은 소통 불능의 경계가 아니다. 죽은 자는 여전히 그 곳에 살아, 산 자와 함께 있다.

> ① 겨우 예일곱 살 난 우리를 그리 사랑하신 남평 문씨 부인은
> 　서늘한 모시옷 위에 그 눈부신 동전을 하냥 달고 계셨던 그와도 같이
> 　마음 위에 늘 또하나 바래인 마음을 관(冠) 올려 사셨느니라.
>
> ② 그것 때문에,
> 　우리를 사랑하신 그것 그 짐 때문에,
> 　어이할까나,
> 　갈앉아지기로서는,
> 　몸을 풀어 사랑을 나누기로는,
> 　바다밖에 죽을 데가 없었느니라.
>
> ③ 혼도 어여쁜 혼은, 우리의 바다에 살아 바다로 구경 나선 눈썹 위에 서, 다시 살아 어지러울 줄이야 ……
> 　밝은 날, 바다 밑이 이 세상 아니게 기웃거려지는 한려수도(閑麗水道)를 크고 너른 꽃 하나로 느껴보아라. 우리는 한시도 가만 못 있는 지껄이는 이파리 되어, 누구에게 손 잡혀 따라가며 따라가며 크고 있는가.
>
> 　　　　　　　　　　　　　　　　　　　　　　　─「어지러운 혼(魂)」 전문

이 시의 중심에는 "남평 문씨 부인"과 "우리"가 놓여 있다. 남평 문씨 부인은 '살아 있음① → 죽음② → 다시 살아남③'의 모습을 보여준다. 그 진행 속에서 남평 문씨 부인과 우리는 '사랑하심① → 이별② → 손 잡혀 따라가며 크고 있음③'의 관계를 맺어나간다. ②에서 부인의 죽음으로 만들어지는 헤어짐의 상황은 그가 바다에 그대로 살아 있음으로 하여 다시 이어지고 있다. "겨우 예닐곱 난 우리를 그리 사랑하신"으로 나타나는 부인의 모습은 ③에서 손잡아 이끌어 키우는 것으로 이어지며

심화되고 있다. 여기서 죽음은 소멸되고 다만 존재의 환치가 이루어지고 있을 뿐이다. ‘남평 문씨 부인 : 예닐곱 난 우리’의 관계는 ③에서 ‘너른 꽃-이파리’로 식물화되고 있다. 식물화되어서도 부인의 아름다움, 대상을 감싸는 넓은 품과, 어린 우리가 거기 안기는 작음의 의미 대비는 그대로 이어진다.

바다는 죽음의 공간이며 동시에 우리가 죽은 부인의 존재를 다시 확인하는 공간이다. 부인이 “우리를 사랑하신 그것 그 짐”을 버리고 “몸을 풀어 사랑을 나누는” 자유로운 곳이다. 여기서 부인과 우리는 모두 살아 있는 자로 함께 있을 수 있다. 이처럼 살아나는 죽음들을 박재삼은 봄바다에서 보고 있다.

> 화안한 꽃밭 같네 참.
> 눈이 부시어, 저것은 꽃핀 것과 꽃진 것가 여겼더니, 피는것 지는것을 같이한 그러한 꽃밭의 저것은 저승살이가 아닌것가 참. 실로 언짢달것가. 기쁘달것가.
> 거기 정신없이 앉았는 섬을 보고 있으면,
> 우리가 살았닥해도 그 많은 때는 죽은 사람과 산 사람이 숨소리를 나누고 있는 반짝이는 봄바다와도 같은 저승 어디쯤에 호젓이 밀린 섬이 되어있는 것이 아닌것가.
>
> ―「봄바다에서」 중에서

이 시에서 봄바다는 삶과 죽음, 생성과 소멸이 함께 있는 곳이다. 그러므로 “화안한” 곳이다. 봄바다에는 “꽃핀 것 / 꽃진 것, 피는 것 / 지는 것, 언짢음 / 기쁨, 죽은 사람 / 산 사람”의 경계가 없다. 봄바다가 꽃밭 같고, 눈이 부신 것은 이들이 함께 있기 때문이다. 그 봄바다의 모습은 “저승”과 “저승살이”로 이어져 나간다. “봄마다-화안한 꽃밭-저승”의 연결은 생물과 무생물, 미와 추, 이승과 저승의 구분이 무너진 혼재하는 세상을 보여준다. 그것에서 화자는 황홀함을 느끼며, 기꺼이 “저승 어디쯤이 호젓이 밀린 섬”으로 죽음을 향해 가고 있다.

그러므로 죽은 자는 살아나고 산 자는 죽음을 향해 가면서, 이승과 저
승의 경계는 무너진다.

①사람들이여
　　이승과 저승은 어디서 잘린다더냐.

　　밭에 바람이 흐르듯이
　　남쪽 바다에 햇살이 흐르네.

—「한 경치(景致)」 중에서

②얼마는 이승 쪽에 기울고
　　남은 얼마를 이승 쪽에 기운
　　눈부시어라
　　섬은 사랑의 모습이네.

—「섬」 중에서

①에서 밭에 바람이 흐르듯이 바다에 햇살이 흐르는 것과 같이 이승
과 저승은 "잘림"이 없는 동일한 세계이다 그것은 똑 같이 바람이 흐르
는 밭과 바다의 차이 정도에 지나지 않는다. 따라서 존재는 ②와 같이
이승과 저승에 자기 몸의 얼마를 두게 된다. 이승과 저승의 경계가 풀어
진 세계는 죽은 자가 산 자와 함께 있는 세계다.

박재삼에게 "살아있는 죽음"은 죽음의 극한 상황을 극복하는 방식이
다. 그것을 죽음을 거부하는 것이 아니라, 담담히 받아들이고 궁극으로
는 이를 소멸시키는 방식이다. 죽음에 대한 거부가 고체성의 단단한 세
계를 만들어낸다면, 죽음의 소멸은 액체성의 유연한 세계를 만들어낸다.
이 세계의 유연성은 단선의 고정된 세계가 아닌, 원형으로 순환하는 세
계의 기저로 작용한다. 순환에서 갇힌 시간과 그 안에 들어 있던 존재들
은 해체되어 풀리게 된다. 그리고 해체는 순환으로 나타난다.

3. 순환으로서의 해체

1) 순환 지속의 상관물

박재삼 시에서 모든 존재들은 순환하는 지속의 양상을 보여준다. 순간
이며 동시에 영원하며, 처음이고 끝인 순환선 위에 위치한다.

  ①뉘라 알리,
    어느 가지에서는 연신 피고
    어느 가지에서는 또한 지고들 하는
    움직일 줄을 아는 내 마음 꽃나무는
    (…중략…)
    못 이겨 그냥 그
    웃어진다 울어진다 하겠네.

—「자연(自然)」 중에서

  ②형(刑)틀에 매여 원통하던 일을 이승에서야 다 풀고 갔으련만
    저승에 가 비로소 못 잊겠던가
    춘향이 마음은 조롱조롱 살아 다시 열렸네.

—「포도(葡萄)」 중에서

  ③바야흐로
    갈매기 두어 마리
    무심(無心) 끝에 날으고
    돛단배 가물가물
    먼 나라로 갈 듯이 떴네.

    오 안스러운 것,
    하얀 하얀 저것들,

어디까지 가서야 지치는 것이랴,
지쳐서는 다시 돌아오는 것이랴.

―「한 경치(景致)」 중에서

①에서 "피다 / 지다", "웃어진다 / 울어진다"는 서로 다른 현상이나 행위가 아니라, 결국 순환하는 하나의 사실이다. 그 끝없는 존재의 순환이 곧 "자연"의 본질이다. ②에서 "포도"는 "춘향"의 환생이다. 저승에서 그의 못 잊는 원통함이 이승으로 "조롱조롱 살아"난 대상이다. ③에서 갈매기와 돛단배는 먼 나라로 갈 듯이 떠 있지만, "지쳐서 돌아"온다. "가다"는 다시 "오다"를 만들어낸다.

그의 시에 자주 드러나는 물 이미지들은 존재의 순환성을 드러내는 중요 상관물이다. 그의 시에는 "눈물·안개·구름·아지랑이·물·강·바다" 등 액체성의 시어들이 많이 등장한다.

① 내 눈물 마른 요즈음은
눈에도 아니 비치는 갈매기야.
(…중략…)
눈물 속에 새로 또
눈물 나던 것이네.

―「눈물 속의 눈물」 중에서

② 햇볕이 넘쳐나 절로 눈물나는
우리나라의 하늘을 닮은
우리 마음이긴 하고

우리 나라의 하늘에 뜬 **구름**과 같이
욕심없이 넉넉할 따름인
우리 마음이긴 하지만,

―「우리 마음」 중에서

③한 노래의 자지러진 가락에서 풀리어

　　물이 듣는 완곡한 대목에 이르듯

　　가을바다는 있고나.

—「가을 바다」 중에서

①에서 눈물은 "눈물 속의 눈물"로 물의 겹쳐짐을 보여준다. 또한 "갈매기"는 물과 관련되는 새이며, 이로 말미암아 눈물은 바다의 이미지를 갖게 된다. ②에서 "우리 마음"은 "눈물, 구름"으로 액체화되어진다. 또한 이 액체화는 "햇살이 넘쳐나"로 햇살에서도 이루어진다. ③의 "물"과 "가을바다"는 "풀리다"란 서술어를 매개로 하여 놓여 있다.

이로 보면 물의 이미지와 함께 다른 대상들도 액체화되고 있음을 알 수 있다. 존재들은 액체화되어 흘러가는 것, 유동적인 것으로 변화한다. 이에 따라 존재는 일회적인 것, 고립된 것이 아니라 시간을 넘어서는 지속성을 획득하게 된다.

　①집을 치면, 정화수(精華水) 잔잔한 위에 아침마다 새로 생기는 물방울 의 신선한 우물 집이었을레. 또한 윤이 나는 마루의, 그 끝에 평상(平床)의, 갈앉은 뜨락의, 물냄새 창창한 그런 집이었을레. 서방님은 바람 같단들 어느 때고 바람은 어려올 따름, 그 옆에 순순(順順)한 스러지는 물방울의 찬란한 춘향이 마음이 아니었을레.

　②하루에 몇 번쯤 푸른 산 언덕들을 눈 아래 보았을까나. 그러면 그때마다 일렁여오는 푸른 그리움에 어울려, 흐느껴 물살짓는 어깨가 얼마쯤 하였을까나. 진실로, 우리가 받들 산신령(山神靈)은 그 어디 있을까마는, 산과 언덕들의 만리 같은 물살을 굽어보는, 춘향은 바람에 어울린 수정(水晶)빛 임자가 아니었을까나.

—「수정가(水晶歌)」 전문

위에서 춘향은 "수정(水晶)빛 임자"로 비유된다. "수정빛"은 투명한 물의 빛이다. 수정은 그 자체가 고체화된 물의 이미지를 지닌다. 이 시에서

춘향은 액체 이미지와 함께 시 전체를 가득히 채우면서, 과거의 인물만
이 아닌 현재의 인물로 살아나고 있다.

화자는 ①에서 춘향의 마음을, ②에서는 그의 행동을 진술하고 있다.
①에서 춘향의 마음은 "우물집, 물넘새 창창한 집"으로 비유된다. 이들은
다시 "정화수―물방울―우물 집 / 갈앉은 뜨락―물넘새 창창한 그런 집"
으로 액체성의 계열을 이루며 서술되고 있다. "집"이란 공간이 액체화되
면서 춘향이 기다리는 "서방님"은 바람이 되어 물에 어려오게 된다. 집
은 형체가 없는 바람의 존재를 인식하기 어려운 곳이며, 바람이 머물 수
도 없는 곳이다. 그러나 집이 "정화수, 새로 생기는 물방울" 등 맑은 물
로 액체화되면서 바람은 어느 때고 이에 어리게 되며, 춘향은 그와 만나
게 된다. 물은 춘향의 기다림을 날마다 새로운 것으로 만들고 있으면서,
서방님과의 만남을 이뤄내는 대상으로 작용하고 있다.

②는 "하루에 몇 번쯤 푸른 산 언덕들을 굽어보는" 춘향의 행동에서
시작한다. "일렁여오는 푸른 그리움, 흐느껴 물살짓는 어깨, 산과 언덕들
의 만리 같은 물살"로 그리움과 춘향의 어깨, 산과 언덕 등은 액체화되
고 있다. 이로서 대상들의 동적인 움직임과 가득한 일렁임, 아득한 거리
감이 구체적으로 살아난다. 또한 이들 액체화된 대상들은 "수정빛 임자"
라는 춘향과 동일 계열을 이룸으로써, "그리움과 흐느낌과 산과 언덕"의
먼 거리 끝에서 춘향의 "수정빛"이 가능해짐을 말해준다. "수정빛 임자"
는 ②의 마지막 진술에서 부분에서 "바람에 어울린"이 되어 ①과 같이
서방님과 만나는 존재가 되고 있다.

이 시에서 사물들은 모두 액체화되어 흐르고 있다. 이 흐름 속에서 춘
향은 과거를 넘어 현재로 지속하는 인물로 드러나고 있다. 이 시를 발화
하는 화자는 "집이었을레, 아니었을레(①), 보았을까나, 하였을까나, 아니
었을까나(②)"로 진술하고 있다. 이러한 진술 형태는 춘향은 과거에 존재
하는 대상이고, 화자는 그 대상을 현재에서 추측하고 있음을 드러낸다.
즉 각 발화의 종결부는 "집이었(춘향―과거) / 을레(화자―현재의 추측)"처럼

과거 사실과 현재 사실의 결합 구조로 되어 있다. 이러한 형태의 진술에 의하여 춘향은 현재적 인물로 살아나고 있다.

　박재삼은 춘향을 현재로 살려내면서 그의 갇힌 삶을 현재로 풀어내고 있다. 물은 그 풀어냄이 이루어지는 매개물이다. 춘향은 물이 될 때 비로소 갇힘에서 풀려난다. "어느 때고 바람은 어려올 따름, 그 옆에 순순(順順)한 스러지는 물방울, 바람에 어울린 수정(水晶)빛 임자"으로 표현되는 춘향은 자신의 한계가 되는 상황에서 벗어나 있다. 그것은 "서방님은 바람 같다"란 잡을 수 없는 무형의 대상과 조우할 수 있는 몸바꿈이 되기 때문이다.

　박재삼의 시에서 '바다'는 액체성의 극대화된 공간으로 모든 것들이 죽어 모이는 곳이다. 죽은 존재들로 가득한 바다는 또한 살아남의 바다이기도 하다. "사람이 죽으면 물이 되고 안개가 되고 비가 되고 바다에나 가는 것이 아닌것가"(「가난한 골목에서는」)는 이러한 바다와 삶과 죽음의 모습을 단적으로 드러내는 진술이다.

　　　고향 앞바다에는
　　　꿈이 아니라고 흔드는
　　　수만 잎사귀의 미루나무도 있고,
　　　미칠 만하게 흘러내리는
　　　과부의 찬란한 치마폭도 있고,

　　　무엇도 있도 무엇도 있고
　　　바다에서처럼 어리벙벙하게
　　　많이 있는 것은 없는가.

　　　그러나 나는 한 가지
　　　사람이 죽어
　　　비록 형체는 없더라고 남기게 되는

반짝이는 것, 흔들리는 것은
꽃비늘로 환하게 둘러쓸 것을
마흔 한 해 동안 고향 앞바다 보고
제일 많이 배운 바이다.

—「바다에서 배운 것」 전문

화자인 나에게 고향 앞바다는 "미루나무, 과부의 찬란한 치마폭"처럼 유년의 기억과 사실들이 존재하는 곳이다. 그것은 "무엇도 있고 무엇도 있고"로 "많이 있는" 존재의 가득함으로 채워져 있다. 이들 존재는 모두 현재 사라지고 없는 것들이다. 이곳에 존재하지 않는 것들 모두가 바다 안에는 존재한다. 따라서 사람이 죽어 비록 형체가 없더라도 남은 반짝이는 것, 흔들리는 것은 바다에서 꽃비늘을 환하게 둘러 쓸 것임을 마흔 한 해 동안 고향 앞바다를 보고 배운다.

바다는 죽은 자들로 가득 채워진 저승의 공간이다. 그러나 바다의 모습은 어둡고 부정적이지 않다. 그 안에서 존재의 모습은 바다에 가기 전 이승에서의 모습과 대조를 이룬다. 미루나무는 꿈이 아니라고 수만 잎사귀를 흔들고, 미칠 만하게 흘러내리던 과부의 치맛자락은 찬란함으로 바뀐다. 죽음으로 사라진 형체는 "반짝이는 것, 흔들리는 것"을 남긴다. 이들은 "꽃비늘로 환하게 둘러쓴" 존재로 바다에 있다. 죽음은 "꽃, 환하다"로 나타나는 화려한 세계다. 그것은 '바다'가 순환의 정점에 놓이는 공간이기 때문에 가능해진다. 그것은 사라짐 또는 죽음이며 동시에 살아남과 탄생이기도 하다.

존재는 소멸에서 그치는 것이 아니라, 물이 되어 순환하여 다시 돌아온다. 이는 박재삼 시에서 죽음과 소멸이 비극성이란 일반적 의미에서 벗어나 있게 하는 궁극의 기제이다. 죽음 또는 소멸 뒤에는 언제나 돌아옴이 있다. 따라서 그의 시에서 슬픔에는 달콤한 낭만성이 깃들여지게 된다. 슬프지만 이마저 아름다움이 박재삼 시에 나타나는 슬픔의 독특한

컬러다. 이러한 면모는 그의 시에서 달관하는 화자로 나타난다. 비극적
인 상황에서 화자는 슬픔을 절규나 한탄의 형태로 노출하는 것이 아니
라, 부드럽고 따스한 어조로 감싸 안는다.

2) 달관 또는 돌아감의 화자

슬픔과 가난, 죽음 등은 박재삼 시를 이루는 중심 상황이다. 화자는
이의 서술자이므로 상황의 중심에 놓여 있거나, 대면하게 된다. 그의 시
에서 화자는 비극적 상황에 몰입하지 않고 이들에서 벗어서 여유로운
시선으로 바라본다. 따라서 그의 슬픔은 밝고 가벼우며 아름답다. 낭만
성이 깃들어 있는 슬픔이다.

① 구름도 폴폴 날 듯이
　　이제는 소복하고 나들이를 하네
　　아이 구름도 그 옆에 거느리고 ……
　　밝고도 아슬한 슬픔이여.

—「구름의 나들이」 중에서

② 사람이 살아가는 그 어려운 길도
　　아득한 출렁임 흔들림 밑에
　　그것을 받쳐주는 슬프고도 아름다운
　　노래가 마땅히 있는 일이라!

—「사람이 살아가는 길 밑에」 중에서

③ 또한 나의 노래여, 노래여.
　　슬픔이거들랑 저럴진저.
　　그 너머 기쁨이거들랑 저럴진저.

—「소곡(小曲)」 중에서

　①에서 슬픔이나 괴로움의 모습은 부정적이지 않다. "밝도고 아슬한 슬픔(①), 슬프고도 아름다운 노래(②), 슬픔 너머의 기쁨(③)" 등으로 반대 되는 긍정적 가치를 동시에 내포하고 있다. 따라서 화자는 슬픔 뒤에 궁극의 아름다움을 찾아내고 있다. 아름다움은 슬픔으로 인하여 더욱 그 선명성이 더해진다.

<blockquote>
새벽 서릿발을 밟으며
어머니는 장사를 나가셨다가
촉촉한 밤이슬에 젖으며
우리들 머리맡으로 돌아오셨다.

선반엔 꿀단지가 채워져 있기는커녕
먼지만 부옇게 쌓여 있는데,
빚으로도 못 갚는 땟국물 같은 어린것들이
방안에 제멋대로 뒹굴어져 자는데,

보는 이 없는 것,
알아주는 이 없는 것,
이마 위에 이고 온
별빛을 풀어놓는다.
소매에 묻히고 온
달빛을 털어놓는다.
</blockquote>

—「어떤 귀로」 전문

　이 시는 유년 시절의 아픈 기억을 그리고 있다. 화자가 기억하는 궁핍의 모습은 새벽에 장사를 나가 밤늦게 돌아오는 어머니를 중심으로 이루어진다. 장에 나간 어머니의 비어 있음은 2연에서 "부옇게 싸인 먼지, 아무렇게나 뒹굴며 자는 땟국물 같은 어리것들"처럼 슬픈 장들을 만들어낸다.

그러나 이 슬픔은 3연에서 밤이슬에 젖으며 돌아온 어머니가 "이마 위에 이고 와 풀어놓는 별빛"과, "소매에 묻히고 온 달빛"에 의해 덮이고 있다. 어머니의 이마와 소매는 장사 나간 어머니의 노동과 고달픔을 상징적으로 드러낸다. 그러나 그 노동과 고달픔에는 별빛과 달빛의 반짝임 아름다움이 겹치고 있다. 2연에서 "부옇다, 땟국물" 등이 만드는 불투명의 어두운 슬픔은, 3연에서 "별빛, 달빛"에 의해 환하게 변하고 있다. 또한 "풀어놓는다, 털어놓는다"는 별빛과 달빛으로 가득차는 정경을 그려내고 있다.

슬픔의 어두움이 빛으로 가득차는 정경은 그의 시에서 자주 나타나는 '반짝임, 빛남'에서 다시 확인할 수 있다.

① 강물로 우리는 흘러가다가 마음드는 자리에 숨어 와보면, 머언 그 햇볕 아래 강물만큼은 반짝인다 반짝인다 할 것 아닌가. (…중략…)

무시(無時)로 낭패하기 쉬운 어지럼병이 우리를 잡아가, 우리는 썩어질 몸밖에 안 남는다 할지라도, 우리의 울음의 구슬 속에는, 문득 반짝이는 소나무가 한그루 정확하게 서 있던 게 아닌가.

—「한낮의 소나무에」 중에서

② 강바닥 모래알 스스로 도는
진주 남강 물 맑은 물갈이는,
새로 생긴 혼이라 반짝어리는,
진주 남강 물빛 맑은 물갈이는,
사람은 애초부터 다 그렇게 흐를 수 없다.

—「남강 가에서」 중에서

③ 그렇다,
너를 사랑하였을 적에는
나에게도 신바람나는 장단으로

머리카락이 바람에 출렁대기도 하더니
결국은 바다에 드는 강물로서 그 소리 없어지고
찬란한 반짝임을 남을 일이다.

— 「찬란한 반짝임만」 중에서

위에서와 같이 "반짝인다, 반짝이는, 반짝어리는, 반짝임" 등의 시어는 자주 발견된다. 또한 이들은 모두 물에서 만들어지는 현상임을 공통으로 하고 있다. ①~③은 모두 강물의 반짝임이다. 이때 강물은 존재의 순환을 드러내는 것이고, 반짝임은 순환하고 있는, 형체를 잃은 존재의 드러냄이다. ①에서 "강물로 흘러가는 우리", ②에서 "진주 남강의 새로 생긴 혼이 반짝어림", ③에서 "바다에 드는 강물이 되어 남은 반짝임"에서는 모두 죽음이란 존재의 소멸이 반짝임으로 나타나고 있음을 알 수 있다. '반짝임'은 존재하는 것이며, 동시에 존재하지 않는 것이다. 순간이며 가벼움, 빛남을 속성으로 한다. 그것은 죽음을 넘어선 상태이다. 이러한 사실에서 화자는 죽음의 문제를 밝음으로 받아들이게 된다. 반짝임은 죽음의 채색화된 가벼움이다. 존재의 투명한 흔적이며, 순환하는 존재가 현현하는 화려한 순간이다. 따라서 죽음에 대한 시선은 따스하고 아늑하다.

나를 하염없이 눈물나게 하는, 풀잎 촉트는 것, 햇병아리 뜰에 노는 것, 아지랑이 하늘 오르는 그런 것들은 호리만치라도 저승을 생각하랴. 그리고 이들과 가장 가까운 곳에서 아주 이들을 눈물나게 사랑하는 나를 문득 저승에 보내 버리기야 하랴.

그렇다면 이 연연(戀戀)한 상관(常關)은 어느 훗날, 가사(假使)일러 도도(滔滔)한 강물의, 눈물겨운 햇빛에 반짝이는 사실이 되어도 무방한 것이 아닌가. 얼마 동안은 내 뼈 녹은 목숨 한 조각이, 얼마 동안은 이들의 변모한 목숨 한 조각이, 반짝인다 하여도 좋다. 혹은 나와 이들이 함께 반짝인다 하여도 좋다.

그리하여 머언 먼 훗날엔 그러한 반짝이는 사실을 훨씬 넘어선 높은 하늘의,

땅기운 가득한 그런 데서 나와 이들의 기막힌 분신(分身)이, 또는 변모(變貌)가
용하게 함께 되어 이루어진, 구름으로 흐른다 하여도 좋을 일이 아닌가.
―「천지무획(天地無劃)」 전문

　　이 시에서 저승은 거부의 대상이 아니다. 나와 내가 사랑하는 대상들
이 "함께 되어 흐르는 구름"으로 다시 나는 곳이다. 1연에서는 화자는
"호리만치라도 저승을 생각하랴, 나를 문득 저승에 보내 버리기야 하랴"
처럼 대상, 또는 내가 저승과 멀리 있으며, 그곳으로 갈 것이란 것에 대
하여 의심하고 있다. "풀잎 촉트는 것, 햇병아리 뜰에 노는 것, 아지랑이
하늘 오르는 그런 것들"이나 "나"가 저승과 멀리 있음이 드러난다. 전자
들은 모두 아직 어리고 앳된 것들이고, 나는 이들과 가까운 곳에서 이들
을 눈물나게 사랑하기 때문이다.
　　그러나 2연에서 "도도(滔滔)한 강물의, 눈물겨운 햇빛에 반짝이는 사실
이 되어도 무방한 것이 아닌가. 얼마 동안은 내 뼈 녹은 목숨 한 조각이,
얼마 동안은 이들의 변모한 목숨 한 조각이, 반짝인다 하여도 좋다. 혹은
나와 이들이 함께 반짝인다 하여도 좋다"와 같이 죽음을 담담하게 받아
들이고 있다. 이러한 죽음에 대한 수용은 3연에서 "먼 훗날"로 이어지면
서 나와 이들이 구름과 하나되기를 꿈꾼다. 그가 머무는 이승은 눈물나
게 사랑한다 할지라도 나와 대상들은 분리되어 있는 곳이다. "나 / 풀잎
촉 트는 것"으로의 단절은 저승에 와서 "구름"으로 둥글게 하나가 된다.
　　화자의 이러한 죽음에 대한 생각은 이 시가 가진 발랄한 리듬감에서
도 확인할 수 있다. 연의 구별은 되어 있지만 행갈이는 되지 않은 산문
시의 형식을 취하고 있으면서도, 박재삼은 쉼표의 빈번한 사용으로 늘어
짐을 방지하고 경쾌한 율동감을 부여한다. 쉼표에 의한 휴지로 음보를
나누어 보면 다음과 같다.

　　① 그리하여 / 머언　먼 / 훗날엔 // 그러한 / 반짝이는 / 사실을 // 훨씬　넘어선 / 높

갇힌 시간과 그 해체　201

은 / 하늘의,
②땅기운 가득한 / 그런 데서 / 나와 // 이들의 / 기막힌 / 분신(分身)이,
③또는 변모(變貌)가 / 용하게 함께 되어 / 이루어진,
④구름으로 / 흐른다 하여도 / 좋을 일이 아닌가.

뒤로 갈수록 휴지의 길이가 짧아지면서 가벼워지는 형태를 취하고 있다. 이 형태의 가벼움은 '삶→죽음'으로 나아가는 내용 전개와 연결되면서, 죽음의 가벼움이란 의미를 강화한다.

리듬감 또한 화자 내면의 낭만성을 드러내 준다. 이 시는 3음보가 규칙적으로 반복하고 있다. 이는 안정적인 운동감이 느껴지는 동적 운율이다. 휴지로 끊은 마디의 첫음에 "그리하여(①)—땅기운(②)—또는(③)—구름으로(④)"로 'k-t'-t'-k'의 두운이 배치하고 있는 점과, ③에서 개구도가 높은 /a/사운드의 어말 어미(아닌가)를 쓰고 있는 점 등은 이 시가 산문시이면서도 리듬감이 잘 살아나게 만드는 요인들이다. 그 리듬감이 시의 낭만성과 관련됨은 물론이다.

화자의 낭만성은 박재삼 시에서 절묘한 어미 사용, 특질에 따른 사운드의 배치 등으로 언어 미감을 살려내는 것이 가능하도록 작용하고 있다. 이러한 점을 잘 보여주는, 성공하고 있는 시가 그의 절창 「울음이 타는 가을강(江)」이다.

①마음도 한자리 못 앉아 있는 마음일 때,
　친구의 서러운 사랑이야기를
　가을 햇볕으로나 동무 삼아 따라가면,
　어느새 등성이에 이르러 눈물나고나.

②제삿날 큰집에 모이는 불빛도 불빛이지만,
　해질녘 울음이 타는 가을강(江)을 보겄네.

③ 저것 봐, 저것 봐,
　네보담도 내보담도
　그 기쁜 첫사랑 산골 물소리가 사라지고
　그 다음 사랑 끝에 생긴 울음까지 녹아나고
　이제는 미칠 일 하나로 바다에 다 와 가는
　소리죽은 가을강을 처음 보것네.
—「울음이 타는 가을강(江)」 전문

　이 시는 인간과 자연, 산 자와 죽은 자의 돌아감과 돌아옴, 물의 흘러
감과 다시 돌아옴 등으로 중층적인 순환의 고리들이 서로 절묘하게 연
결되면서 슬픔의 감미로움을 잘 그려내고 있다. 이 슬픔의 감미로움이
언어의 울림에서도 즉각적으로 살아난다.

　①에서 화자인 나의 "마음도 한 자리 못 앉아 있는 마음"에는 "친구의
서러운 사랑이야기"로 슬픔이 더해진다. 여기에 "가을 햇볕"을 동무로 끌
어들이면서 가을이 주는 이별의 의미도 슬픔에 부가된다. 인간과 자연이
모두 헤어짐이란 슬픔을 공유하고 나서 이르는 곳은 "등성이"이다. 이는
나와 친구, 가을 햇빛이 처한 슬픔의 상황이 극에 처한 공간으로, 삶의 애
상과 고달픔을 상징적으로 드러낸다. "눈물나고나"는 '나〈친구〈가을 햇
빛'으로 점진적으로 확대되어 가던 슬픔의 정점을 드러내 준다.

　이 슬픔의 정점인 공간에서 화자가 보는 것은 "제삿날 큰 집에 모이는
불빛"과 "해질녘 울음이 타는 가을강"이다. 이들은 '불빛'과 '타다'의 불
과 밝음, 붉은 색 등의 의미를 공유하면서 소통하고 있다. 제삿날은 죽은
자가 회귀하는, 산 자와 죽은 자의 만남이 이루어지는 시간이다. 이와 함
께 강은 가을이란 회귀의 계절에 놓여 있고, 끝인 바다로 "다 와 가는"
존재이다. 바다는 강의 죽음의 공간이며 동시에 다시 회귀하는 공간이다.
그 회귀의 직전 "울음이 타다"는 극한의 슬픔이 작렬하는 순간이며 동시
에 불타서 사라지는 순간이다. 강렬한 표출의 순간이며 동시에 소멸의
순간이다. 앞의 진술에서 불빛과 열어둔 인간과의 소통에 의해, "타는 울

음"의 슬픔은 나와 친구 등 삶의 슬픔으로 전이되고 있다. '타는 울음'은 사람과 강에 공통되는 슬픔의 현상이다.

③의 진술에는 강과 삶이 함께 흘러가는 현상을 담고 있다. '산골 물소리—강—바다'로의 흐름에는 '첫사랑—그 다음 사랑—미칠 일', '기쁨—울음—미침'이 함께 병렬하고 있다. 죽음을 향해 가는 물과 슬픔의 극한을 향해가는 삶의 모습이 대응하고 있는 것이다. 따라서 물의 순환과 함께 슬픔은 그 끝에서 다시 기쁨으로 돌아오게 된다. 사랑의 이별이나 죽음은 끝에 놓인 절망이 아니라, 새로운 시작과 다시 돌아옴을 내포하고 있다. 가을과 저녁으로 나타나는 시간의 순환, 물의 순환, 삶과 죽음의 순환, 이별과 만남의 순환 등 중층적인 순환의 대상들을 배치되어, 그 궤를 같이하고 있다.

그러므로 화자의 이별이나 슬픔에는 감미로움과 달콤함이 배이게 된다. 이러한 화자의 낭만성은 이 시의 발랄한 율동감과, 소리의 조직, 어조 등에 나타나 시적 미감을 만들어낸다.

이 시는 "마음도/ 한 자리 // 못 앉아 있는/ 마음일 때"와 같이 2음보 반복형에서 살아나는 발랄한 리듬감을 갖고 있다. 또한 이 발랄함 위에 /a/와 /o/모음과 /m, n, l/ 등의 자음을 조밀하게 배치함(1행에는 '마음도 한 자리 못 앉아 있는 마음일 때'와 같이 15개 음절 중 양성모음이나 유성자음을 사용하지 않은 어절이 단 1개뿐이다)으로써 밝고 부드러운 분위기를 더하고 있다. 이들이 시에 나타나는 슬픔의 정서나 상황을 낭만적인 것, 아름다운 것으로 만들고 있음은 물론이다. 또한 "눈물나고나, 보것네"의 종결형태에서 나타나는 어조 역시 다감한 소년의 목소리로 슬픔에 따스한 느낌이 가미되어 나타난다. 낭만성은 순환으로 해체되어 풀리는 슬픔에서 가능해진 것이다.

4. 열림과 낭만성

박재삼은 1970년대 전통의 세계 안에서 새로운 시적 가능성을 모색해
가고, 그것에 성공한 시인이다. 그의 시에서 느껴지는 미적 감동은 서정
시가 담지하고 있는 고유의 힘을 깨닫게 한다. 박재삼의 시에는 슬프고
아프면서도 이에 함몰되지 않는 낭만성을 담고 있다. 이 낭만성은 어디
에서 말미암는 것일까? 그것은 근본적으로 순환하는 세계의 유연성에서
비롯되고 있다. 비극적 상황에 대한 낭만성은 비극성을 극복해내는 지혜
이다. 본고는 박재삼 시의 이러한 측면에 대하여 살펴본 것이다.

박재삼 시의 시간은 갇혀 있는 시간이다. 현재는 과거에 의해 지배되
는 시간이다. 따라서 현재의 독자성을 상실한 채 과거에 의해 조종된다.
개방적인 시간이 아니라, 폐쇄된 시간이다. 현재에는 언제나 과거의 기
억, 과거의 흔적들이 덧입혀진다. 그러나 과거의 인물들은 이미 사라진
대상이 아니라, 현재에까지 이어지는 대상이다. 그들의 삶의 모습은 지
속적으로 현재 삶에 살아나고 있다. '춘향, 흥부, 심청, 죽은 누이와 남평
문씨' 등 박재삼의 시에 중요 모티프가 되고 있는 인물들은 과거 안에
갇힌 박제된 인물이 아니다. 그들은 현재를 살아가는 이들의 삶의 모습
과 겹쳐지면서, 현재에 살아나며 현재를 살아가는 이들의 삶의 모습으로
드러난다. 이들은 모두 삶의 질곡에 갇혀 있던 인물들인데, 박재삼은 이
들을 시 속에 살려냄으로써 그들을 갇힌 삶으로부터 풀어낸다.

갇힌 시간 속의 존재들은 과거로부터 현재화되는 동적 양상을 갖고
있다. 그 동적인 움직임에 의하여 갇힌 시간은 해체되어 풀리고 있다. 그
리고 해체는 순환의 모습을 보여준다. 순환으로 해체되는 과거에 대한
시는 흔히 보는 과거에 대한 단순한 독백으로서의 서정시와 변별된다.
박재삼은 과거를 정지된 상태로 두는 것이 아니라, 그 세계에 적극적으
로 개입, 변형함으로써 자기화된 세계를 만들어 낸다. 여기서 박재삼 시

가 갖고 있는 서정의 변별성이 가능해진다.

그의 시에서 이미 죽은 과거의 인물들은 죽지 않고 살아 있다. 살아서 산 자와 만나며, 생생한 목소리로 말을 건네고 있다. 그에게 죽음은 존재의 끝만을 의미하는 것이 아니라, 끝이면서 동시에 새로운 시작을 의미한다. 존재는 죽음으로 사라지는 것이 아니라, 순환하여 지속된다. 박재삼 시에서 액체성을 지닌 이미지들은 이 순환 지속의 상관물이 되고 있다. 그의 시에는 '물·안개·눈물·구름·강·바다' 등의 액체성의 이미지를 드러내는 시어들이 매우 많다. 또한 액체가 아닌 '햇빛·살구꽃·녹음·노래' 등의 대상들로 '흐르다·넘치다·풀리다' 등의 서술어에 의해 액체화된다. 액체로 가득 차 있는 세계가 박재삼의 시다.

물의 순환과 함께, 액체화된 세계는 순환하는 세계이다. 죽음은 삶과, 이별은 만남과, 슬픔은 기쁨과 이어진다. 이에서 박재삼 시에서의 달관의 화자가 만들어진다. 그에 시에 나타나는 화자는 비극적 상황에 함몰되어 슬픔의 감정을 그대로 노출하거나 한탄하는 화자가 아니다. 지극히 비극적인 상황에 처해 있지만, 그는 슬픔마저 달콤한 낭만성을 보여준다. 경쾌한 운율, 가벼움과 발랄함을 살려내는 종결 형태, 비극적 상황을 간접화시키는 보고하기의 서술 방식 등은 모두 이에 기여하는 문학적 장치들이다.

화자는 비극적 상황의 극점에서 다시 돌아갈 것을 인지하고 있다. 끝이 아니라 새로운 시작이다. 이러한 인식은 그의 시에서 섬세한 서정, 서정의 깊이를 이루고 있다. 새로운 서정의 지평을 열어, 우리시가 나아가 새로운 가능성 열어놓고, 그 방향성을 제시해 준다.

그러나 낙관주의에 의거한 현실 문제에 대한 도외시, 지나치게 정서에 치중되어 지적인 면이 부족한 점, 시작 기간 동안 발전적이지 않고 동어반복의 상태에서 벗어나지 못한 점, 실험성의 부재, 존재에 대한 끈질긴 탐구의 측면을 보여주지 못하고 있는 점 등은 그의 한계로 지적될 수 있는 문제들이다. 그렇다 할지라도 서정시의 무게와 깊이가 어디에서 비롯

되고 어떠한 양상으로 구현되어야 하는지의 한 가능성을 뚜렷하게 보여
주었다는 점에서 우리시사는 박재삼을 피해갈 수 없을 것이다.

참고할 문헌

오탁번, 「모성 이미지와 화합의 시정신」, 『현대문학』, 1977.8.
박재삼, 「특집 현대시의 계보」, 『심상』, 1979.10.
박철희, 「박재삼 시작품의 정체」, 『아득하면 되리라』, 정음사, 1984.
오세영, 「아득함의 거리-박재삼론」, 『현대시』, 1991.7.
이경교, 「맺힘과 풀림의 미학」, 『한국현대시정신사』, 집문당, 1995.
이경수, 「서정주와 박재삼의 '춘향' 모티프 시 비교연구」, 고려대 민족문화연구소,
　　　　『민족문화』 29호, 1996.
심재휘, 『한국 현대시와 시간』, 월인, 1998.
이명희, 『현대시와 신화적 상상력』, 새미, 2003.

타오름과 다스림의 시

허영자론

김현자

1. 짧고 강한 서정시의 힘

우리의 현대시사는 상처투성이의 삶의 질곡을 감싸 안고 초극하려는 시인들의 투지와 언어적 상상력의 찬란한 행보에 의해 이루어져 왔다. 시적 완성의 매순간이 모두 치열하고 지난한 산고의 아픔에서 이루어졌 겠지만, 이 과정에서도 여성 시인에게 부하된 짐은 각별한 것이었다. 그 들은 역사, 정치, 사회, 일상이라는 두터운 장벽은 물론이고, 여성이라는 특별한 굴레 즉 정치적 마이너리티로서 또는 정신적 피압자로서의 또 다른 장벽을 넘어야 했기 때문이다.

1960~70년대를 건너며 여성시의 확장과 다산이 이루어지지만, 그들의 목소리가 어떤 측면에서 화려한 폭발음보다는 정결한 응결체로서 더 두 드러지게 나타나는 것은 이러한 배경과 무관하지 않다. 그 대표적인 시

인이 바로 허영자라 할 수 있는데, 대립적인 세계와 욕망들을 정결한 언어로 응집시키고 불꽃의 에너지에서 하나의 생명을 피워내는 시세계는 여성시가 일구어낸 하나의 시적 전술이자, 서정시인의 진지한 대결의식의 결과라 할 것이다.

허영자의 시 세계는 전통적 요소와 그것을 뛰어넘는 변혁의 요소, 보편성과 개성이라는 대립적인 요소들의 조화로운 공존, 시어의 상반성을 절묘하게 조화시키는 역설의 기법 등에 의해 한국문학사에서 매우 뚜렷한 위치를 차지하고 있다. 1962년『현대문학』지를 통해 등단, 오늘에 이르기까지 40여 년 간 꾸준히 시작활동을 전개한 그의 시는, 님을 향한 단아하고 한결같은 연정을 이와는 상반되는 대담한 이미지로 구체화함으로써 긴장을 놓치지 않게 만드는 어법이나, 고도로 압축적인 절제된 시어, 관념적이고 추상적인 감정들을 선명하게 구체화시키는 감각적인 기법 등으로 그 시 세계를 탄탄히 하고 있다. 한국적 정서를 바탕으로 한 감성적 요소, 간결한 함축미, 짜임새 있는 극적 구성 역시 그의 시 세계에서 돋보이는 시작(詩作) 원리이다.

동시대의 여성시인들과 더불어 허영자의 시는 전통적 서정의 연속선상에서 출발한다. '님'·'기다림'·'눈물' 등의 감성적 이미지, 수동적인 여성 화자, 기도와 희구의 간절한 어조, 그리움과 사랑의 주제가 참회와 부끄러움을 동반하는 염결의식 등을 통하여 허영자의 시는 우리 시에서 여성시의 전형을 이루었다. 특히 그의 시는 극기와 절제로 전통적 서정을 응집하여 서정시를 한 차원 높였다는 평가를 받아왔는데, 이러한 전통시와의 연계성과 더불어 대담하고 강렬한 이미지, 중심 시어인 사랑을 구체화하는 감각의 전이 등은 그의 시 세계가 지닌 강력한 힘과 신생의 의지로 시인이 시도한 일탈과 변용의 세계를 열어 보였다. 전통적 요소와 이를 넘어서는 새로운 시도들의 팽팽한 긴장, 이것이야말로 허영자 시의 생명력에 활기를 불어넣는 원리이며 시사에서 그를 독보적으로 자리매김하게 한 힘인 것이다.

짧은 서정시의 힘은 섞임이 아닌 순수의 응집에, 독해가 아닌 서정에 있다. 허영자의 시는 이러한 서정시의 본령을 충실히 구현해 내고 있다. 그의 시가 보여주는 날카롭고도 섬세한 서정은 한줄기 섬광이나 비수처럼 읽는 이의 마음을 찌른다.

2. 전통적 요소와 감각의 생동성

관념을 구체화하는 것이 이미지의 역할이라고 할 때, 허영자 시에서는 서정을 감각적 이미지로 전이시키는 남다른 힘이 발견된다. 그리고 이것이야말로 그의 시를 전통의 새로운 계승이라는 자리에 놓게 하는 핵심적인 요소라 할 것이다.

그의 시의 근원은 전통적인 여성의 세계와 이어져 있다. 님을 그리워하는 사랑의 노래도 그렇고, 「자수」·「떡살」·「빗」 등의 일련의 시들이 갖는 소재적인 특성도 그렇다.

마음이 어지러운 날은
수를 놓는다.

금실 은실 청홍(靑紅) 실
따라서 가면
가슴 속 아우성은 절로 갈앉고

처음 보는 수풀
정갈한 자갈돌의
강변에 이른다.

남향 햇볕 속에
수를 놓고 앉으면

세사 번뇌
무궁한 사랑의 슬픔을
참아 내올 듯

머언
극락 정토 가는 길도
보일 성싶다.

— 「자수」 전문

그의 대표시 중의 하나인 「자수」에서 화자는 "금실 은실 청홍(靑紅) 실 / 따라서 가면 / 가슴 속 아우성은 절로 갈앉고"이라고 노래하며, 전통적인 규방의 품격을 현대시에 되살려내고 있다. '금실'과 '은실', '청홍실'이 환기하는 색색의 색감은 '자수'라는 소재와 어울려 전통적이고 단아함을 풍긴다. 특히 시인은 작고 단정한 음상을 띄는 모음들을 섬세하게 배치시킴으로서 여성적 정서를 불러일으킨다 하겠다.

'세사 번뇌'와 '무궁한 사랑의 슬픔'을 시각적으로 드러내며 승화하는 것이 '자수'라면, 「진달래」에서는 짙은 사랑과 회한을 '두견새 울음'과 '하얀 목마름'을 통해 감각화하고 있다.

어느 밤은 두견새 울음
또 어느 밤은 하얀 목마름

— 「진달래」 중에서

「진달래」에 짙게 흐르는 것은 바로 정한(情恨)의 피이다. 화자는 밤을 하얗게 새는 여인의 목소리를 통해 사랑과 한을 노래한다. 이 사랑과 한의 세계는 허영자 시세계의 근간을 이룬다고 할 수 있겠는데, 이러한 전통적인 서정은 매우 강렬하고 예리한 감각적 이미지들을 통해 형상화된다.

여성시의 내면성과 진정성은 자칫 감상으로 치우칠 수 있는 위험이 있는데, 허영자의 시에서 이러한 서정은 감각적 이미지에 의해서 강렬하고 예리하게 조탁되고 있다.

사랑을 주제로 한 시에서 특히 이러한 예리하고 강렬한 감각적 형상화가 돋보인다. 본디 사랑은 추상적인 관념이라 머릿속에서만 그릴 뿐 그 구체적인 모습을 떠올리기가 어렵다. 그러나 시인은 가장 추상적인 관념을 오관을 통한 감각을 통해 나타냄으로써 구체적이고 선명하게 드러낸다. 시각·후각·청각·촉각·미각 등의 감각을 통해 멀고 아득하게만 느껴지는 추상적인 관념이 냄새 맡고, 손으로 만지고, 입으로 맛보는 구체적인 감각의 틀로 변화됨으로써 독자는 일단의 충격과 함께 놀라움을 맛보게 된다.

특별히 허영자 시에 있어 이러한 양가적인 것들을 한데 묶는 감각화 기법은 놀랍도록 빼어나다. 시인은 사랑·성욕 등의 육감적 욕망을 통해 시인 자신이 그리고자 하는 가장 높은 정신적 그리움의 표현으로 드러내고, 가장 원시적이고 본능적인 형이하학적 감각을 통해 추상적인 사랑의 개념을 절실하게 구체화한다. "가쁜 숨결"이나 "끓는 몸뚱아리"같은 육체적 혹은 호흡기관적 요소들을 통해 지극한 영혼의 갈구를 강조하며 "문드러지는", "어혈드는"과 같은 피부 접촉에 의한 촉감 등으로 원시적인 감각 이미지의 생동성을 감각화한다.

이 생동성과 끓어오를 듯한 뜨거운 감각은 그의 시 「봄」에서 더욱 더 구체적으로 나타난다. "새로 한 번만 미쳐라 달쳐라"고 치닫는 시인의 외침은 모든 경계가 풀리는 봄의 달뜬 움직임과 더불어 '미치고', '달치는' 피와, 화자의 외침과 함께 이 시 전체에 역동적이고 활기찬 분위기를 불어넣고 있으며, "죽은 나무도 생피 붙을 듯"한 봄의 불길 속에서 육체와 영혼은 폭발할 듯한 에너지를 얻는다. 죽음까지 파고드는 관능의 격

렬함은 죽음과 성(性)을 하나로 연결시키면서 강렬한 관능의 풍경을 펼쳐
보이고 있다.

먹어도 먹어도
배고픈 시장기

죽은 나무도 생피 붙을 듯
죄스런 봄날

피여, 피여

파아랗게 얼어붙은
물고기의 피

새로 한 번만
몸을 풀어라

새로 한 번만
미쳐라 달쳐라

—「봄」 전문

창틀마다
공원마다 봄꽃이 만발합니다

뛸르리 공원의 꽃밭은
달콤한 케이크
한 손으로 냉큼
집어먹을 뻔하였습니다.

—「파리의 봄」 중에서

시 「봄」에서도 「파리의 봄」에서와 마찬가지로 원초적 감각인 미각과

소유에 대한 강렬한 욕망이 동원되고 있다. "먹어도 먹어도/ 배고픈 시장기"와 "한 손으로 냉큼/ 집어먹을 뻔하였습니다"가 그것인데, 첫 번째 시인 「봄」에서는 이 강렬한 식욕이 조금 더 발전하여 성욕으로까지 내닫는다. 두 번째 연에서 이 부분이 강하게 드러나고 있는데, "생피 붙을 듯"이라는 어휘가 던지는 격심한 파괴적인 열정은 근친상간과 같은 의미로 발전하면서 악마적 이미지를 연상시킨다. 허영자의 시에서 이러한 근친상간의 욕망이 강력하게 작용할 수 있는 것은 사랑의 대상이 결코 손에 넣을 수 없는 존재이기 때문이다. 그래서인지 이 시에는 생명력의 표상으로서의 식물성의 이미지뿐 아니라 역동하는 물고기의 이미지와 피의 원형적 상징까지도 다양하게 나타나고 있다. 생명력과 맞닿아 있는 "피"는 금기시되는 가장 강력한 욕망을 드러낸다. 이러한 욕망은 "몸을 풀어라", "미쳐라 달쳐라"라는 에로틱한 표현들로 변용된다. 금기가 강한 만큼 그 금기를 깨고 소유하고자 하는 욕망도 강해, 화자는 "새로 한 번만"의 반복을 통해 욕망의 간절함을 드러내고 있음에도 주목해야 할 것이다.

<blockquote>

아차 대질리면
어혈 드는 살

바라다만 봐도
문드러지는 살

어스럼 달빛 고요히
비껴가는 살

지순무구(至純無垢)한
성처녀의 살.

</blockquote>

—「복숭아」 전문

가쁜 숨결
끓는 몸뚱아리
다 던져준 채

빛나는 촉루(髑髏)
희디흰 넋으로
바라만 보는

임이여
임이여

오관(五官)에 사무치는
큰
아픔이여.

—「수련을 보며」 전문

　위의 시들과 마찬가지로, 「복숭아」·「수련을 보며」에서도 오감을 통한 강렬한 감각화가 잘 드러난다. 두 시에서 두드러지는 것은 바로 촉각적인 이미지인데, 특히 「복숭아」에서는 복숭아의 '살'과 인간의 '살'을 '살'이라는 중간항을 통해 연결시킴으로써 원시적이고 직접적인 촉각을 상기시키고 있다.

　그러나 단순히 과일과 여인의 살을 비교하는 것으로 끝날지 모르는 비유의 반복은 시의 전개와 함께 깊이 있는 은유로 나아간다. 식물적 이미지인 복숭아와 수련은 인간의 몸으로 전이되고, 복숭아의 물렁한 과육과 지순무구한 '성처녀'의 처녀성이 등가적으로 변화되면서, 시는 깊이 있는 의미를 획득하는 것이다. 이 의미의 변이를 뒷받침하는 것 또한 시인의 빛나는 감각화 기법이다.

　먼저 '문드러지기 쉽다'는 촉각적 심상은 '달빛 고요히 비껴가'는 시각 이미지로 변화한다. 감각의 거리가 촉각에서 시각으로 멀어지는 것이다.

이 감각의 변화는 '대질리다'에서 '바라보다'로, '달빛'과 '성처녀' 로 나아가는 높음이나 고귀함의 수직적 상승과 의미심장하게 맞물리고 있다.

또한 「수련을 보며」는 물 위에 떠 있는 '수련'이라는 식물을 "가쁜 숨결"과 "끓는 몸뚱아리"를 가진 육체로 비유함으로써 청각과 열의 촉각을 통해 관능적인 이미지로 감각화시킨다.

이런 촉감의 주체는 날카로운 금속에 의해 예리함의 감각을 배가하기도 한다. 「봄날 II」, 「봄바람」에서 새싹이 돋아나는 봄날의 풍경은 이러한 날카로운 촉감으로 형상화된다. "초록창 꼬나 들고 / 풀싹은 돋는데"라든가 "팍팍한 황토마루 언덕배기 / 쓴 씀바귀 촉이 트는 / 바람이다 설운 봄바람" 등의 표현 속에서 연약한 식물은 뾰족함의 미묘함을 정점에 위치시키면서 수직성의 에너지를 발휘한다. 대지를 뚫는 뾰족함·날카로움·예리함 등은 연약한 식물에 더할 수 없는 힘을 부여한다. 이는 그의 시에서 힘을 강조하는 의지의 몽상이며 능동적인 의지에 대한 강력한 갈망을 보여주는 예이다. 「무제 I」에서 "눈밭에 고개 드는 / 새파란 팟종" 또한 자신의 내적인 힘에 의해 새로운 시적 풍경을 형성한다. 여기서 "새파란 팟종"은 맑음이 주는 시각적 투명함과 매움이 주는 미각적 자극 속에서 연약한 생명이 보여주는 미묘한 강인함을 전달해준다.

그의 시가 각인시키는 또 하나의 감각은 선명한 시각적 이미지이다.

> 흰 수건에
> 얼굴을 닦으려다 멈칫한다
>
> 거기
> 슬프고 부끄러운
> 초상화 찍힐까 봐
>
> ─「흰 수건」 중에서

> 바람이

돛폭을 찢고
(…중략…)

바람이 끝내는
내 마음을 찢고

—「바람」 중에서

고운 네 살결 위에
영혼 위에
이 신비한
사랑의 문양(紋樣) 찍고 싶다

'이것은 내 것이다!'

땅 속에 묻혀서도
썩지를 않을
저승에 가서도
지워지지 않을

영원한 표적을 해두고 싶다.

—「떡살」 전문

촉각을 동반한 이 강렬한 시각적 장면들은 위의 세 편의 시에서 자성과 격정과 사랑의 추상성들을 각각 이미지화하고 있다. 시 「흰 수건」에서 화자는 "슬프고 부끄러운" 자신의 모습을 들여다보는데 이는 거울에 자신을 비춰보는 익숙한 방법이 아니라 얼굴 닦은 "흰수건"에 슬프고 부끄러운 초상화로 찍힐까 멈칫거리는 모습으로 선연하게 표현된다. 또 시 「바람」에서 격정에 사로잡힌 "내 마음"은 앞 연의 "돛폭"과 병렬되어 시각적으로 환기된다. 자연의 광풍과 마음 속의 광풍이 하나되어 휘날리는 돛폭을 찢고 내 마음을 찢는 격렬한 장면을 환기하게 하는 것이다. 시 「떡살」에서 중심 시어는 "사랑의 문양"과 "영원한 표적"이다. 사랑하는 당신의 "영혼"과 "고운 살결" 위에 마치 문신처럼 "이것은 내 것이다"라는 사랑과 소유의 표식을 새겨 넣고 싶은 욕망, 시인은 "떡살"을 빌어 님을 향한 썩지도 지워지지도 않을 집착과 열망을 떡에 아름다운 무늬를 새겨 넣는 순간으로 비유하고 있는 것이다.

3. '불'의 이미지와 역동적 에너지

정서나 관념을 감각적인 이미지로 선명하게 형상화하는 허영자의 언어는, 대상을 역동적으로 변전시키고 거기에서 생명의 힘을 발견하는 불의 상상력으로 전개된다. 허영자의 시에서 불은 항상 몸과 연결되어 나타나고 있다. 불의 이미지는 대지의 각질을 뚫고 피어난 꽃들에 숨겨져 있는 충일한 생명력일 뿐만 아니라 피를 닮은 에너지이다.

불은 이중적인 성격을 갖는다. 활활 타오르는 불길은 주체할 수 없는 욕망의 메타포인 동시에 그러한 욕망을 잠재우는 역할을 하기도 한다. 욕망의 불인 동시에 인고(忍苦)의 불이라는 이러한 이중성 때문에 불의 이미지는 상황과 맥락에 따라 다양한 의미태들을 가질 수 있다. 때로는 강렬한 사랑과 성적 메타포로, 또 때로는 지고한 미의 경지에 이르기 위한 통과제의로, 역동적인 힘의 상징으로, 세속의 고통이나 절제할 수 없는 욕망과 같은 모든 불순한 것들을 태워 없애는 정화자로, '불'은 이렇게 다양한 이미지 속에서 존재를 드러낸다.

허영자의 시에서 우리는 이러한 다양한 불의 이미지들을 찾아볼 수 있다. 우선 그의 시에서 불은 남성과 여성의 에로스적 결합을 통해 형상화되고 있는 경우가 많다. 그러나 허영자 시의 에로스적 불을 단순한 성적 메타포로서만 볼 수는 없다. 허영자의 시 속에서 그것은 남성과 여성, 소멸과 생성, 욕망과 절제라는 대립적 상황을 변증법적 과정 속에서 종합해내는 적극적인 역할을 수행해내고 있기 때문이다. 이러한 변증법적 과정은 흔히 부정적인 것에서 긍정적인 것으로 전환되는 대상을 통해 가시화된다.

아아
실로 은밀한 밀회

이마에
화인(火印) 찍힌 사내와

가슴에
주홍글씨 단 여자가

지난 겨울 북풍 속에
몰래 만났을까

(…중략…)

온 땅 위에 번지는
초록의 불길.

—「봄」 중에서

불길 속에
머리칼 풀면
사내를 호리는
야차 같은 계집

그 불길 다르려 다스려

슬프도록 소슬한 몸은

현신하옵신 관음보살님

―이조 항아리.

―「백자(白瓷)」 전문

시 「봄」은 남성과 여성이 결합을 통해 온 땅 위에 번져나가는 봄의 기운을 형상화한다. 여기서의 남성과 여성은 모두 불의 속성을 부여받은 자들로서 강한 성적 에너지를 발산한다. 사내의 이마에 찍힌 "화인(火印)"과 여자의 가슴에 달린 "주홍글씨"는 모두 '성화(性化)된 불'의 표식이다. 하지만 그들의 욕망은 사회적 기준에서 보았을 때 허용되지 않는 것이다. 왜냐하면 이들은 죄인의 표식인 화인과 주홍글씨를 가지고 있기 때문이다. 그래서 이들의 밀회는 겨울이라는 계절에 이루어지고 있다. 그러나 그 사랑이 더 이상 숨겨지지 않고 봄의 강렬한 빛 아래 드러나게 되었을 때 겨울의 이미지는 순식간에 봄의 이미지로 전환된다. 사내와 여자, 즉 불과 불의 결합은 강력한 성적 섬광을 일으키고, 이러한 "은밀한 밀회"와 "무성한 소문"의 현장에서 "강한 북풍"과 "눈발"로 상징되는 '겨울'은 에너지로 가득 찬 '봄'으로 전환된다("온 땅 위에 번지는 초록빛 불길"). 불의 속성을 가진 사내와 여자의 성적 결합 속에서 겨울이 봄으로, 추위가 따뜻함으로, 불모의 자연이 생성의 자연으로 전환되고 있다.

시 「백자(白瓷)」에는 불의 이미지가 「봄」과는 조금 다른 양상으로 나타나고 있다. 이 시에서도 불은 강한 성적 에너지의 은유로 등장한다. 그러나 이 시에서 욕망으로 넘실대는 불은 그 불길을 다스리는 행위를 통해 성화(聖化)된다. 이는 1연의 "야차 같은 계집"과 2연의 "현신하옵신 관음보살님"이라는 대비를 통해 단적으로 드러난다. 활활 타오르는 불과 그러한 불을 다스리는 '정―반'의 과정을 통해 거친 흙반죽은 "이조 항아리"라는 "슬프도록 소슬한 몸", 즉 절제된 예술품으로 완성되게 된다. 자기 안의 불을 다스리고 통어하는 행위 속에서 "야차 같은 계집"이 "관음보살"로, 통제불능의 욕망이 절제된 미(美)로 승화되는 것이다. 그리고 이러한 과정 속에서 불 자체도 야수적인 '성화(性化)의 불'에서 신성한 '성화(聖化)의 불'로 전환되고 있다.

> 심장의 피
> 간의 기름을
> 졸이고 태우는
>
> 그 처절하고
> 다함 없는
> 봉헌의 불꽃 속에
>
> 비로소 현신(現身)하는
> 한 점
> 빛나는
> 사리(舍利).

―「시(詩)」 중에서

또한 「시(詩)」에서는 온 몸을 휘돌며 타오르는 열정이 '봉헌의 불꽃'을 통해 다스려지다가 끝내는 서늘한 한 점 사리로 빛나게 뭉쳐지는 모습을 담아내었다. 심장과 간, 곧 이 지극히 육(肉)적인 것들 속에서 도는 것은 피와 기름이다. 이 붉고, 끈끈하며 뜨거운 것들은 참을 수 없는 인간의 욕망과 정념에 다름 아니다. 그러나 화자는 이들이 봉헌의 불꽃을 통하여 희디 흰 사리로 정갈하게 빛나는 과정을 보여 준다. 피와 살이 사리로 변하고, 붉은 것이 희게 되며, 뜨거운 것이 서늘하게, 어두운 것이 빛나게 변하는 상상력이 '봉헌의 불꽃' 속에 나타나 있다.

또한 시 속에 나타난 시정신은 허영자 시인이 다다른 절제와 응축의 한 정점을 제시해준다. 모순과 질곡의 불길이 타오르는 현실에 맞서며

어떻게 서정시인으로서 그리고 여성시인으로서 시세계를 견지해 나갈
수 있는지, 허영자는 시적 집중이 갖는 뚜렷한 하나의 길을 열어 보이고
있다 하겠다.

허영자 시에서 불은 역동적인 힘이나 휘발유 같은 독특한 형태로 형
상화되기도 한다. 물론 이러한 독특한 형태에 있어서도 불이 가진 긍정
적 속성은 변하지 않는다. 「대장간」과 「휘발유」는 이러한 특징을 잘 보
여준다.

웃통을 벗어젖힌 사나이들의
활활 달아오르는 노동

즐거운 운율의 망치소리와
고랑져 스르는 땀방울과
거침없이 드센 야성의 숨결

생명을 빚어낸 신비
그 태초의 창조를 되풀이하는
황홀코도 뜨거운 불의 도가니!

—「대장간」 전문

휘발유 같은
여자이고 싶다

무게를 느끼지 않게
가벼운 영혼

뜨겁고도 위험한
가연성의 가슴

한 올 찌꺼기 남지 않는
순연한 휘발

정녕 그런
액체 같은
연인이고 싶다.

—「휘발유」 전문

　시 「대장간」은 에너지를 만들어내는 장소이며 불은 "태초의 창조"를 가능케 한 힘으로 나타난다. 불은 쇠를 연화시키거나 녹여서 다양한 형태를 만들 수 있게 한다. 대장간의 불은 물질을 변화시키는 원동력으로 작용한다. 즉 대장간의 불은 물질을 새롭게 창조하는 원초적인 힘의 원천이 되는 것이다. 이러한 불의 역동성은 "활활 달아오르는" 사나이들의 노동을 통해 가시화되고 있다. 특히 2연에서 사내들의 외부에서 점차 그들의 내부로 접근해 들어가는 환유적 이미지 전개—"즐거운 운율의 망치소리", "고랑져 흐르는 땀방울", "거침없이 드센 야성의 숨결"— 는 역동적인 에너지로 가득 찬 대장간의 모습을 한결 구체적이고 감각적으로 경험할 수 있게 해준다. 그리고 이렇게 모든 존재들에게 "태초의 창조"를 보여준다는 점에서 이 시의 '대장간'의 모습, 즉 "불의 도가니"는 신비로운 황홀경으로 나타나고 있다.

　"휘발유"는 보다 복잡한 형태의 불이다. 휘발유는 아주 조그만 불씨로도 활활 타오른다. 즉 그것은 일종의 액체화된 불이다. 그러나 휘발유는 일단 연소되기 시작하면 "한 올 찌꺼기"도 남기지 않은 채 가볍게 휘발되어버린다. 그것은 어떠한 무거움이나 불순물도 끼어들지 못하는 순수한 연소의 형태를 보여준다고 할 수 있다. 시 「휘발유」에서 화자가 "휘발유와 같은 여자"의 속성으로 제시하고 있는 것들, 즉 가벼움, 가연성, 순연한 휘발성은 모두 이러한 '순수하게 타오르는 불'의 속성에 해당한다. 이렇게 재나 연기도 남기지 않은 채 스스로를 완전히 연소시켜버리

는 휘발유의 순수한 가연성에 대한 지향을 통해 완전하고 순수한 사랑
을 희구하는 여성화자의 모습을 이 시는 형상화하고 있다.

　'불'이 가시적으로 나타나고 있지는 않지만 강한 상승지향성을 통해
'불'의 속성을 보여주고 있는 시들도 있다. 이러한 불의 이미지는 특히
봄이라는 계절적 배경과 관련되어 많이 나타난다.

　　　개구리 떼울음
　　　살아나는데

　　　각설이 장타령
　　　되돌아오는데

　　　초록창 꼬나 들고
　　　풀싹은 돋는데

—「봄날 Ⅱ」 중에서

　　　팍팍한 황토마루 언덕빼기
　　　쓴 씀바귀 촉이 트는
　　　바람이다 설운 봄바람.

—「봄바람」 중에서

　시 「봄날 Ⅱ」에서 "초록창 꼬나 들고" 돋는 "풀싹"이나 「봄바람」에서
"팍팍한 황토마루 언덕빼기"에서 촉이 트는 "씀바귀"는 모두 날카롭고
뾰족한 수직성을 보여준다. 이러한 식물의 수직성은 불꽃의 직립성과 통
한다. 불꽃은 생명이 깃들여 있는 수직이다. 그것은 미세한 바람에도 쉽
게 흔들리지만, 이내 다시 하늘을 향해 치솟는다. 이러한 하늘을 향한 치
솟음, 강한 상승 의지는 위의 두 시에서 모두 봄날 강퍅한 땅을 뚫고 솟
아오르는 새싹의 생명력으로 형상화되고 있는 것이다. 허영자의 시에서
불의 상상력은 이렇게 대개 생명력과 생의 긍정성을 창조하는 에너지로

서 작용하고 있다는 것을 알 수 있다.

4. 역설과 균형의 형이상학

　언어의 조탁능력과 상상력의 역동성은 시인이 가져야 할 가장 중요한 무기이다. 가장 예리하게 단련된 언어와 그 언어를 통해 구축하는 상상력의 진폭에서 시는 인상을 만들고 표정을 지어낸다. 그런데 허영자 시에서 이러한 인상과 표정은 역설의 시선이라고 이름할 만한 모순되는 세계를 감싸안고 있다. 그리고 전통적인 여성시를 넘어서는 허영자 시의 독자적인 지점을 만들어내는 핵심은 바로 이러한 역설의 기법이라고 할 수 있다. 이질적이고 상반적인 이미지의 결합에 의해 이미지들은 상호 긴장을 일으키고 신선한 풍경을 독자들에게 전달한다. 위에서 다루었던 대로 작품의 완결성이 가장 돋보이는 시 「백자」의 경우 "사내를 호리는 / 야차 같은 계집"이 "현신하옵신 관음보살님"으로, 그리고 "백자"로 동일화되고 있었다. 극단의 성과 속의 대립적 이미지들이 불의 도가니를 통하여 동일화되고 있는 것이다. 불의 상상력은 신과 인간, 그리고 사물을 이 7행의 시 속에서 동등한 무게를 갖는 존재로 이루어내고 있다. 이러한 역설은 시 「긴 봄날」·「나뭇가지 벋는 쪽으로」에서도 드러난다.

　　어여쁨이야
　　어찌
　　꽃 뿐이랴

　　눈물겹기야

어찌
새 잎 뿐이랴

창궐하는 역병
죄에서조차
푸른
미나리 내음 난다
긴 봄날엔―

숨어 사는
섧은 정부(情婦)
난쟁이 오랑캐꽃
외눈 뜨고 내다본다
긴 봄날엔

―「긴 봄날」 전문

햇빛 밝은 쪽으로
나뭇가지는 벋어가고
나뭇가지 벋는 쪽으로
내 마음은 좇아가고

아
이 예민한 향일성의 끝머리엔
노래의 오색 선율 출렁이는가
사랑의 눈부심 눈물겨움
하느님의 은빛 수염 나부끼는가

그 아무 것도 아닌
텡 비고 텡 빈 허무의 나락만이
까맣게 입 벌리고 누워 있는가

햇빛 밝은 쪽으로
나뭇가지는 벋어가고

나뭇가지 벋는 쪽으로
내 마음은 좇아가고……

—「나뭇가지 벋는 쪽으로」 전문

「긴 봄날」에서 "창궐하는 역병"과 "죄"는 "푸른 미나리 내음"을 획득
하게 됨으로써, 부정적인 것에서 긍정적인 것으로 전환된다. 그리고 "숨
어사는/섧은 정부"는 "외눈 뜨고" 봄날의 정경을 내다보는 행위를 통해
"난쟁이 오랑캐꽃"과 동일한 위치에 놓인다. 이렇게 죄의 이미지와 푸른
미나리 내음을 동일하게 만드는 것, 그리고 숨어사는 정부와 오랑캐꽃을
동일하게 만드는 것은 다름 아닌 바로 봄의 기운이다. 봄날의 푸른 미나
리 내음이 더 큰 위력을 발휘하는 것, 숨어 다니는 정부를 내다보게 하
는 봄날의 은밀한 힘, 그리하여 봄날의 기운은 꽃과 잎처럼 역병과 죄와
정부를 어여쁘게 만든다. 이것이 바로 허영자 시를 특징짓게 하는 양면
성의 변증법이다.

햇빛을 향해 예민하게 나뭇가지가 벋어나가는 것은 나뭇가지에게 있
어서는 생존을 향한 분투이다. 시 「나뭇가지 벋는 쪽으로」에서 시인은
그늘에 있는 식물이 살아남기 위해 그 몸을 휘어 햇빛을 향하는 모양과,
그 향일성의 끝머리에 출렁이는 노래의 오색 선율을 사랑의 눈부심이며
눈물겨움이라고 한다. 이 화사한 청각과 시각의 감각은 일차적으로는 사
랑이라는 긍정적 요소를 드러내는 꿈과 같은 것이다. 그곳에는 하나님의
은빛 수염이 있다. 죽지 않는 신이 있고, 변하지 않는 은의 빛깔이 있다.
나뭇가지가 분투하여 향하는 꿈은 사랑이며 그 사랑은 영원한 것이다.
하지만 그 사랑은 눈부시기만 한 것이 아니라 눈물겹기도 한 것이다. 이
상반성의 특질은 시인이 인식하고 있는 사랑이 영원한 가치를 가지고

있는 것이기는 하지만 결코 쉽게 얻어지는 것이 아님을 말하고 있다. 나뭇가지가 벋어나가는 쪽에 자리한 사랑을 시인은 아무 것도 아닌 "텡 비고 텡 빈 허무의 나락만이 / 까맣게 입 벌리고 누워 있"는 자리라고 말하기 때문이다. 의성어 "텡"의 반복과 "나락"의 하강하는 이미지, 까만 색감의 시각적 이미지는 결코 그 벋어나감이 쉬운 것이 아님을 적나라하게 드러내고 있다. 그럼에도 불구하고 화자는 나뭇가지 벋는 쪽을 향하여 자신의 마음도 좇아간다는 1연의 고백을 4연에서도 반복하고 있는 것이다.

한편, 시 「한 역설」에도 이러한 역설적 기법은 두드러진다. 이 시에서 "당신이 / 내 연인이 / 아니었으면 좋겠다"는 일견 당황스런 진술은 "슬픔과 기쁨에 / 마음 흔들리지 않게"라는 섬세한 진술로 역설의 의미를 깊이 얻는다. 이 같은 개인적인 사랑은 "당신이 / 내 조국이 / 아니었으면 좋겠다", "찢어진 산과 강 / 자욱한 아우성이 / 이토록 애끓이지 않게"라는 사회적인 역설로까지 확대되어 시인의 깊은 사랑을 강조하고 있다 하겠다.

모순되는 충동을 하나의 그릇 안에 아울러 내는 시선은 허영자 시 세계 전체에서도 독자적인 균형과 질서를 구축해 낸다.

돌아온
각설이
저 각설이

내가 왔다
내가 또 왔다
울어제끼면

얼었던 흙살은
절로 터져
갈라지고

벗은 나무
아랫도리
초록물로 젖는다

—「뻐꾸기」 전문

인연은 질겨라
두렵기도 하여라

전생에 내가 빗던
참빗 얼레빗

이승까지 따라온
하늘 위의 조각달

내 마음이 헝클리나
지켜보고 있구나

—「빗」 전문

「뻐꾸기」가 자연과 생명에 대한 통찰을 하고 있는 작품이라면, 「빗」은 우주적 시간과 자아에 대한 성찰을 보여주는 작품이다. 전자의 시에서는 뻐꾸기 소리를 통해 봄의 육감적 생명력을 감각의 통로를 통해 일구어내고 있다면, 후자의 시는 참빗(여성의 공간)과 조각달(우주적 공간)의 시각적 전이의 상상력으로 전생과 이승의 시간을 연결하면서, 삶의 정갈한 품격을 그려내고 있다. 전자가 인간의 육체적 느낌에 호소하는 원초적인 생명의 세계라면 후자는 시간과 공간을 넘어서 만들어낸 고답적인 미적 세계이다. 두 세계의 세계는 각각 '육체'와 '정신', '생명의 타오름'과 '절제된 성찰'이라는 서로 상반되는 색깔을 가지고 있지만, 궁극적으로는 둘 다 삶을 이루는 어떤 진실을 관통하고 있음에 틀림없다. 왜냐하면 이 타오름과 다스림으로 이름할 수 있는 이 두 세계는 모든 인간에게 부여된 운명이기 때문이다. 말하자면 두 개의 세계는 결국 시인이 일구어낸 인생에 대한 형이상학적 깨달음의 각기 다른 울림이다. 모순되는 세계를 내부에서 질서화시키는 힘이 있기에 이러한 균형의 세계가 만들어진다. 육체와 정신이 함께 존재하고, 타오름과 다스림이 함께 있는 인생의 역설적 원리를 오롯이 드러낼 수 있는 균형의식이야말로 허영자 시가 획득한 빛나는 형이상학의 영역이라고 할 수 있을 것이다.

5. 극적 구성과 초극의 요소

허영자의 시가 보여주는 감성의 섬세함과 예민함은 고도로 제어하는 언어절제와 서늘한 시선 속에서 확보되고 있기에 더욱 빛난다. 바로 이러한 점에서 허영자의 시는 절제의 미학, 지적 서정주의, 정신적인 초극의 경지를 보여준다는 평가를 받아왔다. 그러나 허영자는 우리 시사에서 중요한 비중을 갖는 시인임에도 불구하고 당대의 다른 남성시인들에 비해 문학사적인 조명을 제대로 받지 못한 면이 있다. 기왕의 평가들도 시에 대한 미학적 규명을 수반하지 않은 채 다분히 평면적으로 이루어져 왔던 것도 아쉬운 점이다.

이 글에서는 그동안 다소 미진했던 허영자 시에 대한 미학적 규명을 시도하였다. 일견 평정한 듯 보이는 그의 시는 오히려 감각과 불과 역설의 어법 등으로 변화무쌍하고 종횡무진하여 사물이나 사랑을 구체화하는 동시에 형이상학적인 것으로 끌어올려주는 좋은 본보기를 보여준다. 서정시 본령의 절제와 완결미로 보여지는 시적 긴장감, 다양한 종결어미, 극적 구성, 발상의 신선함과 자유로움 등으로 대립되는 요소들을 절묘하게 조화시켜 새로운 서정시의 경지를 보여주고 있는 것이다.

　감각적 이미지와 역동적 상상력을 바탕으로 이룩한 역설과 균형의 시세계는 전통시의 흐름을 순연하게 계승하는 동시에 새로운 시적 경지 또한 강인하게 열어 보이고 있다. 정련된 언어를 통해 추상적인 진리를 포착해내는 서정시의 촌철살인(寸鐵殺人)의 순간을 풍요롭게 펼쳐 보이고 있다는 점에서 허영자의 시는 분명 한국 시사에서 매우 돋보이는 중요한 위치를 차지하고 있다고 할 수 있다.

참고할 문헌

김수이, 「단정함과 열정의 시학—허영자 시인과의 대담」, 『시와 시학』 32호, 시와 시학사, 1998.

김재홍, 「허영자, 갈망과 절제의 시」, 『한국 현대시인 비판』, 시와시학사, 1994.

김종길, 「허영자 시의 특질」, 『詩와 詩人들』, 민음사, 1997.

김지향, 「현역 여류시와 에로스」, 『현대시학』, 1974.10.

김현자, 「한국 여성시의 계보」, 『한국시의 감각과 미적 거리』, 문학과지성사, 1997.

박진환, 「허영자」, 『한국현대시인연구』, 자유지성사, 1999.

박호영, 「사랑과 절제의 변주—허영자론」, 『몽상 속의 산책을 위한 시학』, 푸른사상, 2002.

신동욱, 「허영자론—사랑과 기다림의 뜻」, 『현대문학』, 1980. 2.

정영자, 「허영자론—'부끄러움'과 식물적 이미지의 구원의식」, 『한국현대여성문학론』, 지평, 1988.

______, 「허영자의 시세계—사랑과 간결함의 서정」, 『한국여성시인연구』, 평민사, 1996.

허영자 교수 정년퇴임 문집 준비위원회, 『허영자의 삶과 문학』, 국학자료원, 2003.

걸리지 않는 풍경 속에서 깊이 울기

송수권론

한수영

1. 1970년대와 전통서정시

역사적 현실의 중압감이 극심할 때 시란 무엇이며, 시인은 무엇을 어떻게 노래할 것인가에 대한 근원적 질문에 또다시 맞닥뜨리게 된다. 1970년대는 바로 시와 삶에 대한 이 근원적 물음을 누구나가 다 깊게 되물었던 시대이며, 그 안에서 어떤 진정성을 발견하고자 했던 시대였다. 시와 삶, 또는 시와 역사는 다른 것이 아니고 궁극적으로 서로 긴장감 있게 바라보고 감싸 안는 것이라고 말하기는 쉽지만, 1970년대 내부에서 이 긴장적 관계는 실제로 유지되기 힘든 것이었다. 삶을 아프게 통찰하는 눈들은 분노와 눈물로 얼룩진 육성으로 시를 쓸 수밖에 없었고, 때로는 시적 언어 자체를 방기하거나 폐기함으로써 현실을 시로 치환시키기도 하였다.

서정적 정신을 무자비하게 억누르는 시대에 세계를 자신의 내부로 동화시키려는 서정시는 위축될 수밖에 없으며, 서정적 동화과정이나 거기에서 펼쳐지는 상상력은 때로 무기력하거나 또는 허황된 것이 되기도 쉽다. 그런 의미에서 1970년대 중반에서부터 전통적 서정을 표방하며 일관된 시작 활동을 해온 송수권의 작업은 시대와의 긴장관계 속에서 서정시가 어떻게 시적 진정성을 획득할 수 있는가에 대한 진지한 탐색을 과정을 보여준다.

송수권의 데뷔작인 「산문(山門)에 기대어」에 얽힌 이야기들은 이제 전설이 되어 문단사의 고색창연한 한 페이지를 차지하고 있다. 1975년 문학사상에서 극적으로 데뷔를 한 후 현재에 이르기까지 활발한 활동을 해오며 송수권은 전통서정시의 한 계보를 일구어 왔다.

김소월·김영랑·박재삼·박용래에 이르는 민족적 서정시의 계보에 있으면서도 이들과는 다른 어떤 힘을 갖고 있으며, 동시대의 신경림의 농촌시와도 다른 어떤 원초적 영역을 갖고 있다는 평가는 송수권의 독자적 영역을 짐작하게 한다.[1] 정한으로 대변되는 전통 서정시의 나약한 정서를 역동적이고 생산적인 힘으로 변환했다는[2] 지적이나, 서정 속에 현실에 대한 인식을 표출하면서 미래지향적인 낭만성을 지닌 낭만적 리얼리즘을[3] 펼치고 있다는 지적은 모두 송수권의 시가 갖는 전통서정시로서의 독자적 영역에 주목하는 것이라 할 수 있다.

이처럼 송수권 시의 근간에는 한, 전통, 순수 서정의 세계가 놓여 있다. 출발점에서부터 전통적인 서정의 세계를 들고 나왔으며, 고독하게 그 한가운데에서 노래하고자 한 작업은 1970년대라는 시대상 속에서 매

---

1) 김준오, 「곡선의 想法과 전통시」·「송수권의 시세계와 시사적 의의」, 『시와 시학』 1991년 가을호, 125~126면.
2) 박윤우, 「민족적 삶의 곡진한 가락, 혹은 서정 언어의 육화에 이르는 길」, 『시와 시학』 2003년 가을호, 96면.
3) 박호영, 「낭만적 리얼리즘의 지평―송수권 시의 형상과 기법」, 『시와 시학』, 1991년 가을호, 104~109면.

우 독특한 것이었으며, 서정시가 어떻게 자신만의 비범한 깊이를 획득해 가는가를 보여주는 치열한 과정이기도 하다.

2. 풍경에 대한 심미적 거리의식

소월이 「산유화」에서 '저만치'를 통해서 1920년대라는 세계에 대한 존재론적 고독의식을 견지했다면, 송수권은 시집 『산문(山門)에 기대어』 전편을 통하여, 대상을 바라보는 관조자로서의 일관된 거리의식을 보여준다. 절의 입구에 서서 기대어서 보는 화자의 포즈 자체는 1970년대라는 시대의 중심에서 한걸음 물러나 그 어디에도 사로잡히지 않고 모순과 대면해보겠다는 시인의 위치를 표방하고 있는 셈이다. 이 거리감이야말로 시인에게 있어 서정적 인식을 가능하게 하는 조건이 된다. 시집 『산문(山門)에 기대어』에는 '보다'·'생각하다'·'알다'·'알아내다' 등의 대상에 대한 인식 또는 사유의 과정을 지시하는 시어들이 자주 보이며, 멀리서 풍경화를 그려내는 듯한 시선으로 이루어진 작품들이 눈에 띈다.

> 달팽이 집 몇 개가 그림 속에 흩어진
> 草집들처럼 한가했다.
> 그 초집들 속에선 누가 숨어 사는지
> 착한 아기와 며느리라도 숨어 사는지
> 딸각딸각 베를 짜는 아침 紡織의 즐거운
> 베틀 소리가 들린다
> (…중략…)
> 간밤에 무슨 잔치라도 있었느냐
> 조롱 구슬 같은 별들이 떴다 자물린 흔적

한밤내 울고 간 귀뚜라미의 흰 날개뼈와
부서져 쌓인 音符들
풀밭에 오면 전쟁도 미움도 시기도 없다.
이제 막 잠을 깨고 나온 달팽이 한 마리
달디단 이슬 한 모금에 환각의 뿔을 흔든다

— 「아침풀밭」 중에서

위의 시에는 아침의 평화로운 풍경이 묘사되어 있는데, 이 평화는 화자가 주관적으로 만들어낸 것이다. 달팽이의 움직임이나, 곤충들의 삶의 흔적을 '그림 속에 흩어진' 장면으로 파악하여, 풀밭을 완전한 평화의 공간으로 규정한다. 마치 몇 개의 선택된 오브제에 의하여 화폭 속에 풍경을 그려내는 것처럼, 시인은 실제의 대상에서 선택과 배제, 새로운 의미 부여의 과정을 통하여 생존의 현장이 아닌 평화의 순간으로서의 '아침풀밭'이라는 하나의 풍경을 만들어낸다. 실제의 세계와는 다른 이 인공의 풍경은 미에 대한 나르시스적인 시선까지 느껴지는데, 보다 주목하고 싶은 점은 세계로부터 의도적으로 분리되어 있으려 하는 시인의 위치이다. 그 분리의 감각, 심미적인 거리의식으로부터 주관적 서정과 객관적 세계를 함께 바라볼 수 있는 다양한 시선이 만들어지기 때문이다.

어머님 한 땀씩 놓아 가는 수틀 속에선
밤새도록 오동나무 한 그루가 자라고 있다.
매운 선비 君子蘭 싹을 내듯
어느새 오동꽃도 시벙글었다.
太史신과 꽃신이 달빛을 퍼 내는 北殿階下
말없이 잠든 草堂 한 채
그늘을 친 오동꽃 맑은 香 속에
누가 唐音을 소리내어 읽고 있다.
그려 낸 먹붓 폄을 치듯
고운 색실 먹여 아껴 틀면

어머님 한삼 소매 끝에 지는 눈물
오동잎새에 막 달이 어린다
한 잎새 미끄러뜨리면 한 잎새 받아 올리고
한 잎새 미끄러뜨리면 한 잎새 받아 올리고
스르릉스르릉 달도 거문고 소리 낸다
어머님 치마폭엔 한밤내 수부룩이 오동꽃만 쌓이고……

—「刺繡」 전문

밤이 깊도록 수틀 앞에 앉아 오동을 수놓는 어머님을 그려낸 위의 시에는 두 개의 화폭이 존재한다. 어머님의 수틀이 하나의 화폭이라면, 달밤에 퍼지는 먹빛 음성과 월계(月界)의 고요한 정취가 어우러진 또 하나의 화폭이 있다. 시적 대상이 되는 객관적 세계는 '수틀'이지만, 시인의 시선은 이 수틀까지를 포함하여 또 하나의 세계를 창조한다. 그것은 시적 화자로부터도 그리고 객관 세계로부터도 떨어져 있는 독자적 그림이며, 글 읽는 소리와 깊어 가는 달빛과 어머님의 눈물만이 서로 교호하는 하나의 고요한 풍경이다. 관조하는 자로서의 거리의식은 외적 세계의 어떤 풍파도 미치지 않는 곳에 고요한 하나의 풍경을 펼쳐 보이는 것이다.

때로 이 풍경 안에는 화자 자신이 개입되기도 하고 시공을 건너뛴 역사적 장면이 끼어들기도 한다.

감꽃 줍는 애들 곁에서
하나 둘 나도 감꽃을 주우면서
금목걸이를 목에 두를까
금팔찌를 두를까
능구렁이 같은 나의 어두운 노래 끝도
실리면서
밝은 햇빛 속에
또록또록 눈을 뜬 감꽃이 지고 있다.

—「감꽃」 중에서

　햇살 아래에서 뚝뚝 지는 감꽃잎을 줍는 풍경 속에 화자는 있다. 언어의 조각을 엮어서 노래를 만드는 시인의 행위와 꽃잎을 주워 둥근 것들을 만들어내는 아이들의 행위가 함께 어울려 햇살 가득한 가을날의 한장 그림이 된다. 관조적 시선이 자신에게까지 미치어 스스로를 풍경으로 투영한 그림이 그려지는 것이다.

> 물통 속에 달이 뜨는 일은 행복하다
> 人共時代 줄창 같은 아들 셋을 잃고
> 투신 자살한 귀덕할미 죽은 넋이 울 듯
> 도르래는 운다만
> 數世紀의 어둠 속에 고이고 고여서
> 솟아나는 한 모금의 물과
> 입 맞추는 일은 행복하다.
>
> 물통 속에 기러기 떼가 뜨는 일은 행복하다.

— 「우물 긷기」 중에서

　깊은 우물에 고여 있는 물을 길어내는 행복을 노래하는데, 이 행복한 풍경에 한스러운 역사의 장면이 갑작스럽게 끼어든다. 인공시대의 불행한 역사가 도르래 소리에 의해서 환기된다. 도르래는 지상과 우물을 연결하는 것이기에, 우물에 차곡차곡 고여 있는 시간의 층이 이 도르래를 타고 현실의 세계로 흘러나온다. 시공간을 움직이는 시선에 의해 오르락내리락하며 우는 도르래의 소리와 슬픈 역사가 하나가 겹쳐지고 있다.
　이처럼 송수권 시의 근간에는 세계에 대한 일정한 거리의식이 존재함을 알 수 있다. 이 거리의식은 시와 현실 간의 존재하는 긴장감에 의해서 유지된다. 때로는 자신을 풍경에 투영하기도 하고, 풍경을 역사적 상상력의 장으로 열어놓기도 한다.
　시인의 데뷔작이자 1970년대 대표작이기도 한 「산문(山門)에 기대어」

에서 대상에 대한 미적이 거리의식에 의해 이루어진 서정적 성취의 한 장면을 엿볼 수 있다. 육친의 죽음이라는 아픈 개인사를 바탕으로 하고 있으며, 가을산과 기러기라는 전통적인 애상의 정서와 밀착된 시어들이 등장하지만, 이 시는 감정에 치우치지도 않고 인공적인 이미지의 나열에도 치우치지 않는다. 대상에 대한 엄밀한 거리의식은 역동적인 상상력을 따라 서정적 균형미를 아름답게 펼쳐 보인다.

「산문(山門)에 기대어」는 불교정신 또는 저 월명사나 충담사의 향가정신에서 오는 신성화된 삶의 부활 의지로[4] 일찍이 주목받아 왔다. 시인은 바라보는 자의 위치에서 서있다. 그림자를 드리운 가을산과 가을 산을 배경으로 기러기가 날아가는 풍경을 마주하고 있다. 하지만 그 풍경은 고정되어 있지 않고 곧 역동적으로 움직인다.

누이야
가을山 그리메에 빠진 눈썹 두어낱을
지금도 살아서 보는가
淨淨한 눈물 돌로 눌러 죽이고
그 눈물 끝을 따라가면
즈믄 밤의 江이 일어서던 것을
그 강물 깊이 깊이 가라앉은 苦惱의 말씀들
돌로 살아서 반짝여 오던 것을
더러는 물 속에서 튀는 물고기 같이
살아 오던 것을
그리고 山茶花 한 가지 꺾어 스스럼없이
건네이던 것을

누이야 지금도 살아서 보는가
가을산 그리메에 빠져 돌던, 그 눈썹 두어 낱을

---

4) 김용직, 「한국적 정서와 힘」, 『山門에 기대어』 解說, 문학사상사, 1992, 112면.

기러기가 강물에 부리고 가는 것을
내 한 잔은 마시고 한 잔 비워두고
더러는 잎새에 살아서 튀는 물방울 같이
그렇게 만나는 것을

누이야 아는가
가을산 그리메에 빠져 떠돌던
눈썹 두어 낱이
지금 이 못물 속에 비쳐옴을
—「산문(山門)에 기대여」 전문

혈육의 죽음이라는 한이 정서의 바탕을 이루고 있지만, 이 슬픔과 한은 표면으로 전혀 표출되지 않고 눈썹 두어 낱이라는 시어로 치환되어 있다. 눈썹은 죽은 육신에서 가장 마지막까지 썩지 않고 남는 신체부위라는 점에서 처절한 한의 응결체이다. 또한 신체의 한 부위이면서도 철저하게 육체로서의 물질성이 제거되어 있다는 점에서 핏발 선 한을 넘어서 있는 견고하고도 강렬한 이미지를 형성한다. 슬픔을 촉발시킨 기러기가 눈썹 두어 낱의 가볍게 부유하는 이미지로 바뀌어 버림으로써, 한이나 죽음이 담담하고 고요하게 그려진다.

이 시에서 오히려 역동적으로 움직이는 것은 '즈믄 밤의 강이 일어서는 것', '물속에 튀는 물고기', '山茶花 한 가지'와 같은 부활의 이미지들이다. 돌로 눌러 죽이는 '淨淨한 눈물'이나 강물 깊이 가라앉히는 '苦惱의 말씀'이란 기러기에서 죽은 누이를 발견하고 그 슬픔을 눈썹으로 치환시키는 서정적인 인식 과정의 다른 표현들이라 할 수 있다.

1연에는 사별의 공간을 부활의 이미지로 채워 넣는 강렬하고 동적인 심상이 가득했다면, 2연에서는 부활의 소망을 윤회의 긴 시간 속에서 다시 바라보고 있다. 사별의 슬픔은 '빈 술잔'을 나눌 수밖에 없는 현실에서 엄연히 실재하고 있지만, 그럼에도 화자는 잎새에 살아 튀는 물방울에서 죽은 이의 존재를 발견하고 있다. 물방울의 찰라적 생명력 속에서 사별한 육친과의 재회를 감지하는 장면에서는 유한성의 허무를 뛰어 넘은 불교적 사유의 깊이를 발견할 수 있다. 향가 제망매가의 전통이 이 시와 연관되어 있음을 여러 연구자들이 지적한 바 있으나5) 미타찰에서의 만남 역시 또 한 겹의 윤회의 순간에 불과하다는 것을 떠올리면, 만나는 것 자체를 목표하지 않고 순간순간 비껴 가는 인연 자체를 주시하고 있는 것은 인생의 비의를 엿보는 높은 정신의 경지라 할 수 있다.

부활을 소망하고 현실에서 부활을 확인하는 정신의 지점을 발견하고 있다는 점에서 「산문(山門)에 기대어」는 이미 2연에서 충분히 완성에 이르렀다고 말할 수 있다. 그렇다면 3연은 어떤 역할을 하고 있는가? 양적으로도 1, 2, 3연이 점점 축소되어 뒤로 갈수록 응집되는 구성을 보여주고 있으며, 누이를 부르는 행위가 반복되면서 3연은 형식적으로 구성의 완결부 역할을 하고 있다. 내용상 이미 절정에 다다랐는데, 왜 3연이 형식적 정점을 이루고 있는 것일까? 슬픔과 부활만이 이 시의 중심은 아닌 것이다. 오히려 산문에 기대어 서서 심미적 거리를 갖고 풍경을 고독하게 바라보는 자의 시선에 주목하지 않으면 안 된다. 부활의 동적인 이미지로 살아 움직이는 풍경은 3연에 이르러 '못물'이라는 또 하나의 화폭 속으로 수렴된다. '못물'은 죽음과 부활 전체를 담고 있는 공간이며, 죽음과 부활을 세계를 못물에 '비쳐'내는 것은 대상에 대한 관조적 거리를 회복하는 과정이기도 한다.

서정시에서 드러나는 풍경은 물론 시인의 의식에 의해 선별된 주관적 세계이다. 시적 화자는 창조주의 눈으로 세계를 그려낸다. 가을그림자와 기러기가 삶과 죽음의 비의를 이야기하는 것 역시 새롭게 창조해낸 역동적인 그림이었다.

에이츠의 말처럼 정서란 "어떤 보이지 않는 음성이 우리 마음을 울리

---

5) 이대규, 「문학교육과 텍스트 상호성―송수권 시 산문에 기대어를 중심으로」, 『한국 언어문학』 제39집, 한국언어문학회, 104~109면.

는 발소리"여서, 시인의 주관적 정서의 세계에 자연스럽게 독자의 마음이 열리는 것인지도 모른다. 하지만 보이지 않는 음성에 마음이 열리기 위해서는, 보이지 않는 음성은 진정성을 갖지 않으면 안 된다. 서정시의 주관적 세계가 시적 진정성을 갖는데 대상에 대한 심미적 거리의식은 매우 중요한 역할을 한다. 이것은 치우치지 않는 균형의식의 산물이며 주관적 서정의 영역에 '인식과정'을 부여할 수 있기 때문이다.

삶의 냄새가 지나치게 거세되어 있거나, 또는 인공적 삶만이 장식되어 있을 때, 시인의 보이지 않는 음성(주관적 서정의 세계)은 독자의 마음을 열지 못한다. 그러므로 경계공간으로서의 산문에 기대어선 시인의 포즈는 주관과 객관, 시와 현실 등의 상반되는 충동 속에서 내적 균형을 유지하기 위해 선택된 것이라 할 수 있다.

푸른 이내를 적시는
방울 소리 뚝 끊어지고
어느 강물에 시치미도 흘려 버리고
그린 듯이 하늘 가에
나의 매(鷹)는 섰어라

—「그리움」 전문

'푸른 이내'를 적시는 방울 소리가 외부 세계로부터 오는 소음이며 영향이고 압제적 요소라면 '시치미'는 매 스스로를 구속하는 제도이며 이름이다. 외적·내적인 굴레를 모두 끊어버리고 하늘가에 서있는 매의 위상이야말로 산문(山門)에 기대어 서 있는 시인의 또 다른 모습이라고 할 수 있다. 매가 어디로 날개를 펼칠 것인가? 매가 날개를 펼칠 하늘은 무한히 넓은 것이나, 분명한 것은 그 하늘을 나는 매(자신)를 바라보는 시인의 엄정한 시선은 항존하고 있다는 것이다. '나의 매'는 '그린듯이' 섰다는 진술에서 풍경과 자신을 견지하는 시인의 거리의식을 확인할 수 있다.

시인은 관조자의 위치에 있으며 이 거리의식이야말로 삶과 자아, 그리고 현실과 시적 서정성을 균형 있게 아우를 수 있는 화폭이라고 할 수 있다. 시적 서정성이란 삶의 맥락 속에서 변화하는 것이며, 추상적으로 존재하는 정서가 아니고 구체적인 시 속에서 생성되는 실체이다. 그러므로 1970년대라는 시대상 속에서 주관적 풍경에 어떻게 생명을 부여하고 마음을 울리는 서정의 소리를 만들어 낼 수 있을까 하는 과제를 안고 송수권의 시는 출발하고 있다.

3. 부족어가 그려내는 친밀한 세계

엄밀한 거리의식에 의해서 창조된 세계는 치밀하기는 하지만 자칫 인공적인 조형미를 풍길 수 있다. 따라서 그 세계를 이루는 몸체들에 어떻게 생명을 부여할 것인가가 중요한 과제가 된다. 송수권은 피와 혼을 부르는 언어를 풍경의 오브제로 선택했다. 시집 『산문(山門)에 기대어』는 아름다운 우리말로 넘쳐난다. 달개비·산다화·산수유·고비나물·대추나무 등의 식물에서 때까치·굴뚝새·해오라기·밤부엉이 등의 새이름, 빗접·떡살 등의 생활어, 가랫불넘기·부럼까기·솟대 등의 풍속에 관련된 말 등은 차후에 그가 펼쳐낼 풍요로운 고유어의 세계를 예고하고 있다.

원초적인 삶에의 회귀를 가능하게 하며, 그 울림에 의해 순식간에 정서적인 일체화를 가져오는 언어 ─ 부족어라 이름할 만한 ─ 향토적 질감의 언어를 캐내어 그의 세계 곳곳에 배치함으로써, 그가 창조한 세계는 생명성을 얻고 살아난다.

옛날, 할아버지 살던 菖蒲마을은 그렇지, 한틀 지게를 엎어 놓으면 꼭 맞는 말일지 몰라. 두 개의 山脈이 지게 목발처럼 내려앉아서 지게 고작처럼 휘어들

더니, 바다의 중동을 자르고, 애타게 만나질 듯 만나질 듯 마주친 두 개의 지네
대궁지처럼 물 속에 자물리고 있더란다. 보름 사릿물이 오를 때쯤은 지네발로
두 대궁지가 달싹달싹 일어서는 것이 눈에 역력하더란다.
　　또 바다는 蓮 꽃 시벙글어, 지둣, 風月道師의 손끝에서 떨어진 부채마냥 폈
다 오물리면서 마치, 할아버지의 째진 말총갓 구멍으로 드나드는 겨울 호리바
람처럼 피꺽피꺽 여러 마리 산새를 울리기도 하더란다.
—「苩蒲마을 사람들」 중에서

　　바닷가 마을을 지게 엎어놓은 모양으로 능수 능란하게 그려내는 것은
그 땅에 몸담고 그 땅의 언어로 생각하는 사람만이 펼칠 수 있는 솜씨이
다. 야트막한 능선이 겹쳐진 사이로 펼쳐진 작은 바닷가 마을의 풍광과
밀물과 썰물의 움직임이 그려지고, 얼어붙은 바닷가를 휘도는 겨울 바람
소리까지도 살아난다. 바다가 농촌에서 빼어놓을 수 없는 한 틀 지게로
형상화되고, 다음 순간 조수간만의 운동성은 꿈틀거리는 지네의 움직임
으로 이어진다. 지네의 움직임은 어느 순간 연꽃 잎이 벙글어지는 형상
으로 변하는가 싶더니, 부채살과 낡은 말총갓을 지나는 겨울 바람이 되
고, 어느새 겨울 산새의 피꺽피꺽한 울음소리로 울려 퍼진다. 친숙하고
내밀한 부족어로 형상화된 마을은 장소나 풍경으로 존재하는 것이 아니
고, 자연과 인간과 생활과 시간이 어우러진 삶의 한 원형으로 살아나고
있는 것이다.
　　생생한 부족의 언어는 외부 풍경만이 아니고 집안 내부를 그려내기도
하는데, 희미하게 흔들리는 불빛 아래 할머니의 옛이야기 소리와 물레
돌아가는 소리가 있다.

　　꼬부랑 개 울음소리 멀어지면
　　어사출도요
　　여러 잡놈이 죽창에도 내어 쏟는 소리
　　마패 같은 별이 문틈으로 흘러가고

무식한 할미도 완곡한 대목에 이르러서야
눈물 나던 것……
시름시름 앓는 불빛 속에서
윙윙 물레는 돌고
흰 가래떡 같은 고치가 가락토리에 넘어지면
두 뺨에 어룽진 눈물 자국이야

늦초사니 없는 변(卞)학도는 되지 말아야지
소갈머니 그래 쓰간디
마름집 마당에 아버지 作石가마니를
쿵쿵 져다 부리듯
다구지게 뜸을 들이던
아 꼬부랑 할미 옛이야기
銀河 ㅅ 물에서도 구슬 부스러지는 소리

—「꼬부랑 할미 옛 이야기」 중에서

전기와 통신의 힘에 밀려서 잃어버린 지 이미 오래된 소리들이 시속에는 살아 있다. 밤이 깊어지고 마을이 정적에 잦아들면 아른거리는 호롱불 밑에서 가족의 정겹고 단란한 이야기가 오간다. 어머니는 물레 앞에 앉아 실을 자아내고 물레 돌아가는 소리에 맞추어 오르락내리락하며 할머니의 옛이야기가 이어진다. 할머니 옛이야기를 들으며 울고 웃고 배우고 혀를 차면서 눈물짓는 속에서 어른이 되어가던 시골 밤이 스멀스멀 살아난다.

유년의 풍경이고 예전에 잃어버린 시간이라는 점에서 냉혹하고 비정한 현재와는 동떨어져 있는 장면이지만, 작석가마니를 져다 던지는 쿵쿵거리는 아버지의 발걸음 소리나 '소갈머니 그래 쓰간디'라고 내뱉는 할머니의 목쉰 소리가 어우러져 이 과거의 풍경은 시적 진정성이라는 질감을 얻고 있다.

시적 서정이 주관주의에 매몰된 회고나 감상으로 빠지지 않기 위해서는 서정의 몸체가 되는 시어가 힘을 갖지 않으면 안 된다. 송수권의 시어는 시인의 뿌리이자 서정의 바탕인 남도의 산천과 호흡에서 길어 올린 것이기에, 그 시어가 그려낸 잃어버린 세계는 감동적이다.

그의 시를 생생하게 만드는 또 하나의 중요한 형식적 특성은 독자의 불러들이는 어법이다. 서정시는 근원적으로 대화적이라기보다는 독백적 요소가 강할 수밖에 없는데, 송수권의 시에서는 이와는 다르게 독자를 부르는 소리가 특히 눈에 띈다. 또한 슬픔이 배어 있는 전통적인 서정이 시세계의 배음이기는 하지만, 시적 화자의 목소리는 전통시와도 사뭇 다르다. 전통 서정시의 화자는 주로 여성화자로서 주관적인 감정의 분출이나 영탄의 어조를 보여주었던 것과 달리, 송수권의 시적 화자는 남성이거나 또는 중성적인 목소리이며, 독자에게 말을 건네거나 독자의 귀를 기울이게 한다.

① 누이야 지금도 살아서 보는가

—「산문에 기대어」 중에서

② 그렇다 너와 내가 자꾸 꼬여가는 그 속에서
  좋은 꽃들은 피어나지 않겠느냐

—「등(藤)꽃 아래서」 중에서

③ 아무도 모르리라
  이곳을 드나들며 강물을 깊어지고
  깊어지면서 國境 하나를 흔적 없이
  지우고 달아나는 것을

—「석주관(石柱關)」 중에서

④ 아 오늘 차라리 나와 같이 목마른 자
  西海 마셔 버려라 西海 마셔 버려라.

—「겨울 강화행(江華行)」 중에서

①에서 누이를 부르는 것은 시적 화자가 남성으로 설정됨으로써, 전통적인 여성성의 세계에서 거리를 가지고 있음을 의미한다. 누이를 부르는 것은 그리움의 표현인 동시에, 서정의 세계, 감정의 세계에 대한 의도적인 견제의식과도 연관이 있다. 시적 화자는 이렇게 물러나 있으면서 대신 누이로 대표되는 청자들 모두를 그가 만든 세계로 동참시키고 있다. 독자들은 ②에서처럼 '너'라는 현상적 청자로 직접 드러나는가 하면 ③에서처럼 '아무도'에 속하는 무명의 전체로서 존재하기도 한다. 분명한 것은 그의 시에는 항상 독자의 존재가 상정되어 있으며, '않겠느냐②' '모르리라③' '마셔버려라④'라는 단호하고도 격정적인 종결부에서도 느낄 수 있듯이, 독자의 반응을 적극적으로 의도하고 있다는 것이다.

강은 긴 그림자를 늘이고 흐른다
보이지 않은 날개를 달고
무심코 버려진 강변의 돌들을 불러 모아
서글서글한 눈을 뜨게 하고 얘들아 얘들아
손잡아라 속삭이며 흐른다
(…중략…)
너는 듣는가 지리산 노간주나무
체양 넓은 잎새에 튀는 몇 낱의 물방울에
바다가 모여서 웅얼웅얼 빛나는 것을
산이 제 골짜기로 깊어지면서 한 시대의
적막한 물소리를 만들고
띠처럼 죄는 강물에 몇 개의 산봉우리들이
늦가을 뜨거운 불을 뒤집어쓰고 목을 떨군 채
단근질 쇠처럼 피시식 꺼져 가는 소리를
강이 흐른다 천 년의 대낮에
장대같이 살아 눈부신 강이 흐른다

—「강(江)」 중에서

위의 시는 그림자를 늘이고 유유히 흐르는 강의 적막한 풍경으로부터 시작하지만, 강의 역사를 되짚고 올라가는 목소리에 의해서 이 적막한 풍경은 천년을 이어오는 눈부신 생명의 공간으로 다시 태어난다. 강을 흘러지나가는 풍경으로만 바라보는 자들을 시인은 "애들아 애들아"라고 부르면서 돌처럼 차갑게 굳어져버린 독자의 눈을 뜨게 하고 흐르는 강 물의 역사와 손잡게 한다. 독자를 부르는 목소리는 강이 풍경으로만 있 는 것이 아니고 원래 우리들의 삶 속에서 시작되었고, 우리들 하나 하나 가 강의 역사를 만들었음을 이야기해준다. 물방울이 바다가 되고, 산골 짜기의 적막한 어둠이 산봉우리와 계절을 지나서 강이 되어 흐르고 있 음을 들려준다.

엄정한 거리의식에 의해서 창조된 풍경이 고립무원의 주관의 세계가 되지 않도록 송수권은 그의 풍경 안에 독자를 적극적으로 끌어들인다. 원초적이고 생명력 넘치는 시어와, 독자를 부르는 시인의 적극적인 목소 리에 의해 풍경은 삶의 질감을 얻게 된다.

4. 풍경의 창조와 서정시의 진정성

세계에 대한 거리의식이 시인의 미학적 태도의 문제이고 시어나 어법 이 그 태도를 구체화시키는 도구라면, 보다 근본적인 문제는 창조의 화 폭을 어디에 펼쳐서 무엇을 보여줄까 하는 것이다.

세계에 대한 거리의식에 의하여 만들어진 서정적인 시세계는 분명히 실제의 현실과는 다른 곳이 분명하지만, 생에 대한 정밀한 성찰과 삶의 진실을 꿰뚫는 상상력이 펼쳐질 때 현실을 감싸 안는 삶의 진정성이 획 득될 수 있다. 송수권의 시는 자연의 원리와 인생을 병치시키거나, 또는 순간과 역사를 병치시킴으로써 이 진정성에 다가가고 있다.

「춘향이 생각」이라는 작품에서는 차고 기우는 달의 원리에다가 사랑과 이별 재회라는 인생사를 겹쳐놓는다. 인생의 단면만을 보면 삶은 고통이나 비극으로 가득한 것 같지만, 자연의 원리에다 삶을 대입해보는 순간, 감추어진 비밀의 세계가 보이기 마련이다. "산봉우리들이 수런수런 잔기침을 놓아 보기 좋은 달 하나 解産"(「춘향이 생각」 중에서)하는 자연현상과 "처음 눈 맞춘 죄로 옥사장 큰 칼을 쓰고" 죽음 앞에 서 있는 춘향이가 이어지는 순간, 춘향이의 사랑은 재생과 희망의 이야기로 생명력을 얻게 된다.

> 한껏 구름의 나들이가 보기 좋은 날
> 藤나무 아래 기대어 서서 보면
> 가닥가닥 꼬여 넝쿨져 뻗는 것이
> 참 예사스러운 일이 아니다.
> (…중략…)
> 밑뿌리야 절제 없이 뻗어 있겠지만
> 아랫도리의 두어 가닥 튼튼한 줄기가 꼬여
> 큰 둥치를 이루는 것을 보면
> 그렇다 너와 내가 자꾸 꼬여 가는 그 속에서
> 좋은 꽃들은 피어나지 않겠느냐?
>
> —「등꽃 아래서」 중에서

화자는 등나무에 기대어 꽃을 바라보고 있다. '기대어 있다—꼬여가다—꽃을 피우다'로 의미구조가 진행되는 것에서 알 수 있듯이 등나무라는 자연의 대상이 뿌리를 내리고 줄기를 키워 꽃을 피우는 원리에서 화자는 삶의 원리를 발견한다. 가닥가닥 넝쿨이 얽히는 것에서 기쁨과 슬픔을 다스리는 마음을 배우고 삶의 갈피들이 든든하게 얽혀 들어가야 비로소 꽃이 필 수 있음을 배우는 것이다. 자연의 원리와 삶의 원리가 화해하면서 이루어내는 서정적인 상호 동화의 순간이다.

여러 산 봉우리에 여러 마리의 뻐꾸기가
울음 울어
떼로 울음 울어
석 석 삼년도 봄을 더 넘겨서야
나는 길든 설움에 맛이 들고
그것이 실상은 한 마리의 뻐꾹새임을
알아 냈다.

智異山下
한 봉우리에 숨은 실제의 뻐꾹새가
한 울음을 토해 내면
뒷산 봉우리 받아 넘기고
또 뒷산 봉우리 받아 넘기고
그래서 여러 마리의 뻐꾹새로 울음 우는 것을
알았다.

智異山中
저 連連한 산봉우리들이 다 울고 나서
오래 남은 추스림 끝에
비로소 한 소리 없는 江이 열리는 것을 보았다.

섬진감 섬진강
그 힘센 물줄기가
하동쪽 남해를 흘러들어
南海群島의 여러 작음 섬을 밀어 올리는 것을 보았다.
봄 하룻날 그 눈물 다 슬리어서
智異山下에서 울던 한 마리 뻐꾹새 울음이
이승의 서러운 맨 마지막 빛깔로 남아

이 세석 철쭉꽃밭을 다 태우는 것을 보았다.

—「智異山 뻐꾹새」 전문

위의 시에서는 새와 인간, 산과 강, 바다와 섬, 그리고 계절의 순환이 하나의 호흡으로 동화되어 웅대한 생의 심포니를 이루고 있다.

봄날 철쭉꽃이 지리산의 세석평전을 붉게 물들이고 있는 풍경이 시의 일차적 대상이라면, 배경이 되는 지리산과 섬진강에 얽힌 역사적 질곡은 봄의 풍경을 역사적인 상상력의 장으로 나아가게 하여, 뻐꾸기의 울음소리가 근거 없는 애상이나 끝도 없는 정한의 가락으로 빠지지 않게 한다.

철쭉꽃밭—지리산—섬진강—바다—섬을 이어내는 연쇄적 이미지가 힘을 갖기 위해서는 인식과 성찰의 영역을 필요로 한다. 지리산과 섬진강이 갖는 역사적 비극은 이러한 공간을 하나로 이어내는 바탕이 되는 것이다. 석삼년이 넘도록 설움을 안고 산 화자이기에 뻐꾸기 떼의 울음은 더 이상 울음이 아니고 하나 하나의 이야기이며, 그 이야기들이 만들어 낸 슬픈 공동의 역사로 파악된다. 따라서 이러한 공동체의 정서와 역사를 바탕으로 하기에 뻐꾸기 울음소리는 지리산과 섬진강 그리고 다도해의 섬들까지도 하나의 풍경으로 아우를 수 있는 것이다.

세계를 자신의 내부로 동일화하는 서정시의 원리를 충실하게 재현하고 있는 셈인데, 여기에서 주목해야 하는 것은 이러한 서정성은 역사로부터 동력을 획득하고 있다는 것이다. 인간의 서정이란 공중을 부유하는 것이거나, 초월적인 것이 아니고, 현실의 맥락에서 형성되고 구체화되는 역사적 실체이다. 따라서 서정시가 순간의 풍경을 포착한다고 할지라도 그것은 다양한 시공간으로 열려 있어야 하며, 선택의 시선 역시 현실과의 긴장 관계를 놓치지 않아야 한다. 송수권의 아름다운 서정시들은 실제로 이러한 맥락 속에서 탄생한다.

밀물 때가 되면 볼 거

팔만대장경을 찍는 잎잎이 살아 뛰는 바다
풋풋한 한 劃마다 아가미를 기대이며
우는 물고기들을

—「새로 오는 물결의 떼」 중에서

영원이라는 시간 속에 계속되는 파도의 움직임과 그 시간 속에 내재해 있는 역사와 삶의 흔적들이 한 장의 그림 속에 충격적이고 아름답게 결합되어 있는 시이다.

밀물 때 몰려오는 물결을 한 겹 한 겹 살아 있는 이파리로 느낄 수 있는 이유는 그 물결의 요동 속에서 "팔만 대장경을 찍는" 민초들의 생에 대한 염원을 보기 때문이다. 나무판에 새겨진 글자들을 "풋풋한 한 劃마다 아가미를 기대이며 / 우는 물고기"로 형상화할 수 있는 힘은 삶과 역사에 대한 진지하고 정직한 대면에서 나올 수 있다. 팔만대장경이란 결국 아가미를 펄떡거리며 이승에서의 삶을 갈구했던 작은 생명들의 염원의 새김이 아니었던가? 삶을 갈구하면서 스러져간 수많은 생명의 불꽃을 밀물의 포말에서 포착하는 순간이야말로 서정적 진정성이 열리는 순간이다.

한밤중 원고지 위에 줄을 갈면서
무심히 잠든 아내의 얼굴을 본다
(…중략…)
변방으로 밀려난 밋밋한 산 등성이
오직 이 작은 벌판에 살아 움직이는 것
저 겨울 파수병 같은 눈썹 몇 개
언 벌판을 비비며
칼바람 소리를 내고 있다.

—「겨울 파수병」 중에서

한밤중에 원고지를 앞에 두고 시를 쓰다가 잠이 든 아내의 얼굴을 바

라보는데, 원고지라는 시인의 화폭 안에 아내의 초라한 잠든 모습이 겹
쳐진다. 시란 현실 이상의 것도 이하의 것도 아니며, 현실 속에서 비로소
정직한 시 정신이 만들어짐을 보여주는 순간이다. 시와 현실, 서정적 정
신과 칼바람 소리를 내는 현실이 팽팽하게 긴장한다. 창작의 고통을 언
벌판을 지키는 아내의 파르르 떨리는 눈썹과 동일화시키는 순간, 강렬한
생의 감각을 타고 시가 탄생한다.

5. 경계의 자리, 화해의 울음

서정시는 언어라는 프레임에 갇힌 채 한 장의 풍경화처럼 낯선 얼굴로
독자 앞에 놓여 있다. 서정적 언어를 짓누르는 현실이 위압적이고 폭력적
일 때일수록, 서정시는 어설프고 기이한 것이 되기 쉽다. 이런 현실 속에
서 한편의 서정시는 무엇을 말할 수 있는가? 어떻게 말할 수 있는가?
1970년대라는 겨울을 지키는 파수병임을 한 번도 송수권은 자처하지
않았지만, 그의 시가 1970년대라는 얼어붙은 벌판에서 탄생하였음을 부
인하기는 어렵다.

> 저 뻐꾹새 한 마리가 수천 수백의 지리산 봉우리를 다 울리고 가듯이 울타리
> 가에서 울지 말고 이 시대의 한복판에서 울어라. 이 걸리지 않는 풍경 속에서
> 깊이 걸리는 일이야말로 가장 현명한 삶이다.
> —시집 『산문에 기대어』 「自序」 중에서[6]

'걸리지 않는 풍경 속에서 깊이 걸려' 울겠다는 고백은 어느 곳에도

---

6) 시집 『山門에 기대어』, 문학사상사, 1980.

사로잡히지 않고 자신마저도 철저하게 바라볼 때, 모순을 통합하는 서정시의 깊이가 획득될 수 있다는 고전적 시론을 떠오르게 한다. 송수권에 있어 풍경 속에서 깊이 걸려 우는 방법이란 실제로 '기대어 바라보는 것'이었다. 이러한 치열한 대면과정 속에서 삶의 진실을 담는 서정적 풍경을 펼쳐냄으로써, 그의 노래는 시대의 한복판을 관통할 수 있었다.

'산문(山門)에 기대어' 서 있는 지점은 1970년대 서정시의 한 좌표였다. 그리고 송수권의 탐색은 모순되는 세계에 대해 화해와 균형을 꿈꾸는 서정시의 존재 양식에 대한 보편적인 해답을 주고 있다고 할 수 있다.

참고할 문헌

송수권, 『山門에 기대어』, 문학사상사, 1980.

김용직, 「한국적 정서와 힘」, 解說 『山門에 기대어』, 문학사상사, 1992.

김준오, 「곡선의 想法과 전통시─송수권의 시세계와 시사적 의의」, 『시와 시학』, 1991년 가을.

박윤우, 「민족적 삶의 곡진한 가락, 혹은 서정 언어의 육화에 이르는 길」, 『시와 시학』, 2003년 가을.

박호영, 「낭만적 리얼리즘의 지평─송수권 시의 형상과 기법」, 『시와 시학』, 1991년 가을.

이대규, 「문학교육과 텍스트의 상호성」, 『한국언어문학』 39집, 한국언어문학회, 1997.

장경렬, 「인식의 전경화와 시적 소재로서의 언어」, 『시와 시학』, 1999년 여름.

한명회, 「지리산 뻐꾹새 혹은 섬진강 어부」, 『시와 시학』, 2003년 가을.

3부

시대적 허무와 시적 자의식

정치적 상상력의 우의성과 비판적 긴장

황동규론

이연승

1. 언어적 행로를 따라서

황동규의 시의 광맥은 넓고 풍요롭다. 1958년 등단한 이래 40년 넘게 한국 시단을 지키면서 커다란 봉우리를 이루고 있는 그의 시세계는 시 쓰기가 곧 삶이라는 명제를 온몸으로 입증해 왔다. 시란 곧 한 시인이 맞닥뜨리게 되는 세계와의 조응임을 감안해 볼 때, 그가 보여준 감성과 세계인식 태도는 그가 몸담고 있는 1950년대부터 2000년대까지의 문학적 성과에 대한 모색과 반성을 함축하고 있는 것으로 보인다. 그는 부단한 시적 갱신과 다양한 진폭의 시로 활동하면서 시쓰기와 삶의 관계를 재조절하는 인식 태도, 즉 자신을 규정짓고 있는 삶과 세계 사이에서 어떤 방식의 시쓰기로 세계에 대응할 것인가의 문제와 방법론을 끊임없이 제기해 왔다.

작품과 삶의 근원을 더듬어 나가면서 '시와 삶의 끝없는, 치열한 탐구'를 시작(詩作)의 한 목표로 삼고 있는 황동규는 그가 지향하는 세계를 작품 속에 구현하기 위해 다양한 미학적 장치를 운용(運用)해 왔다. 본격적인 논의 전개에 들어가기에 앞서 다음 사항을 전제해 두고자 한다. 우선 1950년대 이후 한국 현대시사 위에 부각된 황동규의 시편들은 화자와 시적 대상, 화자와 시인, 그리고 세계 사이의 관계 및 거리 양상이 다양하고 독특하게 변주된 것으로 판단된다. 이 글에서는 황동규 시에서 화자와 세계 사이의 거리가 인식 주체인 시인과 그 대상 세계의 미학적 거리를 함축하고 있으며, 황동규 시의 특성과 변모를 밝혀주는 하나의 기준이 될 것임을 전제하고 논의를 이끌어나가고자 한다.[1]

이제, 황동규의 시를 읽어나가면서 시인의 내부에 자리잡고 있는 근원 의식과 그 의식의 뿌리에서 출발하는, 다양한 언어적 행로를 살펴보도록 한다. 인식의 주체인 시인이 경험적 현실과 객관 세계에 응전해 나가는 방식과 상상력의 지향점이 무엇인지를 밝히는 일은 1970년대 황동규 시의 세부적인 면모를 파악할 수 있는 작업이 될 것이다.

2. 비판적 거리의 설정과 '난해한 사랑'

1970년대 황동규 시에서 외부세계의 폭력적인 힘과 이에 대비되는 왜

---

1) 황동규의 시세계는 지금까지 출간된 시집을 기준으로 할 경우 『어떤 개인 날』(1961), 『비가(悲歌)』(1965)를 초기시로, 『태평가』(1968)와 『열하일기』(1972), 『나는 바퀴를 보면 굴리고 싶어진다』(1978)를 중기시로, 그리고 『악어를 조심하라고?』(1986) 이후의 시들을 후기시로 규정할 수 있을 것이다. 이후의 시집은 『몰운대행』(1991), 『미시령 큰바람』(1993), 『풍장』(1995), 『외계인』(1997), 『버클리풍의 사랑노래』(2000), 『우연에 기댈 때도 있었다』(2003)가 있다.

소한 자아에 대한 인식은 폭넓은 현실 탐구와 비판의식에서 비롯된다. 대상을 객관적이고 비판적으로 응시하는 자세는 자아의 내면적 갈등과 외부세계의 모순을 비판적인 시선으로 관찰함으로써 반성적 판단력을 획득하기에 이른다. 황동규는 우회적인 진술을 통해 분석적이고 지적인 방법적 세계인식 태도를 보여주는데, 여기서 텍스트의 표면에 드러나는 반어적인 어조는 시인의 조작에 의해 구성된 이원적인 성격을 띠며, 어조의 이중구조를 통해 의미의 긴장과 현실의 복합적인 면모를 드러낼 수 있게 된다.

> 말을 들어보니
> 우리는 약소민족이라드군
> 낮에도 문을 잠그고 연탄불을 쬐고
> 有信眼藥을 넣고
> 에세이를 읽는다드군
>
> 몸 한구석에 감출 수 없는 고민을 지니고
> 병장 이하의 계급으로 돌아다녀 보라
> 김해에서 화천까지
> 防寒服 外皮에 수통을 달고
> 到處鐵條網
> 皆有檢問所
> 그건 난해한 사랑이다
> 난해한 사랑이다
> 全皮手匣 낀 손을 내밀면
> 언제부터인가
> 눈보다 더 차가운 눈이 내리고 있다
>
> ─「太平歌」전문

이 시에 나타나는 화자의 어조는 외부세계와 현실에 대한 내면의식이 부정적이면서도 간접적인 방식으로 전달되어 나타난다. 1연은 어떤 소문에 대한 진술로 도입부에 "말을 들어보니 ~라드군"이라는 간접화법의 형태를 취해 서술화자의 객관적 태도를 표명한다. 여기서 화자가 독자에게 전달하려는 것은 우리들 스스로를 "약소민족"이라고 자칭하는 비하적인 태도이거나 "낮에도 문 잠그고 연탄불을 쬐"며 "유신안약"을 넣고 에세이를 읽는 부당하고 폐쇄적인 상황들이다.

화자는 대상 인물에 대해 부정적이면서도 풍자적인 태도를 취하고 있으며 여기서 비판적인 거리의식을 이끌어 낼 수 있다. "유신안약"을 눈에 넣고 에세이를 읽는 행위는 모순을 은폐하려는 안일한 위안이라는 조소가 내포되어 있으며 이러한 행위에 대한 풍자적인 태도는 서술화자의 '~라드군', '~다드군'이라는 서술어미와 결합함으로써 유기적인 효과를 얻고 있다.

이러한 화자의 태도에서 독자는 텍스트의 이중적 차원을 포착할 수 있게 된다. 텍스트 속에서 대상 인물인 "우리"는 소시민적인 자의식에 갇힌 물화된 인물들로 그려지고 있다. 화자는 이러한 인물들의 행위에 대해 야유적인 표현을 사용하고 있는데, 여기서 독자는 대상 인물에 대해 냉소적이고 부정적인 시인의 태도를 느낄 수 있게 된다.

그러나, 2연에서는 화자의 어조와 서술태도가 1연의 풍자적이고 간접적인 어조와는 달리 명령형의 어법으로 전환하면서 경험세계의 한 단면을 보다 구체화시켜 전달하는 방식을 보여준다. 화자의 "돌아다녀 보라"는 명령형 언술은 문이 잠긴 폐쇄적이고 비개방적인 공간에서 탈피하여 "김해에서 화천까지"라는 구체적이고 지형학적인 삶의 공간과 조우하려는 적극적인 의지의 표출로 읽을 수 있다. 화자는 "병장 이하의 계급"을 단 군인이라는 구체적인 인물로 분장하여 "철조망"과 "검문소"가 깔려 있는 동시대의 상황을 응시하고 있다.

독자가 포착할 수 있는 억압적이고 고통스러운 삶의 양태와 규정력은 "도처철조망(到處鐵條網)", "개유검문소(皆有檢問所)"라는 시어들을 통해 우회적으로 전달되고 있으며 시인이 발견한 경험세계의 모순은 이 두 행에 집약적으로 표현되어 있다. 여기서 "방한복(防寒服) 외피(外皮)에 수통"을 단 군인의 신분으로 현실을 받아들이는 화자의 태도는 억압적인 상황을 있는 그대로 수락하거나 외면하는 것이 아니라 비판적인 거리의식을 개입시키면서 이를 수용하는 면모를 보여준다.

"방한복(防寒服)"과 "전피수갑(全皮手匣)"으로 대변되는 현재의 상황은 '난해한 사랑'으로 규정될 수밖에 없는 모호하고 불투명한 것이지만, 시인은 한정된 공간에서 현실적인 삶을 회피하거나 외면할 수 없는 것임을 독자에게 전달하고 있다. 이러한 삶을 사랑으로 환원시킬 때 "전피수갑(全皮手匣) 긴 손"을 내밀 수 있는 태도가 이루어지며, 억압적인 현실과 세계를 향해 손을 내미는 자세는 현실을 수락하면서 이를 비판적으로 수용하려는 시인의 이원적인 태도표명이라고 할 수 있다.

"눈보다 더 차가운 눈"이 내리는 암울한 현실에 대한 시인의 의식은 자신의 주관적인 감정 개입을 억제하고 비판적인 감각을 유지하는 가운데 정서적인 긴장감을 획득하고 있다. 비판되어야 할 대상 세계에 일정한 거리감각을 확보할 때 우회적인 진술과 풍자가 가능한 것이다.

시인은 억압적인 현실과 상황에 대해 이를 냉정하게 응시할 수 있는 거리를 설정하고 자신의 주관적인 육성의 노출을 지양하는 가운데 간접화된 어법을 통해 복합적인 의미구조를 산출하고 있다. 표면적으로는 직접적인 비판의식을 드러내지는 않지만 우회적인 전달 방식을 통해 경험현실에 대한 이원적인 태도를 보여주고 있는 것이다. 이 '난해한 사랑'에 함축된 시인의 비판적인 거리의식은 부조리한 현실세계를 탐사하기 위한 지적인 태도의 소산으로 받아들여지며, 대상 세계를 객관적으로 파악하도록 하는 균형과 절제의 원리가 된다고 할 것이다.

3. 역사적 인물의 도입과 반어적 언술

　한편 외부세계의 억압적인 규정력과 이에 대립되는 개별적인 보편인
으로서의 인물에 대한 반어적인 인식은 다음의 시에서도 나타나는데 시
인은 역사적 인물을 도입하여 반어적인 긴장과 우의성을 배가시킨다.

　　①琫準이가 운다, 무식하게 무식하게
　　　일자 무식하게, 아 한문만 알았던들
　　　부드럽게 우는 법만 알았던들
　　②왕 뒤에 큰 왕이 있고
　　　큰 왕의 채찍 !
　　　마패없이 거듭 국경을 넘는
　　　저 步馬의 겨울 안개 아래
　　　부챗살로 갈라지는 땅들
　　　砲들이 얼굴 망가진 아이들처럼 울어
　　　찬 눈에 홀로 볼 비빌 것을 알았던들
　　　계룡산에 들어 조용히 밭에 목매었으련만
　　　목매었으련만, 대국낫도 왜낫도 잘 들었으련만
　　③눈이 내린다, 우리가 무심히 건너는 돌다리에
　　　형제의 아버지가 남몰래 앓는 초가 그늘에
　　　귀 기울여 보아라, 눈이 내린다, 무심히,
　　　갑갑하게 내려앉은 하늘 아래
　　　무식하게 무식하게.

—「三南에 내리는 눈」 전문

　이 시에서 객관적인 인식이 뚜렷하게 나타나는 것은 전봉준이라는 낯
익은 역사적 인물에 대한 시인의 재해석과 태도 때문이다. 시 속의 화자
는 역사적 인물인 전봉준과 간접적인 대면을 하면서 현실의 세계 속으

로 이입되고 여기에 대한 풍자적 논평을 가하는 형태를 취하고 있다. 우선, 이 시는 내용전개상 ①, ②, ③의 세 단락으로 의미구조를 나누어 볼 수 있다.

①, ②에서의 내용은 전봉준이라는 역사적 인물에 대한 화자의 판단진술과 논평으로, 행위나 상황을 객관적으로 서술한 지시서술의 성격이 두드러진다.

이 시의 서두인 ① 부분은 돌발적이고 갑작스런 정조로 열려 있다. 봉건적이고 인습적인 구시대의 삶의 질서에 투쟁했던 전봉준의 당당하고 영웅적인 이미지 대신 "무식하게 우"는, 비굴한 모습이 시의 전면에 제시됨으로써 앞으로 이어질 시의 내용에 대한 흥미와 긴장을 유도한다. 1, 2, 3행의 진술은 전봉준의 울음이 무지에서 비롯된 것이었음을 나타낸다. 그가 한문을 아는 식자였다면 왕 뒤에 큰 왕이 있음을 간파했을 것이며, 그들의 채찍질 아래 국경을 넘는 권력의 힘에 맞서 "찬 눈에 홀로 볼비비"는 고통은 없었을 것이라는 입장을 보인다. 이러한 화자의 태도 표명은 전봉준을 야유하고 왜곡하기 위한 것으로 보이나 그 이면에는 한문으로 대표되는 사대주의 정신, 혹은 "큰 왕의 채찍"으로 상징되는 절대권력에 편승하여 "부드럽게 우는 법"으로 삶을 영위했던 나약한 사대부의 식자층에 대한 질타와 비판의 시선이 숨어 있다.

②에서 주로 표현되고 있는 것은 "큰 왕의 채찍", "步馬의 겨울 안개" 같은 비유가 드러내는 절대적인 억압과 상황의 어두움이다. "步馬의 겨울 안개"라는 시어는 달리는 말의 맹목적인 속도감과 겨울 안개라는 음습한 시각적 이미지가 유기적으로 연결되어 폭력과 억압으로 점철되었던 과거 역사의 상황을 비유적으로 전달하고 있다. 이렇게 질주하는 폭압의 규정력은 8행의 "부챗살로 갈라지는 땅"에서 암시되는 고통스럽고 균열된 삶의 실상으로 확산되어 나타난다.

②에서 전봉준의 영웅적이고 신화적인 모습보다 시대의 폭력에 억눌려 고통받는 한 개인의 인간적인 모습을 부각시켜 "우는", "찬눈에 홀로

볼 비비는”, “조용히 목매”는 모습으로 형상화한 것은 시대적인 고통이 철저히 개인의 것에서부터 출발한다는 시인의 인식태도와 연관된다. 그의 울음은 개인적 아픔이 아니라 역사적 아픔이며 주인공인 전봉준의 행위를 진술하는 시인의 삶에 대한 태도도 역사화된 태도라고 할 수 있다.

①, ②에서 화자의 어조는 5행의 느낌표 ‘!’의 부가와 포(砲)의 울음에서 연상되는 고양된 정서 상태를 표현하다가 ③에서는 어조의 급격한 전환과 하강을 나타낸다. 이러한 어조의 변화는 과거의 사실을 시적으로 재구성해서 현재적 삶의 정황을 통찰하려는 시인의 반어적인 어조와 연관된다.

아이러니의 시는 보통 두 개의 상충되는 시점을 가지며 사물을 이중적으로 폭넓게 바라보는 시인의 태도와 연관된다고 할 때 ①, ② 단락의 상승된 어조는 과거의 역사적 사실과 인물에 대한 고통을 환기, 재확인시키고 ③ 단락의 하강의 어조는 ‘지금, 여기’의 당대적 상황을 비판적으로 응시할 수 있도록 유도하고 있다. 이 어조의 변화는 화자의 변화이며 제재에 대한 태도의 변화라고 할 수 있다. 상반되는 두 어조 사이의 거리는 화자와 세계와의 거리의식을 환기하는 것이다.

①, ②에서 화자의 비탄에 섞인 목소리는 우리 모두가 역사적 존재임을 일깨우고 역사적 사실에 둔감한 대다수의 인간들을 질타하려는 의도가 내재되어 있다. 시인의 상상력은 과거의 사실을 비판적으로 재구성해서 우리가 약소민족임을 환기시킨다. 전봉준의 울음이 개별적인 실존인으로서의 아픔만이 아니고 민족적 아픔으로 공유될 수 있듯이 그것은 과거의 역사적인 아픔만이 아니라 동시대의 아픔으로 환원될 수 있는 것이다.

시인은 전봉준이라는 구체적인 역사적 인물을 채택하고 이를 통해 자아의 이념과 태도를 투사시킴으로써 고정적이 아닌 ‘유동적인 인격성’과 시적 의미의 풍부성을 보여주고 있는 것이다.

㉠ 가르치려는 者들은

복잡하게 한다
죽음을

우리 같이 보자
行人들
돌 든 학생들
혹은 壁에 기대선 꽃물
그대의 죽음은 단순하다

—「許筠 2」 중에서

ⓛ 눈떠라 눈떠라 참담한 時代가 온다
東편도 西편도 치닫는 바람
먼저 떠난 자 혼자 죽는 바라
同列에 흐느낄 때 만나는 사람

—「全琫準」 중에서

시인은 비극적인 역사의 주인공들과 대면을 하면서 이로부터 현실의
어두움과 아픔을 환기시킨다. ⓖ에서는 비극적인 생애를 살다간 허균(許
筠)의 죽음을 모티프로 삼아 외부의 폭력으로 인한 죽음조차 "단순함"으
로 치부되는 현실의 억압적인 상황을 객관적인 시선으로 응시하고 있다.
"돌 든 학생들"과 "步道에 흘리는 꽃물"의 이미지에서 연상되는 것은 잔
인한 시위현장이며, 외부의 폭력과 이에 대응하는 맞섬의 양상이 작품
속에 숨어 있다고 볼 수 있다. 경험세계의 억압적인 상황은 '복잡함'으
로, 이에 대응하는 약자의 모습은 '단순함'으로 대립되면서 시인은 현실
적인 삶의 문맥을 예리하게 포착하고 있는 것이다. 상황 속에 감추어진
개별적인 인간의 비극을 드러내고자 하는 시인의 의지는 대상에 대해
일정한 거리를 두고 객관적인 통찰의 자세를 보인다. 시 속의 화자는 상
황 속에 완전히 이입, 동화되는 것이 아니라 "우리 같이 보자"라는 시행
에서 드러나듯이 관찰자의 시각을 유지하면서 중립적인 보고자로서의

객관성을 확보하고 있다.

시인은 외부의 폭력적인 힘과 이에 대비되는 약자에 대한 인식을 역사적인 인물을 채용해 간접적으로 전달하고 있는 것이며, 이것은 ⓛ의 시에서도 이어진다. 격동기의 대표적인 근세 인물로 상징되는 전봉준의 행적을 통해 황동규는 현실적이고 역사적인 고뇌의 긴장을 시적으로 재구성해서 현재의 아픔을 환기시킨다.

선각자의 인식을 가지고 앞서 걸은 자의 삶이란 "참담한 時代"에 맞부딪치면서 현실적인 비극을 감당할 수밖에 없는 것임을 우회적으로 보여주고 있는 이 시는, "同列"이라는 집단적인 테두리에서 공유되는 현재적 삶이 "東편도 西편도 치닫는 바람"이라는 표현에서 암시되듯 황폐하고 암울한 것임을 전달하고 있다. 감고 지낸 눈을 떠 현재의 모순을 각성하고 깨달음 속에서 앞으로 나아가는 비판적인 지식인의 삶의 궤적을 통해 시인은 현재의 상황이 암울하다는 사실을 일깨우고자 하는 것이다. "눈떠라 눈떠라 참담한 時代가 온다"는 격정적 비탄을 통해 시인은 역사적인 진실에 갈등하는 자아의 모습을 우회적으로 진술하고 그 존재의미를 기능적으로 형상화하고 있다. 즉, 과거의 사실과 인물을 비판적으로 수용하면서 한 인간의 역사적 삶의 문제와 연결되는 개인의 진실성을 간접적으로 표출하고 있다는 것이다.

문학작품은 특정한 인물이나 상황을 설정함으로써 작가의 인생관이나 현실관을 전달2)한다고 할 때 황동규의 시에서 전봉준·허균 같은 역사적 인물의 수용은 모순과 혼돈의 당대적 삶의 본질을 인식하고 삶의 부조리를 극복하려는 실존적 자아인식의 문제와 결부되어 나타난다고 할 것이다.

---

2) H. 마이어호프, 『문학과 시간현상학』, 1979, p.166

4. 병든 '말[言]'과 객관적 화자

　황동규 시에서 대사회적인 정치의식은 현실의 한복판을 겨누는 직접적인 육성의 표출이 아니라 앞에서 살펴본 역사적 의장(意匠)의 수용과 우회적인 형상화의 방식으로 긴장과 절제를 유지하는 가운데 전달되고 있다. 시인은 역사적 현실에 대한 고통과 갈등을 표출할 때에도 대상에 대해 거리를 두는 절제된 시적 묘사를 통해 이를 응시하고 비판하는 면모를 보여준다. 따라서 외부 상황에 대한 자아의 고뇌와 응전방식을 간접적이고 반어적인 방식으로 드러내면서 상황에 대한 극적인 긴장과 균형적인 거리감각을 놓치지 않고 있는 것이다. 다음의 시는 우회적인 형상화 방식의 정점을 이루는 작품으로, 외부 현실의 부조리함과 이에 대응하는 화자의 모습을 통해 복합적인 의미구조를 형성하고 있다.

①아아 病든 말[言]이다
　발바닥이 식었다
　단순한 남자가 되려고 결심한다
②마른 바람이
　하루종일 이리저리
　눈을 몰고 다닐 때
　저녁에는 눈마다 흙이 묻고
　해 形象의 해가 구르듯 빨리 질 때
　꿈판도 깨고
　찬 땅에 엎드려
　눈도 코도 입도 아조아조 비벼 버리고
③내가 보아도 내가 무서워지는
　몰려 다니며 거듭 밟히는
　흙빛 눈이 될까 안 될까

―「계엄령 속의 눈」 전문

이 시에서는 외부세계의 상황이 구체화되어 제시되고 있으며 그 상황은 "계엄령"이라는 동시대의 정치적인 체제로 시의 전면에 부각되어 있다. 시의 의미론적 내용전개상 화자 스스로가 시적 대상이 되어 주관적인 내성적 자각의 진술형식이 나타나는 ① 부분, 외부정황에 대한 상징적인 묘사와 행위에 대한 화자의 지시서술이 부가되고 있는 ② 부분, 그리고 화자의 내면에서 야기되는 공포심과 대응방식으로 완결되는 ③ 부분으로 나누어 볼 수 있다.

위의 시에서 주목되는 것은 계엄령이라는 억압적인 외부 상황에 대응하는 화자의 태도 표명이다. 이 시의 서두는 "아아"라는 감정의 직접적인 영탄을 통한 고통스러운 어조로 열려 있는데, 화자가 처한 상황은 "病든 말[言]"이 상징하는 부조리하고 억압적인 삶의 공간이며 여기에 놓인 개별적인 실존인으로서의 자아는 '눈'으로 명시되어 나타난다. "病든 말[言]"이란 계엄령으로 상징되는 억압과 폭력 앞에서 무력할 수밖에 없는 현재의 정황을 구체적으로 환기시키는 표현으로, 절대적인 상황 앞에서 힘을 발휘할 수 없는 언어에 대한 상징적인 묘사이기도 하다.

"병(病)든 말"이 난무하는 부조리한 세계 속에서는 허위와 기만적인 술책이 있을 뿐이며 비정상적이고 뒤틀린 인간과 대상만이 그 세계에 자리잡고 있다. 이러한 상황 속에서 화자는 '발바닥이 식는' 고통스러운 자의식의 층위를 드러내며 기만적인 세계에 스스로 편승, 동화되려는 자세를 취한다. 때문에 화자는 "단순한 남자가 되려고 결심"하거나 "찬 땅에 엎드려" 눈·코·입을 "아조아조 비벼버리는" 과장된 몸짓을 보여주며 "내가 보아도 내가 무서워지는 / 흙빛 눈"이 되고자 하는 것이다. "마른 바람이 하루종일 이리저리 눈을 몰고 다"니며 "해 形象의 해가 구르듯 빨리 지"는 엽기적인 상황은 황폐한 외부세계에 대한 우회적인 묘사로 화자의 과장된 자세의 간접적인 근거를 이루는 표현으로 볼 수 있다.

그러나 시 속의 화자는 억압적이고 경색된 상황을 직접적인 육성의 표출로 비판하지 않는다. 오히려 그 자신을 그러한 상황에 거짓 동화시

키고자 함으로써 비겁하고 혐오스런 자신과 상황에 대한 부정적인 인식
을 우회적으로 드러낸다.3) "단순한 남자"가 되려는 결심은 화자의 과장
스러우면서도 반어적인 의지가 내포되어 있다는 점에서 자아와 불화를
이루는 세계에 대한 역설적인 반항의 표출로 볼 수 있다. 이러한 반어적
인 어조와 태도는 억압에 대한 거부의 몸짓이며 상황의 엄혹성으로 인
해 비극적인 긴장을 유지할 수밖에 없는 자아의 고통스러운 내면 모습
이기도 하다. 화자의 반어적인 응전을 집약적으로 보여주고 있는 ③ 부
분에서는 "흙빛 눈이 될까 안될까"라는 자조적인 물음을 동반하면서 흙
빛 눈이 되려는 자아와 되지 않으려는 자아 사이의 대립적 긴장을 촉발,
화자의 실존적 정황을 강조하고 있다.

시인과 허구적 퍼소나와의 미학적 거리를 교묘하게 조절, 배치하는 것
은 가상적 구성을 통한 통찰을 가능하게 하며 시의 비전과 실체를 효과
적으로 극화시키는 방법임을 감안할 때, 이 시에서는 억압적인 상황에
압도되어 있는 왜소한 자아의 자조적인 물음과 상황에 응전하고자 하는
비판적인 자아의 숨겨진 목소리가 공존하고 있다. 상황의 엄혹함에 대응
하는 황동규의 시적인 응전은 물리적인 억압과 정면으로 맞서지는 못하
지만, 그 억압에 순응해버리지 않으려는 각성된 자아의 갈등이 주조음을
이루면서 역설적으로 현실에 대한 의식적 거리, 즉 억압에 맞서고자 하
는 비판의식을 간접적으로 환기시키고 있는 것이다.

이렇게 우회적인 진술과 반어적인 구조를 통해 획득되는 복합적인 의
미망은 황동규 시에서 다양한 시적 긴장감과 거리의식을 유발시키며, 자
아와 세계가 의식적인 긴장관계에 놓여 있음을 독자에게 전달하고 있다.
황동규는 대상과 세계를 객관적이고 비판적인 시각으로 바라보는 가운
데, 반성적인 인식을 개입시키면서 이를 형상화하고 있다. 즉 대립적 세
계에 대한 관찰과 풍자를 통해 현실 비판을 수행하는 화자인 '객관적 화

---

3) 이광호(1993), 「어조의 사회적 차원」, 『위반의 시학』, 문학과지성사, 257면.

자'를 통해 자아와 세계에 대한 비판정신을 실현하고 있는 것이다. 여기서 진실이 차단되어 있는 현실에 대한 시적 탐구는 대부분 우의적인 표현으로 이루어지고 있는데, 직접적인 행동으로 나아가지 않는 자아의 갈등과 고뇌에서 자학적인 색채와 분열된 어조가 수반되고 있음이 주목된다. 시인은 자아를 대상화함으로써 상황 속의 고뇌를 정직하게 응시하고 부조리한 현실에 대한 통찰이라는 사회 역사적인 차원으로의 확산을 유도하고 있는 것으로 보인다.

5. 객체화된 자아와 공포에의 자각

황동규 시에서 상황의 이면을 비판적으로 응시함으로써 획득되는 정서적 긴장과 자아의 내면적 갈등을 객체화시켜 관찰하려는 태도는 반성적인 자아를 통해 그 양상이 심화된다. 외부세계와 실존적 개인의 내면적 고뇌는 상호배치될 수 없으며 사회 역사적 갈등과 고통은 '나'의 것으로 수렴되기 때문이다.

그의 시에서는 상황에 억눌린 실존적 개인의 균열된 목소리가 시의 전면에 부각되는데, 이때 시인은 자아동일성이 상실된 세계에서의 자의식의 한 단면을 파편화된 시적 진술을 통해 드러낸다. 자아의 혼돈스러운 의식과 존재론적인 불안감은 분열된 어조와 상징적인 시의 분위기에 의해 전달되며 진실을 말할 수 없는 억압에 대한 시인의 응전은 자아를 객체화시키는 지적인 조작을 수행함으로써 사회적인 상황에 대한 부정적 인식을 극대화시키는 면모를 보여준다. 여기서 분열된 자아는 외부세계와 접촉하는 장치적 수단이 되는 동시에 자신의 고통스러운 의식을 객관화하고 비판적으로 응시하는 양상을 띤다.

이 악물고 울음을 참아도 얼굴이 분해되지 않는다. 이
상하다. 마른 풀더미만 눈에 보인다. 밤에도 눈을 떠도
잠이 오고 바람이 자꾸 잠을 몰아 한 곳에 쌓아 놓는다.
1972년 가을, 혹은 그 이듬해 어느 날, 가는 곳마다 마른
풀더미들이 쌓여 있다. 풀 위에 명새가 죽어 매어달리고
누군가 그 옆에서 탈을 쓰고 말없이 도리깨질을 하고 있
었다. 여기저기 그리고 내가 서 있는 자리에, 마음 모두
빼앗긴 탈들이 서로 엿보며 움직이고 있었다.
—「세 줌의 흙—서울 1972년 가을」 중에서

위의 시에서는 상황 설정이 '서울 1972년 가을'이라는 구체적인 부제를 달고 명시되어 있으나 화자는 우의적이고 암시적인 표현으로 자신이 처한 외부정황의 불구성과 황폐함을 드러낸다. 그것은 "눈을 떠도 잠이 오고" "풀 위에 명새가 죽어 매어 달"리며 "이 악물고 울음을 참아도 얼굴이 분해되지 않는" 부조리하고 기이한 삶의 풍경들이다. 여기서 감지되는 것은 화자의 고통스러운 의식과 "1972년 가을"이라는 동시대의 정치 사회적인 상황 속에서 행동으로 나아가지 못하는 자의 비극적인 딜레마이다. 화자가 발견하는 것은 "말없이 도리깨질을 하는" 무수한 "탈"들의 모습으로, 이것은 냉혹한 상황 속에서 운신할 수 없는 사람들의 훼손된 모습을 의미한다.

상황에 의해 훼손된 인간의 모습은 이렇게 "탈"의 모습으로 제시되며 허위적인 질서가 나포되는 암울한 상황 속에서는 서로 경계하고 의심하는 탈만이 존재하게 된다. 여기서 화자는 자아를 반성적으로 인식함으로써 자아를 객관화시키고 세계와의 관계를 맺는 자아의 기능을 객체화하여 수렴한다.

이렇게 진정한 자아를 감추어버리는 인간군의 묘사를 통해 시인은 상황의 내면을 비판적으로 응시하고 있으며 자아에게 공포감을 주는 정치 사회의 단면을 간접적으로 제시하는 것이다. 훼손된 세계에서의 자아의

균열과 불안감을 형상화하는 작업은 다음의 시에서 극명하게 나타난다.

나는 요새 무서워져요. 모든 것의 안만 보여요. 풀잎
뜬 강에는 살 없는 고기들이 놀고 있고 강물 위에 피었다
가 스러지는 구름에선 문득 암호만 비쳐요. 읽어봐야 소용
없어요. 혀 잘린 꽃들이 모두 고개 들고, 불행한 살들이
겁 없이 서 있는 것을 보고 있어요.

— 「초가(楚歌)」 중에서

위의 시에 나타나는 시적 정서는 화자의 공포와 절망감이며 각 행의
서술어미가 모두 '~요'로 끝나는 경어체의 어미를 통해 공포에 질린 화
자의 어조를 효과적으로 부각시키고 있다. 이 화자의 어법 뒤에는 암담
하고 황폐한 현실과 외부세계의 정황이 간접적으로 표현되고 있다. 시의
제목이나 분위기에서 우선 연상할 수 있는 것은 고사성어 '사면초가(四面
楚歌)'에서 암시되듯이 강제적이고 억압적인 외부 상황과 이에 갇혀 있는
자아의 모습이다. 화자의 어조에서 느껴지는 것은 철저하게 봉쇄당한 삶
의 부자연스러움에서 오는 두려움과 실존적인 불안감이다. 시의 서두는
화자의 주관적인 육성으로 시작되는데 화자는 "나는 요새 무서워"진다
는 현재적 정황에 대한 두려움을 표출하면서 "모든 것의 안만 보"인다는
진술을 하고 있다. 시인은 "나는 요새 무서워요" 대신 "나는 요새 무서워
져요"라는 진행형의 현재적인 서술어미를 사용함으로써 급박하게 쫓기
는 듯한 화자의 공포스러운 정조를 효과적으로 형상화시키고 있다.

화자는 현실과 세계의 겉모습에 감추어져 있는 일그러지고 잔혹한 속
성들을 간파했기 때문이며 화자가 포착한 세계의 속모습은 "살없는 고
기", "스러지는 구름", "혀 잘린 꽃", "불행한 살들"같이 그로테스크한 이
미지들이 환기하는 불구성의 공간으로 묘사되고 있다. 이런 세계에서는
인간 상호간의 의사소통은 단절되고 난해한 '암호'만이 횡행할 뿐이며
"읽어봐야 소용 없"다는 화자의 절망적이고 자조적인 진술을 낳게 된다.

이런 상황 속에서는 달아날 수조차 없으며 "곳곳에 처있는 세(細)그물"은 부조리한 상황에 포위된 화자의 상황을 더욱 고통스러운 것으로 만들고 있다.

이렇게 비정상적이고 황폐한 세계 속에서는 도망치는 것이나 미치는 것이 모두 공포와 절망감을 수반하게 된다. 때문에 현실의 속모습을 꿰뚫어 응시하는 것은 두려운 일이며, 이것은 역설적으로 "황홀하게 무서워요"라는 시행에서처럼 비극적인 전율과 고통을 낳게 되는 것이다. 이렇게 고통스럽고 분열적인 어조를 수반하고 있는 화자의 모습을 통해 시인은 왜곡된 현실의 속모습을 겨냥하고자 하며, 상황 속에 밀폐되어 갈등하는 분열된 자아상을 제시함으로써 균열된 개인의 내면의식을 탐사하고자 하는 것이다. 위의 시에서 화자는 불구성의 세계와 왜소한 자신의 모습을 동시에 노출시킴으로써, 외부세계의 모순을 지적하고 이를 간접적으로 비판하고 있음을 알 수 있다. 공포에 질린 화자의 어조는 다소 위악적으로 느껴지지만, 시인은 가시적인 현실세계보다 한결 뒤틀려 있는 세계의 속모습을 제시하여 우리가 몸담고 있는 세계가 얼마나 부정적이고 황폐한가를 기형적인 시각적 이미지를 통해 생생하게 보여주고 있는 것이다.

이렇게 자조적이고 공포스러운 모습을 띠고 있는 화자의 양상은 삶의 외부적인 정황에 의해 손상된, 객체화된 자아의 모습으로 치환되며 이러한 자아는 삶의 속모습을 간접적으로 제시하는 역할을 하고 있는 것으로 보인다. 상황에 의해 억눌리고 분열된 어조를 수반할 수밖에 없는 화자의 모습을 통해 내면의 갈등과 세계와의 비극적인 관계를 형상화하고 있는 것이다. 동시에 시인은 와해된 세계와 자아의 모습을 제시함으로써 평범한 일상과 겉모습에 매몰되어 있는 비본래적인 자아를 거부하려는 역설적인 비판의식을 전달하려는 것으로 볼 수 있을 것이다.

황동규의 시 전반에 확산되어 있는 공포와 절망감이라는 기조음에는 자아의 반성과 자학이라는, 일종의 성격화된 특성을 수반하고 있음이 주목된다. 즉, 객체화된 자아의 분열된 모습에서 극도의 절망감과 고통을 읽어낼 수 있는데, 이러한 자아는 외부세계의 부조리함을 환기시키는 역할을 하고 있다. 동시에 상황에 의해 굴절, 파손된 자아의 모습을 통해 시인은 반어적으로 손상된 삶의 진실과 의미를 복원하고자 하는 시적 응전의 자세를 보인다. 고통스러운 자아분열의 양상은 다음의 시들에서 더욱 확연하게 나타난다.

① 한낮의 햇볕 갑자기 타오르며 움직이던 그림자들 문득 정지하고 서 로 마주보며 살던 무리들 수레에 포개져 실려갈 때도 이들은 묵묵히 서 있다. 누군가 땀 흘리며 얼굴을 지운다. 먼저 입과 코가 지워지고 눈이 지워지고 記憶의 가장자리 표정이 지워지고 드디어 '너' 도 '나'도 지워진다
―「돌을 주제로 한 다섯번의 흔들림―항상 더불어」 중에서

② 어둠 속에선 힘없는 눈발이 날리고 있다. 네 절반 웃고 나머지는 웃는 너를 바라보기다. 낄낄대는 소리네. 전부 웃고 나머지는 웃지 않는 너를·바라보기다. 낄낄대는 소리. 자세히 들으면 침묵.

　(…중략…)

　술집 밖에는 공짜 달이 떠 있다. 너는 돌아서서 오줌을 눈다. 네 그림자도 비틀대며 오줌을 눈다. 어깨 힘을 빼고 천천히 너는 주먹을 휘두른다. 그림자는 한 발 물러서서 낄낄대며 네 목을 조이는 시늉을 한다.
―「수화(手話)」 중에서

①의 시는 현실의 압도적인 규정력 속에서 왜소하게 축소되거나 분해되어 버린 자아의 모습을 보여준다. "서로 마주보며 살던 무리들"이 실려갈 때도 "묵묵히 서 있"을 뿐인 모습에서 환기되는 것은 진실이 부재하고 있는 상황에 정면으로 대결할 수 없는 데서 오는 고통스러움과 갈등이다. "얼굴"·"눈"·"코"라는 구체적인 신체의 부분들이 '누군가'로 상정되는 비인칭의 타자에 의해 파괴되고 손상된다는 묘사를 통해 불구화된 삶의 황폐함을 전달한다. "입"·"코"·"눈"·"표정"이 모두 "지워"

진 얼굴 모습은 기형적인 자아의 현 상태를 확인시켜 주는 매개물이다.

한편, ②에서는 자아의 무력감과 자학의 분위기가 두드러지면서 자아 분열의 심화된 양상을 보이고 있다. "웃는 너"와 "웃지 않는 너"를 바라보는 분화된 "너"가 상호 긴장, 대립하는 가운데 시적인 구도를 이끌어 가고 있는 이 시는 훼손된 자아의 모습을 통해 의식의 부자유스러움을 의도적으로 노출시키고 있다. 전, 후 단락에 모두 '낄낄대'는 소리와 그림자가 등장하면서 해체된 자아내면의 모습을 드러내고 있는데, 앞단락에서는 웃는 너와 그 너를 바라보는 너가, 후단락에서는 "너"와 "너의 그림자"로의 분열이 나타나면서 내면의 갈등을 겪는 모습이 극대화되고 있다.

퍼소나는 사회와 개인 사이에 있는 하나의 타협점이며 건강한 퍼소나는 내면과 외면 세계 사이에서 효과적인 교환 조절기 역할을 한다[4]고 할 때 위의 시에서는 분열된 자아가 "낄낄대며 네 목을 조이는" 자기 파괴적인 자학의 면모를 보임으로써 상황에 대응할 탄력성과 능력을 상실한 무력감을 전달하고 있다. 이렇게 파편화된 자아는 진정한 자아와는 대립되고 외부세계와의 관계를 가지는 기능을 상실한 객체화된 자아의 모습으로 수렴되나, 그 이면에는 객체아와는 분리된 또 다른 자아가 이를 응시하고 반성적으로 비판하고 있음을 알 수 있다.

화자는 왜소하고 무력한 자아의 모습을 통해 굴절된 내면의식을 드러내고 동시에 표면화된 갈등과 고뇌의 양상을 통해 반성적인 인식을 이끌어내고 있는 것이다. 화자의 내면독백에 가까운 위의 시는 객체화된 자아와 본질적인 자아 사이에서 흔들리는 분열된 모습을 제시하고 한 개인의 갈등과 고뇌의 단면을 형상화함으로써 개인의 진실성을 역설적으로 구체화시켜 보여주는 의미구조로 치환될 수 있다. 즉, 이중화된 자아로서의 '나'의 인식이 "수화(手話)"라는 역설적 상황을 통해 형상화되고

---

4) 욜란디 야코비, 『칼융의 심리학』, 이태동 역, 성문각, 1982, p.45~51

있는 것이다. 이것은 다시 말해서 화자의 고통스러운 갈등과 무의식적인 내면의 고백이 단지 한 개인의 실존적 풍경에만 머무르는 것이 아니라, 억압적인 상황에서 삶을 영위했던 동시대 지식인의 내면의식과 정서를 이러한 시적 형상화를 통해 대변해주고 있다는 것이다. 시인은 부조리한 현실 속에서 파편화된 객체아와 이를 응시하는 주체아 사이의 상호길항하는 모습을 형상화하고 있으며, 또 다른 "나" 사이의 불연속적인 거리에 대한 자학적인 인식을 수반함으로써 역설적으로 상실된 동질성을 회복하고자 하는 의도를 드러내는 것으로 볼 수 있다.

황동규는 현실의 억압 구조를 우회적으로 보여주는 가운데 기만적인 상황에 억눌린 객체화된 자아의 모습과, 이러한 자아를 비판적으로 응시하는 자아 사이의 갈등과 긴장을 형상화하여 이를 통해 비판적인 각성을 간접적으로 독자에게 촉구하고 있는 것이다.

> 어떤 내부(內部)도 난 가지고 있지 않다. 내 지폐엔 이별이 있을 뿐이다.이별 끝에는 도시에 갇혀 도시의 이상한 공기(空氣)가 되어 떠도는 친구들이 비친다. 빚으면 소주가 되는 공기, 소주가 되어 깨 는 공기. 나는 정신없이 숨을 쉬었다. 사람들이 달려가고, 그들을 따라가면 의자가 몇 개 넘어져 있고 가설 무대에선 연극이 한창이었다.
>
> ≪귀뚜라미의 귀가 보여.
> ≪완전히 망가진 여름이지.
> ≪그럼 넌?
> ≪다들 망가질 때 망가지지 않는 놈은 망가진 놈뿐야.
>
> —「1974년 여름」 중에서

이 작품은 "1974년 여름"이라는 시대 상황이 우화적인 언술을 통해 그 의미구조가 전달되는 양상을 보여주고 있다. 우선 "어떤 내부도 가지고 있지 않다"는 화자의 단정적인 진술에서 파괴되어 버린 한 개인의 내면의식을 읽어낼 수 있는데 지폐·이별·도시·공기 등의 돌발적인 시어들은 각각의 연관관계가 없이 독립적으로 배치되는 구조를 이루고 있으며, 일상적인 의미 구성이 어려운 단어들의 점층적인 배치에서 혼돈스럽고 불안한 자아의 의식 상태를 포착할 수 있다. 이를 통해 시인이 보여주고자 하는 것은 와해된 일상적 의식과 이를 규정짓고 있는 억압적인 정치구조이다. "이상한 공기가 되어 떠도는 친구들"이나 "빚으면 소주가 되는 공기" 같은 불연속적고 상황적인 이미지들은 해체된 자아의 의식 상태를 반영하는 분열된 언술을 이루며 부조리한 상황의 단면을 간접적으로 시사하고 있다.

타인들을 따라가다가 화자가 마주친 것은 "의자가 몇 개 넘어져" 있는 어수선한 "가설 무대"에서 진행되고 있는 한 편의 연극으로, 이 연극이 동시대의 암울한 정치 상황을 암시하는 알레고리임은 쉽게 짐작할 수 있다. 동시대의 정치 상황을 불안한 가설 무대의 연극으로 병치시켜 놓은 시인의 풍자적 논평에서 진실과 아름다움을 위장한 기만적인 현실의 질서를 비판하고자 하는 의도를 읽어낼 수 있다.

"≪" 부호로 이어지는 대화내용은 두려움을 지닌 자아가 또 다른 자아에게 서로 묻고 대답하는 방식을 취하면서 시인의 자의식의 층위를 드러내보이고 있는 부분으로, 파괴되어 버린 삶의 비극성을 강하게 노출시키고 있다. "완전히 망가진 여름"이 상징하는 절망적인 분위기에서는 현실의 극복 가능성이 차단되어 있으며 무엇보다도 시인은 자아의 파괴에 대한 인식을 중시하고 있는 것으로 볼 수 있다. "다들 망가질 때 망가지지 않는 놈은 망가진 놈뿐야"라는 반어적인 언술이 함축하는 것은, '억압에 의해 훼손, 파괴될 때 진짜 파괴된 자는 자신이 파괴된 줄을 모르는 자이거나 혹은 파괴되지 않은 척하는 자'라는 의미로 볼 수 있을 것이다.

황동규는 이렇게 '진실 / 허위'의 실체를 극적으로 형상화하듯, 명징하게 부조리한 동시대의 상황과 가치관의 난립 현상을 풍자하고 있다. 풍

자는 지상의 세계를 떠날 수 없으며 모든 인간적인 것을 지향하는 문명
사회의 양식[5]이라고 할 때, 그 세계는 자아와 세계가 첨예한 긴장 관계
에 놓이는, 따라서 비판적이고 균형적으로 적절히 조절된 거리가 요구되
는 문학의 세계라고 할 수 있다. 위의 시에서는 알레고리의 사용과 불연
속적이고 난해한 어휘들의 배치, 연 구분의 미묘한 분절과 부호 "≪"의
사용에서 파생되는 복합적인 읽힘으로 인해 독자의 텍스트로의 참여를
적극적으로 유도하고 있는 것으로 볼 수 있다. 시 속의 화자는 억압과
진실이라는 상황의 진정한 의미를 재고하게 하며, 기만적인 현실을 목도
하고 있는 동시대의 독자들에게 이를 비판적으로 응시, 그 억압 속에서
본래적인 자아를 되찾을 것을 간접적으로 촉구하고 있는 것이다.

6. 사회적 무의식과 실존적 자아 탐색

　지금까지 살펴본 황동규의 1970년대 작품들은 자아동일성이 상실된
세계에서 파편화된 내면의식을 노출하고 사회에 갈등하는 분열된 자아상
을 제시함으로써 현실에 대한 부정적인 인식을 우회적으로 드러내고 있
었다. 자학적이고 위악적이기까지 한 어조를 수반하는 객체아의 모습을
통해 시인은 현실의 부당함과 부조리성을 예리하게 지적하고 있으며 분
열된 자아를 비판적으로 관찰하는 면모를 보인다. 객체화된 자아가 텍스
트 표면에 부각된 이러한 시편들은 자아의 고뇌를 의식적으로 대상화시
켜 역설적으로 상황의 부당함과 이로 인한 고통을 환기시키려는 시인의
지적인 조작에서 연유하는 것이다. 또, 알레고리 및 풍자를 통해 '1970년

---

5) 풍자는 가장 사회적인 문학이며 감춤의 문학이 아닌, '드러냄'의 문학이다. 김준오,
　『한국현대 장르 비평론』, 문학과지성사, 1991, 237면 참조.

대'로 상정되는 정치 현실을 형상화시킨 시인의 탐색은 독자로 하여금 텍스트 내용이 지니는 함축적인 의의를 파악하는데 집중하도록 유도한다. 무엇보다도 시인은 대상 세계에 대한 비판의식을 직접적인 육성으로 전달하는 것이 아니라 방법적으로 심화된 시적 장치를 사용함으로써 의미의 긴장과 복합성을 획득할 수 있는 것이다.

한편, 이러한 시적 인식의 간접적인 표출 방식은 세계와 자아 사이의 의식적인 긴장된 거리를 첨예화하며 억압적인 현실에 대응하는 시인의 규범적인 전략을 이루는 것으로 볼 수 있다. 황동규는 자아와 세계, 억압과 개인의 자유라는 이원적인 대립양상을 작품 속에 수용함으로써 자아와 현실에 대한 통찰이라는 확산된 인식을 보여주고 있는 것이다. 이러한 시인의 시도는 1970년대 정치 상황의 정신적 흔적을 담보하고 있는 하나의 사회적 무의식으로서 사회적 문제와 긴장을 공유한 실존적 자아로서의 '나'의 탐색이라는 시적 인식과도 맞물리는 것으로 해석될 수 있을 것이다.

참고할 문헌

하응백 편, 『황동규 깊이 읽기』, 문학과지성사, 1998.
남진우, 「동심원적 상상력의 변주―황동규의 시편력 35년 염탐기」, 『숲으로 된 성벽』, 문학동네, 1999.
이연승, 『황동규 시의 화자 연구』, 이화여대 석사논문, 1994.
최현식, 「현실의 각성과 시의 자가확장」, 『1970년대 문학 연구』, 소명출판, 2000.
이기성, 「공포에의 눈뜸과 가면의 시」, 『1970년대 문학 연구』, 소명출판, 2000.
권혁웅, 「삶과 죽음의 변증법」, 『시적 언어의 기하학』, 새미, 2001.

어느 예술가의 해부학 교실

마종기론

임현순

1. 시인의 용도를 찾아서

1970년대를 대표하는 시인명단에 마종기를 올려놓는 것에 대해 의아해하는 사람이 있을지도 모른다. 문학사 기술을 보아도 1970년대의 시사에서 마종기의 이름을 거론한 경우를 찾기는 그리 쉽지 않다. 외국에 거주하는 시인이라는 특수성 때문일까? 특정 문학사의 흐름에 소속되지 않은 채 가깝지도 멀지도 않은 이름으로 자리 잡아 온 마종기는 특유의 색채로 문단의 한 축을 지탱하며 스스로의 입지를 다져 왔다.

이렇게 그가 자리할 수 있었던 데에는 ① 개인적 이력에서 우러나온 독특한 시의 빛깔, ② 문인들과의 지속적 교류, ③ 인간적 매력으로 독자를 끌어들이는 시의 흡입력 등이 그 요인으로 작용하였다. 정현종은 직업이 의사라는 점, 음악·무용·미술 등에 대한 취미와 교양을 갖고 있다는 점, 오랫동안 미국에서 살고 있다는 점 등의 세 가지 방향에서 마종기 시의 특징을 이야기 할 수 있다고 했다. 그의 지적대로 의사이자 이민자로서의 특수성, 아동문학가 마해송과 무용가 박외선의 슬하에서 자연스레 체득된 예술에 대한 감수성 등은 마종기의 시의 고유성을 형성한 주요요인이다. 거기에 황동규·김영태·김주연·김병익·김현·정현종 등 오랜 지인들과의 지속적인 교류로 해외에 체류하는 문인의 핸디캡을 어느 정도 극복하면서 마종기는 생활이 고스란히 묻어나는 시에 내재된 성찰, 조용한 어조로 전달되는 강한 깨달음 등 여타의 난해한 시들과 차별화된 인간적 매력으로 독자에게 다가서게 된다.

1960년 처녀시집 『조용한 개선』을 자비로 발표한 마종기는 기실 중, 고교시절부터 『학원』 등의 잡지를 통해 또래 학생들 사이에서 예비 작가로 문명을 떨쳤다고 한다. 의대진학 후인 1959년 의학도 고유의 체험이 반영된 「해부학교실」·「나도 꽃으로 서서」·「돌」 등 3편이 박두진에 의해 『현대문학』에 추천 완료되어 문단에 들어섰고, 군의관, 도미의 과정을 거치면서 『두번째 겨울』(1965), 『평균율』(1968), 『평균율 2』(1972), 『변경의 꽃』(1976), 『안 보이는 사랑의 나라』(1980), 『모여서 사는 것이 어디 갈대들뿐이랴』(1986), 『그 나라 하늘빛』(1991), 『이슬의 눈』(1997), 『새들의 꿈에서는 나무 냄새가 난다』(2002) 등의 시집을 상재하게 된다. 이렇듯 꾸준한 시작활동을 통해 생활에 밀접한 소재를 어렵지 않게 형상화했다는 평가를 받으며 '한국문학작가상'(1976), '미주문학상'(1987), '편운문학상'(1997), '이산문학상'(1997) 등을 수상한 마종기는 명실상부 개성 있는 시인의 한 사람으로서 한국문단 내에 자신의 고유 영역을 형성하기에 이른다.

하지만 마종기의 시가 생활 그 자체를 날 것의 상태 그대로 소재화하는 것은 아니다. 그의 시가 보여주는 삶은 투명한 용기에 담긴 듯 생생한 느낌으로 전달되지만, 희노애락의 과잉노출로 부담을 주거나 하지 않는 잘 정제된 모습으로 편안하게 다가온다. 그래서 우리는 커다란 거부감 없이 시인이 들려주는 이야기에 귀를 기울이고, 그가 그려낸 생의 모

습을 들여다볼 수 있다. 마종기가 풀어낸 서사가 문학의 형식을 빌려 일
상의 감정을 토로한 사적 배설을 넘어서는 것은 그가 쓴 시에 드러난 생
활이 독자들의 사고를 이렇듯 '삶'의 근원적 영역으로 자연스레 초대하
기 때문일 것이다.

　그런데 손에 잡힐 듯 삶을 투명하게 보여주는 그의 시에서 인간 마종
기를 만나는 것은 생각 외로 지난(至難)하다. 앞에서 말한 바 있듯이, 마
종기는 수사나 기교를 배제하고 쉽게 시를 쓰는 시인으로 알려져 있다.
그럼에도 불구하고 감히 단언하건대 그의 시는 어렵다. 자칫 방심할라치
면 평이해 보이는 기표 아래 펼쳐진 복잡한 의미망 속에서 길을 잃고 헤
매기 십상이다. 이를 더듬어가는 과정은 아리아드네의 실타래 끝을 놓치
지 않으려는 것과 같은 안간힘의 연속이다. 시 속에 담긴 삶의 모습, 거
기에 농축된 예술의 무게, 죽음을 대하는 의사로서의 고뇌, 타향에 있기
에 더욱 뜨거워진 조국애와 우정 등이 중첩되면서 평이한 마종기의 시
는 복잡하고 어려워진다.

　　① 세상 모든 것을 사랑하는 것만이
　　　좋은 시인이 되는 길인 줄 믿고 있었지.

—「經學院 자리」 중에서

　　② 십 년쯤 후에는 그 흙이 여물어
　　　내가 만약 질 좋은 시인이 된다면.

—「내가 만약 시인이 된다면」 중에서

　"한국의 시인이라고 기를 쓰는 내가 / 외국에 오래 사는 것도 참 꼴불
견인데"(「요즈음의 건강법」)라고 자탄하며 외국에 나가 사는 시인 마종기가
정체성의 혼란 속에 끊임없이 되물어온 시인의 용도는 '인간답게 살아가
기'이다. 그의 시에는 시인, 의사, 재미동포, 아들, 아버지, 남편, 형, 연인,
친구, 군인, 그리고 이웃으로서의 마종기가 겪어낸 삶의 여러 측면이 인

간의 본질, 삶과 죽음의 의미에 대한 집요한 추적으로 집약되어 있다. 이
는 바른 삶에 대한 근원적 관심의 반영이며, ① 이념이 아닌 실체로서의
고국에 대한 그리움, ② 의사로서의 직업을 포함한 생활, ③ 운명적 연인
인 예술, ④ 신에 대한 자세를 포함한 영혼에의 경도라는 네 가지 측면에
서 "삶의 진정성"을 찾아가는 구도의 과정이기도 하다.

2. 안 보이는 나라를 위한 동요풍의 세레나데

　시인 자신도 동의한 바 있듯이, 마종기의 시는 흔히 동심의 세계가 갖
는 순수성, 단순성으로 이야기된다. 맑고 순수한 시가 불러일으키는 평
안함이 독자들을 끌어당기는 마종기 시의 본질을 형성하는 것이다. 그런
데 한편으로 그의 시는 어딘가 사치스럽다는 인상을 준다. 표면에 부상
된 시인의 삶은 평범한 일반 독자의 삶에서 멀찍이 떨어져 있다. 시가
씌어진 당시의 사회적 상황을 감안하면 그 간극은 보다 심화된다. 물론
그것은 시인의 거점과 수용자들의 그것이 다르다는 사실에서 촉발된 이
질성이다. 이러한 특성은 마종기의 시에 독자적 위상을 부여해주는 한편
그를 시사(詩史)의 변방에 머무르게 만든 요인이 된다.

> 샤워를 끝내고 플로리다산 오렌지 주스에 스크램블드 에그, 초
> 록빛의 신년도 쉐보레로 출근하고, 환자를 보고, 정맥 주사를 주고,
> 세미나에 나가 주절대고, 시집 안 간 간호사가 눈짓으로 조르면 피
> 임약 처방이나 써주고, 저녁에는 젝 베니의 만담을 듣고 골프 중계
> 를 보고, 그러나 아무리 주접을 떨어야 엽전은 엽전이다.
> 　　　　　　　　　　　　　　　　　—「편지 2—동규에게」 중에서

1960년대 후반 마종기가 그려낸 일상의 모습이다. 그의 시에 자연스럽게 등장한 폴리니의 연주, 폴 클레의 그림, 카리브해에서의 여름휴가, 신년도 쉐보레, 칵테일 파티, 휴일의 골프 등은 새벽종이 울리면 허리끈 졸라매고 삶을 연명하던, 최루탄에 취한 1960년대 격동의 대한민국에서 너무 동떨어져 있다. 위에 나열된 평안하고 나른한 일상은 40여 년이 지난 지금 각종 잡지들이 반복해 보여주는 이상적 삶의 모습과 닮아 있기조차 하다.

그런데 그토록 장황하게 제시된 화려한 일상이 "엽전"으로서의 자기 인식과 겹쳐지면서 마지막 행의 반전을 만들어낸다. "안락한 외제 소파에 틀고 앉아 / 안락하지 못했던 동학의 전기를 읽는다. / 헐벗은 백년 전 전라도, 충청도 땅에 / 볼품없이 씻겨가는 人骨을 본다", "한여름 냉방 장치의 응접실에서 / 문득 얼굴에 흙칠을 하고 싶다"(「일상의 외국 2」)와 같은 구절에서 그러한 불편함의 감정은 동일한 양상으로 변주된다. 마종기의 시편 곳곳에는 "엽전"의 삶에 대한 이 같은 그리움이 종종 현재의 삶과 교차되어 나타나곤 한다. 얼핏 멋스러운 제스처로 느껴지는 그런 어색한 결합을 작위적 포즈에서 끌어올려 주는 것은 아이러니하게도 결합의 원인을 제공한 시인의 현재 거점이다.

이제 알 듯도 하다.
돌아가신 선친이 다 던지고 귀국하신 뒤
아쉬움 속에서도 즐기시던 당신의 가난을,
가난 속에서 알뜰히 즐기시던 몇 개의 허영을.

—「몇 개의 허영」 중에서

고국의 독자들이 시를 통해 만나본 그의 삶이 고급스러운 '사치'라면, 시인 마종기에겐 독자들의 삶을 누리고 싶어하는 "허영"이 있다. 이는 선친 마해송의 모습에 투영되어 "호박잎 쌈"(「몇 개의 허영」), "평상에 누워

/ 낮잠이 들기 전, / 한 마리 파리 소리"(「일상의 외국」), "비린내 나는 자갈
치시장"(「요즈음의 건강법」) 등의 소박한 풍경으로 형상화된다. 그러한 "허
영"의 본모습은 떠나온 조국을 향한 절절한 그리움이다. 이를 현실로 향
유하는 자(독자)의 우월감과 화려한 시인의 일상에서 비롯된 상대적 박탈
감이 엇물리고 상쇄되는 지점에서 마종기의 "엽전"의식은 삶의 진정성
을 끊임없이 희구하는 모습으로 변모한다.

"외국에서 나고 자라고 / 고국에서 사춘기를 보내고 / 다시 외국에 나와
있다"(「그리고 평화한 시대가」)는 진술은 끊임없이 고국을 노래해온 시인 마
종기가 조국에서 보낸 시간이 정작 그리 길지 않았음을 말해준다. 공군
사관학교 의무대 진료부장으로 근무하던 1965년 마종기는 '재경 문인 한
일 회담 반대 서명'에 참여한 사실 때문에 군인사법 94조 위반으로 체포
된다. 여의도 공군 유치감에서 10일간 구류에 처해진 후 공소유예로 풀
려났지만, 박사과정에 입학했으면서도 그는 공군 군의관으로 만기 명예
제대하게 된 다음해 곧바로 도미를 감행한다. 시인은 당시 자신을 다시
외국으로 내몬 것이 조국의 비정한 현실이었다고 여러 곳에서 고백한
바 있다. "무서운 법이 많았던 내 나라", "내 꿈이 매 맞고 발길질당했던
시절, / 가엾게 질려버린 청춘."(「침묵은 금이라구?」) 이것이 기억 속에 남아
있는 조국의 모습이요, 그곳에서 청춘을 보낸 시인의 자화상인 것이다.

　　드디어 석방이 되고 앞뒤 없이 나는 우선 떠났다.
　　그러나 도착한 곳이 내 섬이 아닌 것을 알았을 때
　　아버지는 돌아가셨고 나는 부양가족이 있었다.

—「섬」 중에서

그러나 넌더리를 내며 떠나온 곳은 꿈에서도 잊지 못할 내 조국이었
다. 잠깐 귀국했을 때 만났던 사람들, 친구들과 나눈 대화, 짬을 내어 다
녀온 여행 등의 사사로운 경험이 진술된 시편 밑바탕에는 나를 저버린,

내가 떠나온 조국에 대한 원초적 그리움이 면면히 흐른다. 그 그리움의
정체는 무엇인가? "충청도 구름과 미국 구름이 다른 이유는 무엇일까."(「
충청도 구름─김병익에게」) 생각해보지만, 꼬리를 무는 끝없는 자문과 치열
한 고민 끝에 도달한 조국의 참모습은 "때때로 자랑스럽고 좋아서 미치
는 조국, / 미우면 돌팔매질하고 눈물도 흘리는 조국, / 그런 감정의 조국"
(「외로운 아들」), 즉 이성이나 지력으로 온전하게 설명되지 않는 근원적 사
랑의 대상일 뿐이다.

　마종기 시의 조국은 일반적으로 이상화된 과거의 기억 속에 (이념형이
아닌) 구체적인 자연의 모습으로 형상화된다. 마종기의 시선은 언제나
떠나온 과거를 향해 있다. "자유를 얻은 대가로 내 언어 / 의 생명과 마음
의 빛과 안정의 땅을 다 잃어버렸다"(「차고 뜨겁고 어두운 것」), "실망과 모
멸감과 억울함보다 / 나라와 친구가 중하다는 것을 / 내가 그때 정말로 몰
랐던 것일까"(「저녁 풍경화」)와 같은 자학적 언사가 늘 그의 의식 한 귀퉁
이를 사로잡아 이민자의 피해의식으로 드러난다. 하지만 과거의 시간성
을 동반한 그러한 피해의식은 과거와 단절된 현재를 비추는 거울이 되
기도 한다. 그렇게 "안 보이는 사랑의 나라"에 대한 사모곡, 역동경의 안
타까움이 불러일으키는 진솔함, 그에서 비롯된 정체성 찾기와 같은 시인
의 외침은 동시대, 같은 공간에 거하는 시인들의 노래 못지않은 호소력
으로 독자들을 사로잡았다.

　　그리고 많이들 변했을 친구들 만나면
　　잡아끄는 대로 쫓아가야지
　　할 수 있나.

　　대답이 어디 있는지는 몰라도
　　할 만큼은 열심히 해야지.
　　그러나 가슴차지 않는 이유는
　　너밖에 없다.

보이지도 잡히지도 않는
너밖에 없다.

—「일시 귀국」 중에서

오랜만에 고국을 찾은 이민자의 고백은 우선 "나같이 어리벙벙한 어느 나라 교포가 되어 인사동 골목에서 '영희네 집'을 찾는 것은 물리학 박사학위만큼이나 어렵다"(「영희네 집」), "오래 전 고국을 떠난 이후 쌓이고 쌓인 눈으로 발자국 하나도 식별할 수 없는 천지지만"(「안 보이는 사랑의 나라」)과 같은 시간적 단절감의 표현으로 나타난다. 그 단절의 기간 동안 우리 문단에서는 4·19와 5·16을 겪은 문인들의 순수, 참여논쟁이 본격화되었고, 1960년대의 고발문학, 참여문학이 1970년대의 민족문학, 그리고 1980년대의 민중문학으로 계승되었다. 따라서 당시의 정치·문화적 격동을 몸소 체험하지 못한—비록 그 열정은 공유할지라도—마종기의 시각과 목소리가 여타 시인의 그것과 차별화되었으리라는 것은 충분히 예견될 수 있다.

(억울해서 미국에 왔지만
이대로 늙는 것은 용기가 아니야)

—「프라하의 생선국」 중에서

어느 곳에도 진정 소속될 수 없는 경계인으로서의 자기 인식은 현실에서 한 발자국 물러선 시선으로 표출되는데, 이는 평생 늑골의 한 자락을 차지하고 마종기를 괴롭히던 이민자 컴플렉스에서 비롯된 것이다. 「프라하의 생선국」에는 뉴욕 맨해튼에 거주하는 시의 화자가 프라하의 상황에 빗대어 대한민국의 현실을 이야기하는 세 가지 서사가 뒤섞여 있다. 시, 공간의 경계를 허물고 혼합하는 시작방법으로 고질적인 심리적 핸디캡을 벗어나 독자적 현실인식을 표출한 것이다. "옥저"의 흥망, "己亥年의 동학"과 같은 역사적 상황(「안 보이는 사랑의 나라」), "스메타나"(「우화의 강 2—황동규에게」), "바웬사"(「폴란드 바웬사 아저씨」), "호세 리잘"(「의사 호세 리잘의 증언」) 등 시적 자아가 투사된 이국적 인물의 전경화 또한 그러한 신념표출의 예라 할 수 있다.

한편 조국의 현실을 직접 목도할 수 없는 시인의 시선은 과거의 시선, 즉 고국의 아픔을 직접 체험한 어린 시절의 시선으로 환치되기도 한다. 오랜만에 귀국한 "나가 사는 의사"의 시선에 잡힌 "코스모스"가 "피난 시절", 즉 "싸구려 목판의 술찌꺼기 먹고 / 메스꺼워 비틀거리던"(「그해의 시월」) 어릴 때 보던 "코스모스"와 오버랩된다. 그리고 현재와 과거의 서사가 교차되는 그 지점에는 현재의 삶과 조국의 실상에 대한 반성과 비판이 꿈틀댄다.

그 외에도 가족·친구·환자 등의 다양한 퍼소나를 취한 서사를 통해 마종기는 생의 문제에 집요하게 다가간다. "나라가 많은 데 나라가 뭐가 중요해?", "사랑은 아무데서나 자랄 수 있잖아?", "아빠는 그럼 사랑을 기억하려고 시를 쓴 거야?", "아빠는 사랑하는 나라가 보여?"(「안 보이는 사랑의 나라」) 끊임없이 던져진 아들의 질문 속에서 우리는 아들의 퍼소나 뒤에 감춰진 채 이념형으로 제시된 "나라"의 실체, '나'의 정체성, 시인의 용도를 묻는 마종기의 모습을 감지한다. 얼핏 내비친 그 그림자에는 조국에 대한 이민자의 그리움이 드리워 있다.

그러나 마종기의 그리움은 맹목적 사랑의 모습으로 나타나지 않는다. 그 목소리는 "아빠가 찾던 것은 아마 없을지도 몰라. 그렇지만 꼭 찾아보세요. 그래서 아빠, 더 이상 헤매지 마세요"와 같은 염려어린 충고와 인식의 여정을 담고 있기까지 하다. 때로 이는 "싸우지 않으면 된대요 / 그러면 절벽에서 안 떨어져도 된대요"(「성벽을 뚫고—동요풍 2」)에서처럼 순진성을 전면에 부각시키며 직설적인 견해를 간접화시킨 의뭉스러운 동요풍의 어조를 취하기도 한다. 또 때로는 「쥐에 대한 우화」나 "매연과 최루탄에 중독되어 / 눈감고 입다물고 있는 서울 가로수"(「서울 가로수」), "난리통에는 다리가 잘리고 / 수천의 백골도 물 속에 가라앉아 / 흙바람에 삭아버린 당신의 피부는 어둡다"(「한강」)에서와 같이 매개물을 내세운 간접적인 전달자의 시선으로 변주되기도 한다.

그러한 이질적 특수성 속에는 현실과 마주서 치열하게 고민하던 고국의 시인들 못지않은 마종기의 안타까움이 고스란히 담겨 있다. 그가 즐겨 사용한 서사의 방식, 구어체의 문투, 다양한 퍼소나 등은 조국의 과거·현재·미래, 그리고 그와 엇물려 돌아가는 자신의 삶에 들이대는 날카로운 해부의 시선인 것이다. 이렇게 마종기는 1970년대 시사의 끝자락에서 자신만의 고유영역을 구축하기 시작한다.

3. 겹눈으로 그리는 삶과 죽음의 초상화

박이도는 마종기의 시가 『변경의 꽃』에서부터 소외감에 대한 객관적 시점을 보여주고 있다고 지적하면서 그 원인을 작가의 "정신적 공복감에 대한 자극"에서 찾고 있다. 마종기의 객관적 자세를 주목한 박이도의 언급은 분명 타당하다. 이는 지칠 줄 모르고 솟아나는 고국에 대한 안타까움을 "변경"의 한계로 인한 좌절경험으로 체득한 자의 특수한 참여방식이다. 그러나 여기서 우리가 생각해봐야 할 것은 그의 시가 보여준 객관적 시점이 비단 『변경의 꽃』 이후에 나타난 소외감의 표현에 국한되지 않는다는 사실이다.

마종기의 시가 생활을 여과 없이 드러낸다고 비판하는 이들이 있다. 그러나 앞에서 언급한 바 있듯이, 그러한 지적에도 불구하고 그의 시에 나타난 날 것의 생(生)은 한낱 개인적 상념의 배설에로 떨어지지 않는다. '인간 마종기'를 형성하는 의사·예술애호가·국외자·신앙인 등의 다양한 축이 조화를 이루며 마종기의 시를 지탱하는 힘의 실체인 '객관정신'

을 형성하기 때문이다.

①간장의 흙과 폐장의 흙과 심장의 흙을 구
  별하며 만진다.

—「證例 2」 중에서

②의학적으로 말하자면, 소리는
  작고 큰 공기의 흔들림이
  세 개의 흰 뼈의 다리를 지나
  드디어 맑은 물에 닿을 때
  피어나는 것.

—「새로운 소리를 찾아서」 중에서

③ 하품의 역학은 천천히 열리고 급하게 닫히는 입
  그간의 긴 숨 들이쉼과 짧은 숨 내쉼

—「하품은 전염된다」 중에서

마종기의 시에 표현된 삶은 생활인의 모습과 시인의 모습이 조화롭게 공존하는 뫼비우스의 띠와 같다. 초기부터 깊이 뿌리내리며 마종기 시의 특성을 형성해 온 의사 체험을 예로 들어 보자. 예과시절의 해부실습은 '마종기식 사물 보기'를 형성한 주요 자양분이 되었다. 해부학을 통해 단련되었을 시인의 관찰력은 흙 한 줌, 물 한 방울, 바람 한 줄기조차 예사롭게 투과시키지 않는다. 그의 시에는 한 줌의 "흙"에서 "간장", "폐장", "심장"의 생명력을 느끼는 섬세한 손길(①), 본질에 다가가기 위해 무형의 "소리"를 투시하여 근원을 파고드는 고도의 집중력(②), "하품"처럼 심상히 지나칠 수 있는 일상의 순간을 포착해 시로 형상화(③)하는 예리한 시선이 담겨 있다. 그러한 세밀한 시선이 예술을 통해 다듬어진 감수성과 어우러질 때 고유한 '마종기식 사물 보기'가 가능해진다.

① 싸우지 말자고 웅성대는 우리들은 피의 찌꺼기, 혹은 혈소판······ 피의 찌꺼기는 아프고 억울한 상처를 아물게 한다. 많은 피의 찌꺼 / 기가 죽고 또 죽어서 상처를 아물게 한다.

—「피의 생리학」 중에서

② 세상의 소리를 죽이는 / 피를 빼는 모기의 긴장. / 목숨은 빛나는 한 순간의 힘, / 죽은 척 살아 있기보다는 / 살다가 죽고 싶은 힘.

—「임신한 모기만 사람의 피를 빤다」 중에서

①~②에서 마종기의 시선은 대상을 수용하는 특유의 감수성으로 확장된다. ①에서 시인은 민중의 힘, 치유의 능력에 대한 믿음을 "혈소판", "피의 찌꺼기"로 비유하고, ②에서는 "피를 빼는 모기"를 통해 삶의 가치와 열망을 이야기한다. "혈소판"으로 인간의 생리를 유추해낸 시인의 상상력에 보조를 맞추어 보면, "모기"가 사람의 피를 빼는 것이 임신했을 경우만이라고 제한한 ②의 제목은 인간세계에서 자행되는 참혹한 살상에 대한 풍자, 폭력의 당위성과 타당성에 대한 의문을 담고 있다고 추론해볼 수 있다. 물론 마종기 시에 나타난 세밀한 관찰이 비단 외형에만 해당되는 것은 아니다. 그의 시선은 알레고리적 해석을 가능하게 한 지점을 벗어나 대상의 본질로 옮아간다. "새끼들을 위해" 죽기를 각오하고 피를 빼는 모기의 모습에서 "경건"과 "순수"로 가득한, 열정으로 빛나는 생의 한 순간을 포착하는 것이다.

이렇게 마종기는 시로 해부를 한다. 나를 해부하고, 이웃을 해부하고, 삶·세계·예술을 해부한다. 그리고 그러한 작업을 통해 마종기는 우리에게 '인간'을 보여준다. 주검을 살피는 의사의 시선에는 생명에 대한 외경감과 감상에 빠지지 않는 객관성이 혼재되어 있다. 그런 점에서 부검을 하는 의사의 시선과 죽음을 바라보며 삶의 의미를 되묻는 시인의 시선은 닮아 있다. 어떠한 위악도 존재하지 않는 그러한 시선으로 마종기는 세상, 자연, 자신과 주변을 바라본다. 그리고 그 시선이 화가와 음악

가와 무용가의 시선과 만나 인간의 모습을 그려낸다.

부검실은 차운 벽돌,
뼈를 톱질하는 소리로 울려도
이것은 피날레가 아니다.

나는 처음 해부학에서
자연스런 생명을 배웠다.

—「임종」 중에서

시인은 해부학 실습을 통해 비로소 죽음에서 "자연스런 생명"을 배웠다고 고백한다. 해부 경험을 담은 그의 시는 주검을 바라보며 그것의 근원과("우리 오래 부끄/러워 눈길을 피하던, 영원한 향수가 젖어 있는 어머니의 젖가슴, 너/는 다시 우리를 낳아준 본래 어머니의 몸으로 돌아가야 한다", 「해부학 교실 1」) 찬란하던 생의 순간을("부검대 위에/서 순이의 가슴을 톱질하여 폐와 심장을 뜯어내고 있었습니다. 피/는 흥건히 괴어 순이가 살아 있던 날을 기억나게 해주었습니다", 「제3강의실」) 투시하는 물질적 상상력을 담고 있다.

나는 모든 내 환자를 가장 깊이 안다. 병실의 어두운 고백을 듣
고, 그 마지막 열망과 죽음이 오는 소리를 듣는다. 그래서 죽음이
천천히 혹은 돌연히 찾아왔을 때 나는 육신을 산산이 나누어 病因
을 보고, 마침내 텅텅 빈 복강의 허탈한 공간 속에 내 오랜 침묵을
넣고 문을 닫는다.

—「證例 2」 중에서

"가장 깊이" 환자를 안다고 해도 의사는 언제나 한 발자국 물러선 관찰자의 자리에 선다. 환자를 대하는 그의 시선은 가족이나 지인의 그것과 다르다. 죽음을 목도할 때조차 의사는 환자의 "육신을 산산이 나누어 病因을" 본 후 "침묵"을 넣고 복강을 봉합한다. 의사의 그런 행위는 마

지막 길을 가는 "내 환자"에게 건네는 최선의 인사이다. 실상 "우리들의 모든 대화는 / 긴 침묵"(작곡가의 이상한 시도)이었는지도 모른다.

어떠한 함성보다 크고 진실하게 전달되는 그러한 침묵, 모순 상황에 내재된 역설적 아름다움을 주시하는 본질직관의 시선이 예술과 결부되는 다음과 같은 상황에서 마종기의 시는 추상의 옷을 입은 구상의 모습으로 현실의 지평 위에 서게 된다.

> ① 흰 배경으로
> 두 마리 흰 새가 날아올랐다.
> 새는 보이지 않고
> 날개 소리만 들렸다.
>
> (…중략…)
>
> 이 깊고 어려운 시절에는
> 말하지 않아도
> 귀는 듣고
> 서로 붙잡지 않아도
> 손은 젖는다.
> ―「우리들의 배경―피아니스트 폴리니의 연주회」 중에서

> ② 3. 가을―폴 클레전
> 바람이 분다.
> 뉴욕 혹은 서울에서
> 미술관 혹은 대리석 층계의
> 반사.
> 거꾸로 매달리는 몸무게,
> 앞뒤의 색이 다른 꿈.

곡선보다 더 가느단 미소를
화폭에 한 한 줄씩 채우면서
천천히 행복해지는
우리들의 눈.

혹은 육이오 이전에도
바람이 자던 만화 가게,
단색의 4·6판짜리 꿈.
그 꿈이 점점 어두워진다.
우리들의 인연이 멀어진다.

—「불지 않는 바람」 중에서

①에서 "피아니스트 폴리니의 연주회"는 "두 마리 흰 새"의 비상으로 표현된다. 그러나 흰 배경으로 날아오른 그 새들은 이내 시각으로 분간할 수 없게 된다. 그들의 존재를 일러주는 것은 오직 공기를 가르는 "날개 소리"뿐이다. 이러한 시각에서 청각으로의 변화는 두 감각이 공존하는 연주회 실황을 특징적으로 묘사해준다. 그리고 그러한 감각의 전이에 보조를 맞추듯 1연의 "흰 배경"은 2연에서 "우리들의 배경"으로 바뀌게 되고 거기에서 우리는 현실과 만난다. "말하지 않아도 귀는 듣고 / 서로 붙잡지 않아도 손"이 젖는 "깊고 어려운 시절"의 피아노 연주는 "어두운 곳에 깨어 있는 / 작은 사랑의 물방울"을 튕겨 막막함 속에서 희망을 찾게 도와 준다.

한편 봄, 여름, 가을, 겨울의 네 부분으로 구성된 ②에는 "바람"의 매개로 인간과 자연, 미국과 한국, 과거와 현재, 예술과 인생, 너와 내가 수없이 교차되며 만들어낸 인생과 역사의 정교한 그물망이 나타난다. 여기서 뉴욕 혹은 서울에 부는 "바람"은 "육이오 이전"의 "바람"으로 전이된다. 그리고 그 "바람"에 실려 화려한 색감을 자랑하는 폴 클레의 추상화를 바라보는 현재의 "눈"과 "만화가게, 단색의 4·6판짜리 꿈"을 바라보던 과거의 "눈"이 교차된다. "바람"을 타고 어린시절의 꿈과 현재의 내 모습이 시공을 초월해 '시'라는 한 화폭에 담긴 것이다.

이렇듯 예술 감상을 언어적으로 형상화하는 작업은 초기부터 지속적으로 시도해온 마종기 시작(詩作)의 일방식이다. 그런데 마종기 시의 주요한 특징을 형성함에도 불구하고, 예술을 소재로 한 시편들은 종종 어딘가 아귀가 맞지 않는 듯한 어색한 소리를 낸다. 그럴 때 그의 시는 고유의 편안함을 잃어버리게 되고 매우 경직되고 불편한 포즈를 취한다.

이러한 상황을 벗어날 수 있는 것은 마종기의 시선이 예술을 통해 현실을 바라보는 경우이다. 예술이 삶과 만나게 될 때, 그의 시는 다시금 자연스러운 화음을 들려준다. 생의 본질을 직시할 수 있게 된 자의 시선이 예술을 투과해 삶을 향하는 것이다. "몸부림칠수록 작아지고 / 어두움이 두껍게 칠해지던 / 무용수의 꿈을 본 적이 있어"(「무용 5」)라는 읊조림에서 우리는 무용수의 동작에 투영된 생의 열망과 꿈을 엿볼 수 있다. 끊임없이 되물어온 생명의 가치, 생의 근원, 인간의 존재 의미를 마종기는 이렇게 예술이라는 렌즈로 굴절시켜 언어로 탐구한다.

삶을 예민한 감각으로 지각하는 마종기의 시를 제대로 바라보기 위해서는 눈을 감아야 할 것 같다. 보이는 것만을 실체로 인식하던 이성의 눈을 감자 눈앞에 펼쳐진 삶의 풍경 속에 숨겨진 날 것이 보이기 시작한다. "묵묵한 장님"인 "비밀"(「비밀 1」), "꺾어진 비밀의 진한 육질이 흘러도 / 눈감지 않는 우리들의 어리석음"(「비밀 2」), "비밀"이 숨어 사는 "너와 나의 눈, / 한세상의 속된 눈감음"(「비밀 3」)과 같이 변주된 「비밀」 연작은 자아의 관계망에서 성립된 그러한 "비밀"이 시각을 멈출 때에야 비로소 알아볼 수 있는 것임을 말해준다.

① 움직이지 않는 당신의 무용, / 소리 없는 음악, / 그래도 충만한 당신의 무용
—「무용-1—Pouline Koner 씨에게」 중에서

② 장님은 보이지 않는 눈으로 생각하고

—「장님의 눈—자코메티전」 중에서

③ 내가 갈대를 좋아하는 이유는 / 죽은 듯 살아 있고 / 살아 있는 듯 몸을 흔들며 / 죽어 있기 때문이겠지.

—「갈대의 피」 중에서

②에서 시력을 상실한 장님의 "눈"은 생각의 도구로 치환된다. 시인은 '죽음'과 '삶'이라는 공존 불가능의 상태가 혼재한다는 이유로 "갈대"를 찬양하고③, "움직임"과 "소리" 없는 "무용"에서 "충만"을 바라본다①. 이러한 모순결합의 방식은 "불지 않는 바람"(「불지 않는 바람」)을 느끼고, 안 보이는 것을 보며("있는 것이 안 보이는 네 혼백", 「동생을 위한 弔詩—외국에서 변을 당한 壎에게」), 상대가 "없는 것을 알기 때문에 / 전화를"(「전화」) 거는 모습들에도 동일하게 적용된다. 또한 「그림 그리기」 연작에서 이는 "꽃잎의 끝이 천천히 / 그 색을 버리기 시작"하는 모습을 "모든 색깔을 다 지우고, / 짧고 간단한 향기"로 그려내는 것이 바로 "어둡고 긴 내면의 길을 / 핥기 시작"하며 감추어진 생의 "비밀"을 감지하는 방법이라고 속삭이는 목소리로 나타난다.

"나이 들어 자랄수록 건망증은 늘고, 보이는 것만 보는 눈은 어 / 두워진단다"(「證例 6」)는 마종기의 고백이 형성한 시의 지평에서 우리는 그러한 시인의 겹눈의 시선—외부로 향하는 해부학적 시선과 내부로 향하는 본질직관의 시선—, 그리고 그 두 시선의 조화로운 조응을 바라보는 또 하나의 눈길인 독자의 시선과 조우하게 된다.

4. 소리가 있는 풍경에서 춤추는 기도

　조국에 대한 마종기의 근원적 사랑과 예술에의 경도는 직관의 사유방식이라는 동일선상에 놓여 있다. 이성적 사유로 이해될 수 없는 세상의 이치에 대응하기 위한 방법으로 직관을 선택한 마종기는 예술을 감각의 근원인 인간의 몸과 연결시킨다. 그의 시를 특징짓는 세밀한 관찰력과 소리에의 경도 또한 많은 경우 몸에 대한 심도 깊은 주의를 동반하고 나타난다. 그리고 이렇게 한데 어우러진 예술과 인간의 삶 속에서 마종기는 시의 본질을 탐색한다.

　이성과 유리될 수 없는 언어를 감각으로 이끌기 위해 마종기는 언어에 색채를 입히고 선율을 부여했다. 이렇게 그의 시에서 예술은 감각으로 전이된다. 그리고 독자는 그러한 감각으로 마종기가 그려낸 인간과 세상을 다시금 언어로 읽는다.

　그의 시는 춤을 추며 삶을 보여준다. 회화·음악·무용의 예술장르가 문학 속으로 녹아들어 삶을 개화시키는 것이 바로 그의 시이다. 감각의 변주를 따라가는 그러한 여정의 끝에서 우리는 편안히 웃고 있는 인간 마종기를 만난다.

> 흰색을 많이 쓰는 화가가
> 겨울 해변에 서 있다.
> 파도가 씻어버린 화면에
> 눈처럼 내리는 눈,
> 어제 내린 눈을 덮어서
> 어제와 오늘이 내일이 된다.
>
> 사랑하고 믿으면, 우리는
> 모든 구속에서 해방된다.

실패한 짧은 혁명같이
젊은이는 시간 밖으로 걸어나가고
백발이 되어 돌아오는 우리들의 음악,
움직이는 물은 쉽게 얼지 않는다.
그 추위가 키워준 내 신명의 춤사위.

—「자화상」 전문

　시라는 캔버스에 언어라는 물감으로 채색된 시인의 모습, 이는 마종기가 언어로 그려낸 "자화상"이다. 1연에서 "흰색을 많이 쓰는 화가", 순수성을 표현하던 시인의 퍼소나는 어느덧 인생의 "겨울 해변에 서 있다." 캔버스에 그려진 "눈"과 현실의 "눈"이 직유로 교차되며 "어제", "오늘"의 경험된 시간이 "내일"이라는 미지의 시간으로 연결된 것이다. 이렇듯 '회화'·'음악'·'무용'이라는 예술장르는 "파도"·"눈"·"백발" 등 "흰색"과 뒤엉켜 시간의 흐름을 표현한다.

　그런데 그러한 시간 인식이 다음 연에 이르자 "해방", '백발이 되어 돌아오는 음악', "움직이는 물", "춤사위" 등의 유동성으로 표현되었다. 시간성의 교차 속에서 색채가 움직임을 얻게 된 것이다. 거기에서 실제의 "눈", "어제"와 "오늘"이라는 경험된 시간성, 그리고 현실의 시인은 더 이상 의미를 지니지 않는다. '사랑'과 '믿음'이라는 춤사위의 역동성이 현재의 추위를 극복할 수 있는 해방의 노래를 들려주기 때문이다.

시간의 과거와 지금이
속살거리는 목욕물 소리,
내 육신의 모든 부분이
차고도 투명한 물이 다시 되어
명륜동 2가나 3가에 내리는
초겨울의 비.

—「목욕탕에서」 중에서

마종기에게 "물"의 심상은 자아인식을 표현하는 친숙한 소재이다. "목욕탕에서"라는 제목으로 알 수 있듯이, 이 시는 표면적으로 목욕에 얽힌 회상장면을 스케치한다. 그러나 여기에서 우리는 "목욕물" → "차고도 투명한 물" → "초겨울의 비" 등의 물 이미지가 시간성과 결부되어 나타난 자아인식을 발견할 수 있다. 이는 "내가 죽어서 물이 된다는 것을 생각하면 가끔 쓸쓸해집니다"(「물빛 1」), "오늘에야 내가 물이 되어 / 물의 얼굴을 보게 되다니"(「변명」) 외에도 「산 안에 또 산이」, 「물빛 2」, 「우화의 강 1」 등의 시에서 유사하게 변주된다.

자아인식을 보여준 '물'의 심상에서 볼 수 있듯이, 마종기 시는 자연 자체를 문제삼지 않는다. "살아 있는 꽃보다 / 꽃병에 선 꽃이 / 더 빛나고 아름다운 이유"(「꽃의 이유」)를 묻는 시인의 모습에서 우리는 주검을 해부하고 예술을 감상하던 '겹눈의 시선'을 발견할 수 있다. 예술에 투과시켜 삶을 바라보던 시인의 시선은 이렇듯 자연을 향해서도 마찬가지의 영상을 찾아낸다.

마종기에게 있어 자연은 신의 손이 그려낸 근원적 예술형태나 진배없다. 그것은 삶과 죽음이 담긴 인생에의 성찰을 가능하게 해준다. 외부적 대상인 자연에 투사된 시선이 다시금 시인의 내부와 생의 비의에로 향할 때, 자연은 단순한 환경이 아닌 투과된 '풍경'으로 존재하게 된다. 그리고 생이 투과된 그 '자연'은 삶의 렌즈를 통해 굴절된 예술과 마찬가지로 마종기의 시에 생명력을 불어넣는다.

①나도 한 가지 꽃으로 서서
　생각 없이 흔들려보면

　우리는 지금도
　끝없는 이주민이었구나.

—「나도 꽃으로 서서」 중에서

②사는 것은 이런 것이라고 말했다지만
　가볍게 보아온 세상의 흐름과 가버림.
　오늘에야 내가 물이 되어
　물의 얼굴을 보게 되다니.

—「변명」 중에서

　다시 말해 마종기의 시에서 '자연'은 삶을 형상화시키는 예술과 같이 무형의 추상을 유형의 구상으로 구체화시킨다. 그리고 무형의 시간과 유형의 공간이 결합된 자연의 풍경은 계절의 순환 속에 삶의 존재태를 드러낸다. "더 이상 이렇게 살 수만은 없다고 / 중년의 흙바닥에 엎드려 / 물고기같이"(「낚시질」) 울던 인생은 비유를 넘어 "죽은 나무"에게서 팔 벌린 "죽은 남자"의 환영을 발견하더니(「日記, 넋 놓고 살기」), 급기야 자연과 동일화되어 몸소 "꽃"이 되고 "물"이 된다. 고전적 동양의 탈속적 사고와 달리 마종기식 물아일체(物我一體)에는 이렇듯 세상과 삶, 그리고 죽음이 내재해 있다.

　시집 『그 나라 하늘빛』은 그 중 자연과 연관된 '죽음'에의 인식을 보여준다. 여기서 '죽음'은 "꽃"·"나무"·"수석"·"바다"·"갈대"·"새"·"바다"·"산"·"구름"·"비" 등의 자연 사물과 어우러져 나타나는데, 해부학에서의 죽음과 달리 평안한 모습을 하고 있는 것이 특징이다. 심지어 『새들의 꿈에서는 나무 냄새가 난다』에서의 '죽음'은 "기쁨"(「겨울의 기쁨」)의 대상이 되기까지 한다. 자연과 인생을 교차시키는 그러한 사고의 근저에는 종교적 인식이 둥지를 틀고 있다. 감각이 중심이 된 예술에서 감각을 넘어선 역설의 진리를 "감지"했던 시인이 초월자를 만나면서 보이지 않는 것을 보고, 비움으로써 가득 채워지는 진리를 "확신"하게 된 것이다.

　물론 종교적 인식을 표현한 시편에서도 시각·청각 등 감각에의 경도는 "한 처음에, 그전부터, 말씀이 있었다. …… 그 말씀이 곧, 참 빛이었다"(「차고 뜨겁고 어두운 것」)나 "그 빛 속에서 깊은 말 들린다는 것 / 내 귀가 문을 열면 알아들을까”(「그 나라 하늘빛」)에서처럼 일관되게 나타난다. 그럼에도 그는 “정확한 과학자로 살겠다고 결심한” 삶이 “눈 병신, 귀 병신, 온갖 생각의 병신”(「청량한 이를 그림」)이었음을 깨닫게 되었다고 고백한다. 감각에 대해 지대한 관심을 보이던 시인이 종교적 사고의 틀을 거치면서 참된 감각과 그것의 근원에 눈을 뜨게 된 것이다.

해부학 실습에서 죽음을 간접적으로 경험하던 청년은 어느덧 “중년을 지우면 노년이 곧 나”(「다시 찾을 때까지」)옴을 물리적으로 체득하는 나이가 되었다. 그것은 먼저 홀로의식으로 나타난다. “어차피 혼자일 수밖에 없는 것, / 그것 알게 된 것이 무슨 대수랴만”(「아내의 잠」), “혼자 있구나. 나도 모르는 탈바가지 쓰고 / 어지럼증에 시달리는 톱니바퀴의 평생”(「무너지는 새」)에서 “혼자일 수밖에 없는” 인생의 참모습에 개안하게 된 시인은 이제 예술과 해부체험을 통해 보여주던 물질적 상상력을 넘어선다.

직관이 믿음으로 전환되어 “가보지 못한 혼백의 나라”(「그림 그리기」)를 엿보게 되면서 비로소 오래 그를 괴롭히던 “중년”의 갈증과 불안이 사라진다. “이승의 무게를 버리려”(「무너지는 새」)면 무너져야 한다. “겨울 같이 단순해지기로 했다”(「그림 그리기」)며 자연에서 배운 지혜를 예술에 투과시켜 표현하던 시인이 눈앞에 보이는 자연 저 너머의 초월적 존재와 대면하게 되면서 “가벼워져야 산다”(「잡담 길들이기 4」)는 ‘비움의 원리’를 터득하게 된 것이다.

믿고 있던 모든 것이 무화된 초라함을 견뎌낼 수 있는 것은 바로 낮고 비천한 자를 어루만지고 품어주며 “그래도 잊지 않았다고 나직이 불러주는 목소리”가 있기 때문이다. 후기 시작으로 갈수록 마종기의 시에서는 종교적 색채가 진하게 드러난다. 그런데 이는 일반적인 초월지향으로 나타나지 않는다. 그가 형상화한 절대자는 지상의 수평축과 천상을 잇는 수직축이 엇물리는 곳에 자신의 좌표를 설정한다. 십자가의 형상을 닮은 그곳에서 마종기의 절대자는 성육신한 예수 그리스도처럼 2인칭 “당신”의 모습으로 지상에 속한 자가 된다. 중용이나 초월적 세계에 속한 대상이 아닌 절대자의 이름인 "당신"은 "아내"를 포함한 수많은 2인칭 타자인 '당신들'을 내포한다.

"맨발에, 두렵고 떨리는 마음으로"(「두렵고 떨리는 마음으로」) 자신의 공허를 채워준 그분을 좇아 이렇게 홀로의식은 스스로를 비우고 타자를 바라보는 슬픔에의 개안으로 전환된다. 예술에 투사된 삶의 모습을 감각으로 받아들이던 시인이 종교적 차원을 수용하면서 본격적으로 슬픔과 사랑에 눈을 돌리게 된 것이다. 그것은 불쌍한 자에 대한 연민이나 동정이 아니라 "이불이 얇은 자의 시린 마음을 / 잊지 않"도록 "추워하며 살게 하소서"(「겨울 기도 1」)라고 기도하는, "이승을 건너서, 집 없는 추위를 지나서 / 같은 길 걸어가는 사람"들의 동지의식이다.

이렇듯 절대자를 중심축으로 서로의 슬픔을 공유할 때, 타자와 나 사이에 세워진 견고한 경계가 허물어진다. 그러한 깨달음을 노래한 마종기의 시는 "고통", "절망"의 "벼랑 끝에 서 있는 무섭고 외로운 시간"(「동생을 위한 弔詩―외국에서 변을 당한 壎에게」) 속에서 "우리를 자유롭게 하는" 것이 "슬픔"(「당신의 하느님」)임을 깨닫게 된 자가 토해낸 "사랑의 진정"성에 대한 고백이다.

인간을 궁구해온 시인, 의학, 자연, 예술, 그리고 종교로 삶의 본질을 투영해 보여준 시인 마종기가 만들어낸 지형도, 즉 날 것의 삶이 시로 형상화된 그 지점에서 우리는 그가 형상화한 새로운 형태의 리얼리즘을 보게 된다.

참고할 문헌

김병익, 「투명한 시의 깊은 말」, 『그 나라 하늘빛』, 문학과지성사, 1991.
김 현, 「유랑민의 꿈」, 『모여서 사는 것이 어디 갈대들뿐이랴』, 문학과지성사, 1986.
이영진, 「수사도 기교도 벗고, 삶의 진정성만이」, 『창작과비평』 110호, 창작과비평사, 1997.

정현종, 「삶의 어둠과 시의 등불」, 『그리고 평화한 시대가』, 지식산업사, 1982.
이광호, 「이별, 혹은 축제의 표적」, 『새들의 꿈에서는 나무 냄새가 난다』, 문학과
　　　지성사, 2002.

벽 속을 비추는 세 개의 등불

강은교론

엄경희

1. 말[言]의 생존력

개개의 문학 작품은 어떻게 수많은 시간의 변수를 견디며 생존하는가? 삶의 표면에서 생겨났다 사라지는 풍속과 이념과 지향의 변화 속에서도 풍화되지 않고, 혹은 화석화되지 않고 살아남은 작품에는 그럴만한 분명한 이유가 있다. 작품의 생존력은 곧 위대함이다. 특히 시는 무엇보다 '말'의 긴장과 그 긴장이 환기하는 절박함이 삶의 변화들을 가로질러 현존성을 되찾을 때 살아 있는 유기체의 자격을 부여받게 된다. 이때 말은 지시적 전언이 아니라 비가시적 육체성을 지닌 '존재'의 생생함으로 독자의 내면과 교감한다. 진정 살아 있는 시의 힘은 독자의 삶에 끊임없이 관여하는 말의 현존성에 있는 것이다. 이미 현존성을 잃은 시는 화석에 불과하다. 그것은 역사 기록의 증거로서, 아니면 문헌학자를 위한 자료

로서 남을 수밖에 없다. 강은교의 시세계를 재음미하면서 이러한 생각에
이끌리는 것은 이십 년 전(1980년대 초반에 나는 국문과에 적을 두고 대학시절을
보내고 있었다) 그의 시에 대한 나의 독서 경험과 지금의 독서 경험이 큰
차이를 보이고 있기 때문이다. 논리의 위험에도 불구하고 굳이 이러한
사적 경험을 말하는 이유는 경험적 차이에 대한 자각이 수용미학의 기
초가 될 수 있다는 믿음 때문이다.

  강은교는 첫 시집 『허무집(虛無集)』(「칠십년대(七十年代)」, 동인회, 1971) 발
간으로부터 현재(2002)에 이르기까지 크게 세 번의 변화를 보여준다. 내용
면에서는 허무와 생명의식을 바탕으로 전개되는 인간 존재에 대한 관념
적 성찰, 현실의 부조리를 비판하는 참여의식, 일상적 가치의 발견 등이
그것이다. 이와 같은 내용적 변화는 낯선 이미지의 충돌과 결합, 명령법
과 감탄사에 의존한 시의 문맥, 담담한 어조를 통한 정감의 환기 등 말
하기 방식의 변화도 동반한다. 내용과 형식의 변화는 그의 시가 시대의
변화에 예민하게 반응했음을 말해주는 증거이다. 1980년대가 치열한 이
념의 시대였다면 1990년대는 이념이 파편화되고 해체되는 가운데 도시
적 감수성의 실험시와 일상시를 낳았던 시대이다. 강은교의 시세계는 의
식적이든 무의식적이든 이러한 흐름을 타고 있는 것이 사실이다. 그런데
무엇보다 중요한 것은 그의 많은 시편들이 1980년대적 아우라(aura)를 상
실하면서 현존성을 잃고 있다는 점이다. 이제 1980년대의 들끓었던 시대
적 분위기를 벗어나 2002년이라는 시간 속에서 그의 시를 읽을 수밖에
없다. 이 과정에서 나는 감회와 쓸쓸함이라는 이질적 감정을 동시에 느
끼곤 하였다.

2. 아쉬움으로 남은 새로움

강은교의 첫시집 『허무집(虛無集)』과 두 번째 출간한 시선집『풀잎』(민음사, 1974)에 실려 있는 시 가운데 비교적 시적 의미가 뚜렷한 작품은 「우리가 물이 되어」·「사랑법(法)」 등 몇몇 정도라 할 수 있다. 그의 초기시들은 대부분 독특한 시적 정서와 분위기로 독자를 압도하는 것이 그 특징이다. 그러나 시적 정서와 분위기를 이끌고 가는 개개의 시어와 문맥의 조합을 자세히 검토해보면 불분명한 의미들이 산재해 있음을 보게된다.

밤마다 새로운 바다로 나간다.
바람과 햇빛의
싸움을 겨우 끝내고
항구(港口) 밖에 매어놓은 배 위에는
생각에 잠겨
비스듬히 웃고 있는 지구(地球)
누가 낯익은 곡조(曲調)의
기타아를 튕긴다.

그렇다. 바다는
모든 여자(女子)의 자궁(子宮) 속에서 회전한다.
밤새도록 맨발로 달려가는
그 소리의 무서움을 들었느냐.
눈치채지 않게 뒷길로 사라지며
나는 늘
떠나간 뜰의 낙화(落花)가 되고
울타리 밖에는 낮게 낮게
바람과 이야기하는 사내들

어디서 닫혔던 문(門)이 열리고
못보던 아이 하나가
길가에 흐린 얼굴로 서있다.

—「자전(自轉) II」 전문

　잘 알려져 있는 이 시는 "밤마다 새로운 바다로 나간다"는 문장과 "나는 늘 / 떠나간 뜰의 낙화(落花)가" 된다는 문장의 의미론적 충돌을 통해서 새로운 바다를 향해 나가고자 하는 화자의 의욕과 그 의욕이 늘 좌절되고 있음을 보여주고 있다. 그러나 이와 같은 핵심 문맥의 둘레는 매우 불분명하고 불투명한 이미지로 채워져 있음을 보게 되는데 그의 초기시에서의 불투명한 의미들은 시의 본질로서의 애매성이나 모호성으로 보기는 어렵다. 예를 들어 1연의 "항구(港口) 밖에 매어놓은 배 위에는 / 생각에 잠겨 / 비스듬히 웃고 있는 지구(地球)"에서 배 위에 얹혀 있는 지구의 모습은 일반적 상상력을 역전시키고 있음에도 불구하고 분명한 이미지를 연상시키는 데 실패하고 있다. 그리고 2연에서 "눈치채지 않게 뒷길로 사라지며"는 화자의 어떤 심리, 혹은 어떤 상황을 뜻하는 구절인지 파악이 불가능하다. 마지막 연에서 '닫혔던 문'의 열림은 '나'의 낙화 공간인 울타리 안과 바람과 사내들의 공간인 울타리 밖이 서로 허물어지는 것으로 보이기도 하는데, 이러한 의미 파악은 '흐린 얼굴'의 이미지에 의해 즉각적으로 차단된다. 왜냐하면 '흐린 얼굴의 아이'의 이미지가 밝은 연상을 제어하기 때문이다. 따라서 '닫혔던 門이 열'린다는 말이 함의하는 바는 불확정적인 것으로 남게 된다. 이와 같이 세부적 이미지나 맥락이 불분명하게 느껴지는 것은 강은교의 초기시가 지닌 가장 큰 맹점이다. 그럼에도 그의 초기시가 많은 사람들에게 애송될 수 있었던 까닭은 무엇인가? 그것은 그만의 개성적 목소리가 독자의 마음을 움직이는 데 성공하고 있기 때문이다.

날이 저문다.
먼 곳에서 빈 뜰이 넘어진다.
무한천공(無限天空) 바람 겹겹이
사람은 혼자 펄럭이고
조금씩 파도치는 거리의 집들
끝까지 남아있는 햇빛 하나가
어딜까 어딜까 도시(都市)를 끌고 간다.

날이 저문다.
날마다 우리나라에
아름다운 여자(女子)들은 떨어져 쌓인다.
잠속에서도 빨리빨리 걸으며
침상(寢床)밖으로 흩어지는
모래는 끝없고
한 겹씩 벗겨지는 생사(生死)의
저 캄캄한 수세기(數世紀)를 향하여
아무도
자기의 살을 감출 수는 없다.

집이 흐느낀다.
날이 저문다.
바람에 갇혀
일평생(一平生)이 낙과(落果)처럼 흔들린다.
높은 지붕마다 남몰래
하늘의 넓은 시계소리를 걸어놓으며
광야(曠野)에 쌓이는
아, 아름다운 모래의 여자(女子)들

부서지면서 우리는
가장 긴 그림자를 뒤에 남겼다.

—「자전(自轉) I」 전문

이 시에서 단연 돋보이는 점은 특정 주체와 그것의 움직임을 말해주는 동사의 낯선 결합이다. 예를 들어 빈 뜰이 넘어지다, 사람이 펄럭이다, 여자들이 떨어져 쌓이다, 집이 흐느끼다 등이 그것이다. 이러한 표현들은 주체가 지니고 있는 본래의 속성을 변용, 확장하는 은유적 인식 작용에 의해 생성된 것이라 할 수 있다. 넘어짐, 펄럭임, 떨어져 쌓임, 흐느낌 등의 동사는 세계에 대한 시인의 주관적 인식을 함의한다. 이러한 동사들은 황폐하고도 불안한 혹은 쓸쓸한 시적 분위기를 자아내는 데 기여한다. 그것은 한편 '모래'나 '낙과'가 암시하는 사멸의 이미지와 마주치면서 단순한 서정 이상의 것을 내포하게 된다. 이 시에서도 '남몰래'·'긴 그림자' 등 의미가 불투명한 시어를 볼 수 있음에도 불구하고 이를 묵인하게 되는 까닭은 진지한 시적 주제와 그것을 정서화하고 있는 비유적 이미지들이 독자의 감성과 인식 양자를 동시에 자극하고 있기 때문이다. 소멸과 허무라는 인간 보편의 실존적 사태가 지닌 무게와 그 무게를 육화시키고 있는 감성의 언어들이 이 시의 깊이와 미감을 담보해내고 있는 것이다. 그는 이질적인 이미지들을 통합함으로써 자신의 관념적 세계를 추상이나 피상이 아니라 구체적인 정서로 물들인다. 이러한 점은 허무적 관념을 추상적 언어로 드러냈던 유치환과도 변별되는 특성이다. 아울러 그의 초기시는 재현예술의 소박한 문법구조를 탈피함으로써 낯설고도 참신한 묘미를 자아내고 있다는 특징 또한 지닌다.

관념을 감성적으로 형상화하는 강은교의 초기시 형상화 방식은 여성시의 문법을 파격적으로 전환시키는 경계지점을 형성한 것으로 평가된다. 허무와 죽음, 생명의식이라는 인간의 근원적 문제를 독특한 형상화의 원리를 통해서 드러내고 있는 강은교의 첫 시집 『허무집(虛無集)』과 시선집 『풀잎』은 사랑이나 이별, 고독과 같은 주제들을 과잉된 감정으로 고백하고 있는 기존의 여성시와는 큰 차이를 갖는다. 김명순·나혜석·김일엽에 의해 여성해방과 자유정신을 구가하면서 출발한 여성시는 모윤숙과 노천명·김남조·홍윤숙·허영자·이영도 등으로 이어지면서 고독과 그리움·한·이별·구원·사랑·일상 등 개인의 내면탐구뿐 아니라 조국과 민족, 사회에 대한 관심을 통해 그 영토를 확장해왔다. 한편 지성적이고 폭넓은 시의식을 보여준 홍윤숙이나 감정의 절제와 언어의 간결미를 드러내준 허영자와 같이 예외적인 경우도 있으나 여성시의 어법은 대부분 영탄(詠嘆)과 여성 특유의 감상적 어조에 치우친 것이 사실이며, 세계와 자아 간의 치열한 의식보다는 지나치게 사적인 감정의 영역에 여성시의 위상을 묶어놓은 것 또한 사실이다. 이러한 여성시의 전개과정이 여성시를 스타일화함으로써 시의 형상화 원리를 고착시키는 결과를 빚기도 하였다. 여성 특유의 전통성으로부터 벗어나 새로운 방법적 모색이 제기된 것은 김지향·강계순·문정희·김여정 등 1960년대 여성 시인들에 이르러서이다. 이들이 보여준 감각적이고 도전적 발상은 1960년대 말 강은교에 의해 보다 개성적인 목소리로 그 가능성을 획득하게 된다. 그러나 그의 초기시가 지닌 매력은 이후의 시에서 계속 유지되지 못한다.

3. 아우라의 상실, 그 고통의 잔해

1977년에 출간한 『빈자일기(貧者日記)』(민음사)를 기점으로 강은교의 시는 커다란 변화를 보인다. 이때부터 『소리집(集)』(창작과비평사, 1982), 『바람노래』(문학사상사, 1987)에 이르는 십 년 간 강은교는 허무나 죽음과 같은 관념의 문제를 벗어나 파행적 구조로 치닫고 있는 현실의 부조리와 모순에 대해 지속적인 관심을 표방한다. 그의 현실 참여적 지향과 공동체 의식을 고취시키는 목소리는 이 세 권의 시집 곳곳에서 발견된다. 1970년대의 무차별적인 산업화와 노동 착취, 1980년대 군부독재의 파쇼적 탄압, 계층간의 갈등을 심화시키는 사회구조의 모순은 지식인뿐만 아니라 대학생, 도시빈민층을 형성했던 노동자 등 다양한 계층을 분노케 했으며 이는 끊임없는 비판과 저항의 대상이 되었다. 당시 억압적 사회 분위기는 암울함 그 자체였으며, 그 암울함 속에서 사람들은 이데올로기 논쟁을 치열하게 감행할 수밖에 없었다. 삼엄하게 경직되어 있는 사회 분위기 속에서 사람들은 절망하고 좌절했으며 투쟁하고 저항해야만 했다.

강은교의 시세계가 이러한 분위기 속에서 현실 문제에 기울어진 것은 자연스러운 현상인지도 모른다. 그의 시적 변화는 시대의 부조리에 맞서는 지식인의 참된 모습이었다는 점에서, 그리고 시세계의 확장이라는 점에서 그 의의를 가볍게 여길 수 없을 것이다. 그러나 이러한 변화가 예술적 성과와 비례했다고 말하기는 어렵다. 현실 참여에 깊이 경도되면서 강은교의 시작원리는 「자전(自轉) I」에서 보았던 것과 같은 당돌한 비유나 낯선 이미지들을 결합하던 예전의 방식으로부터 벗어난다. 시집 『빈자일기(貧者日記)』부터 그가 대대적으로 드러내고 있는 것은 살아 있는 육성을 통해서 독자를 고무시키는 것이었다. 따라서 그의 시는 전폭적으로 구어체의 방식을 수용하게 된다.

> 일어서라 풀아
> 일어서라 풀아
> 땅 위 거름이란 거름 다 모아
> 구름송이 하늘 구름송이들 다 끌어들여
> 끈질긴 뿌리로 긁힌 얼굴로
> 빛나라 너희 터지는
> 목청 어영차
> 천지에 뿌려라
>
> ―「일어서라 풀아」 중에서

> 눈 떠야 하리

시든 꽃대궁에 누운 별빛을 지나서
몸살하듯 내리는 한밤 무서리를 지나서
서슬 푸른 바람 끝
새벽과 새벽이 맞닿은 곳
거기 맨몸으로
일어서야 하리

—「소리 9」 중에서

이제 눈뜨게 하소서.
죽은 그대와 산 나 사이
달빛도 괴괴한데
잡풀도 일렁이지 않는데
에헤야 에헤야
어디서 피 오는 소리
어디서 피 갈앉는 소리

—「이제 눈뜨게 하소서」 중에서

한 섬이 흘리는 눈물이
다른 섬이 흘리는 눈물에게로 가네.

한 섬의 눈물이 불이라면
다른 섬의 눈물은 재(灰).
불과 재가 만나서
보이지 않게
빛나며 어제는 가장 따스한
한 바다의 하늘을 꿰매고 있었네.

—「섬—어떤 사랑의 비밀노래」 중에서

시 「일어서라 풀아」에서 보이는 '일어서라 풀아', '천지에 뿌려라'와 같
은 명령적 청유어법은 이 시기 강은교 시에서 압도적으로 반복되는 문장

형태이다. "수그려라 수그려라 소리가 온다 / 엎드려라 엎드려라 소리가 온다"(「삯전받는 손들을 위한 노래」), "한밤중에 붉은 / 햇덩이 뜬다. / 하늘로 가자. / 하늘로 가자"(「허총가(虛塚歌) 1」), "춤추어라 / 불의 춤을 추어라"(「생자매장(生者埋葬)─I. 불의 침상(寢床)」), "눈뜨라 오 눈뜨라 / 형제여"(「물방울의 시(詩)」), "비가 오면 비를 맞아라 ─ / 안개 오면 안개에 놀아라 ─"(「돌노래」), "지나가라, 어서 / 보지마라, / 어디서나 뼈는 남아 빛난다"(「그 거북에게 전하는 시(詩)」) 등이 그것이다. 이와 같은 명령적 청유는 「이리로」·「그러면 가자아이야」·「무엇이라고 쓸까」·「어떤 미루나무의 새벽노래」·「머리카락 노래」·「넋보냄」·「12월의 시」에서도 지속적으로 반복된다. 명령적 청유는 청자(聽者)의 행동지침을 제시하고 의욕을 고무시킬 때 사용되는 발화 형태이다. 강은교는 이를 반복함으로써 절망과 좌절의 시대를 견디고 있는 사람들의 잠재적 힘을 대항의 에너지로 이끌어내고자 한다. 한편 명령적 청유 형태의 발언은 청자보다 현실의 사태를 잘 파악하고 있는 입장에서 사용될 수 있는 언표라는 점에서 계몽적 지식인의 전형적 목소리라 할 수 있다. 이러한 발화법은 화자와 청자의 분리를 초래할 수 있다는 면에서 소통장애요인을 그 안에 내포할 가능성 또한 지닌다.

명령적 청유 형태와 유사한 효과를 드러내고 있는 경우로는 다짐이나 의지를 표방하고 있는 시 「소리 9」에서의 "눈 떠야 하리"와 같은 문장을 들 수 있다. 이러한 문장 또한 "묻으리, 묻어 / 모래뻘에나 묻으리"(「스스로의 매장(埋葬)을 꿈꾸는 시편(詩篇)」), "바람이 되세 바람이 되세 / 삼천리 방방곡곡 / 울음우는 바람이 되세"(「바람 노래」), "이 세상 덮은 수만 풀뿌리들아 / 막아내자 / 이 세상 덮은 수만 돌들아 / 막아내자"(「그림자 노래」) 등으로 반복된다. 화자 자신이 곧 청자일 수 있다는 점에서 이러한 문장은 명령적 청유 형태에 비해 화자와 청자 간의 거리가 밀착되었다고 볼 수 있으나 그 효과의 차이는 미세하게 느껴진다.

참여적 성향을 드러내고 있는 시편에서 반복되고 있는 또 다른 구어체의 문장은 기원과 갈구의 심리를 나타내고 있는 기도문 형태와 '~하네'와 같은 부드러운 여성적 어조이다. 위에 인용한 「이제 눈뜨게 하소서」·「섬—어떤 사랑의 비밀 노래」와 같은 것이 그 예이다. 기도문 형식의 시편들이 시대의 고난을 이겨내고자 하는 시인의 절박함과 애절함을 전달한다면 여성적 어조의 부드러움은 고통과 좌절을 따뜻함으로 감싸고자 하는 모성심리와 연관된 것으로 볼 수 있다. 이 외에도 "흐르는 자(者)는 복(福)되도다 / 한 번 흐르고 / 다시 흐르는 자(者)는 / 은총(恩寵)받도다"(「생자매장(生者埋葬)—IV. 흙」)와 같은 잠언적 형태의 문장이나, '아!'로 표현되는 영탄어법도 자주 발견되는 발화법이라 할 수 있다. 이 시기에 발견되는 시적 이미지 또한 그 다양성을 잃고 피·별·강·빛·어둠 등 몇 가지로 한정되어 있음을 볼 수 있다.

이와 같은 강은교의 현실 참여적 어법은 시대의 요청에 시인이 그만큼 절박하게 그리고 열정적으로 응했음을 보여주는 근거이다. 그러나 이러한 어법은 그 목소리가 환기하는 뜨거움만큼이나 과도함으로 읽힌다. 형식과 그 밑바탕에 깔려 있는 감정의 과도함이 받아들여질 수 있었던 것은 1970~80년대의 상황이 급박하고 절박했기 때문이다. 시가 소통되는 상황과 시적 목소리가 하나로 어우러질 때 그 효과는 극에 달할 수 있는 것이다. 그러나 그러한 상황이 배제되었을 때 이러한 발화양식은 더 이상을 울림을 주기 어려워진다. 현실 참여적인 강은교의 시는 1980년대적 아우라가 상실된 1990년대를 거쳐오면서 그 공감력도 함께 상실하게 된다. 현실 상황은 이완되었으며 치열했던 투쟁적 분위기는 무산되었다. 비극의 시대는 막을 내리고 가벼운 담론과 희극이 그 자리를 대신하고 있는 지금의 상황에서 그의 현실 참여적 시편들은 그 의의에도 불구하고 예술적 성취 면에서는 큰 아쉬움을 남긴다고 하겠다.

4. 사소한 것에 담긴 갈망

거대담론이 해체되기 시작한 1990년대 초반에 이르면 강은교의 시는 또 한번의 변화를 보인다. 1990년대는 이념지향적 사회 분위기가 급격하게 해체되면서 기존의 완강한 질서가 재편성되었던 시대이다. 근엄하고 권위적이었던 가치의 중심은 그 가부장적 위용을 상실하기 시작했으며, 이와 동시에 주변으로 소외되었던 타자에 대한 관심이 부상하기 시작하였다. 그런 의미에서 1990년대는 억압된 것들을 복귀시켰던 새로운 시대였다고 말할 수 있다. 1980년대의 경직된 분위기에 비해 1990년대는 자유스러워진 반면 가치의 혼란이 함께 동반되기도 했으며 그 혼란은 아직도 계속되고 있다. 이러한 변화 속에서 관심의 방향이 거대한 이념보다는 개인적 삶과 연관된 생활세계로 쏠리는 것은 당연한 일이다. 작고 사소한 것들의 가치가 부상하면서 일군의 일상시가 하나의 흐름을 형성하게 된다.

강은교의 시적 변화도 이와 같은 시대 변화와 깊은 연관을 갖는다. 『벽 속의 편지』(창작과비평사, 1992)와 『어느 별에서의 하루』(창작과비평사, 1996)는 일상의 다양한 사물과 자잘한 사건들이 중심 소재를 이루고 있는 시집이다. 그는 텔레비전, 양파, 빨래, 아구, 감자, 비닐 봉지, 아침 신문에 대해 이야기한다. "하찮은 것들의 피비린내여 / 하찮은 것들의 위대함이여 평화여"(「그대의 들」)라고 말한다. 그리고 "사랑해야 하네, 작은 것들을 / 귀기울여야 하네, 가난한 것들에 / 쓰다듬어야 하네, 외로운 것들을"(「모르는 산으로의 행진」)이라고 말한다. 시인의 시선은 작고 사소한 것들을 따뜻함으로 껴안고, 때로 그 사소함 속에 잠복되어 있는 폭력성을 들추어내기도 한다.

　　—이 모오든 시끄러움, 이 모오든 피튀김, 이 모오든 욕망의 찌꺼기들, 눈물

널름대는 싸움들, 검은 웅덩이들, 넘치는 오염들, …몰려다니는 쥐떼들에도 불
구하고,

허공에서 허공으로 달리며
우리는 아름다운 별의
한 알의
빛
이라고

―「저쪽」 중에서

싸움과 욕망과 더러움으로 얼룩져 있는 삶을 체험하면서, 그것으로부
터 다시 희망과 삶에 대한 긍정을 발견해내려 하는 것이 이 시인의 기본
태도이다. 강은교는 우리가 '한 알의 빛'임을 잊지 않는다. 이는 모진
1980년대를 치열하게 겪은 후에도 여전히 인간에 대한 신뢰와 애정을 그
가 잃지 않았음을 말해준다. 한편 그는 삶 속에 내재해 있는 문제를 직
시함으로써 그가 애써 말하는 희망과 꿈의 성취가 결코 쉽지 않음을 강
조한다. 강은교의 일상시가 진정성을 얻게 되는 것은 이 때문이다. 그의
일상시편에서 가장 두드러지는 것은 일상에 잠복되어 있는 폭력성이다.
「새우」·「새벽길」·「일곱 마리의 검푸른 두꺼비」·「흐린 날의 몇 사람」
·「포획」·「장날」과 같은 시편들은 모두 고양이·두꺼비·거미 등 미물
들의 죽음을 그리고 있다. 「새벽길」에서 시인은 "아무도 돌아보지 않았
네 / 가벼운 죽음이었네"라고 말함으로써 폭력에 둔감해진 우리의 의식에
일침을 놓는다. 이와 함께 횟집 풍경을 이야기하고 있는 「흐린 날의 몇
사람」에서는 "물고기의 눈이 뒤를 돌아본다, 바람벽 같은 상 위에 지느
러미가 검은 돛폭처럼 휘돈다. 놀란 이들이 뼈만 남은 팔목의 시계를 바
라본다"고 말함으로써 폭력에 대한 시인의 저항의식을 내비치기도 한다.
폭력과 더불어 자본주의의 교활한 메커니즘 또한 강은교의 비판 대상이
된다. 인간의 의식을 노예화하고 기만적 평등의식을 조작하는 텔레비전

(「공룡」)을, 도시의 추악한 욕망(「붉그레한 혀들이」)을, 산업화가 남긴 오물(「어떤 비닐 봉지에게」)을 그는 비판한다.

그러나 그의 비판적 언어들은 너무 완곡하게 느껴진다. 폭력성과 자본주의를 비판하고 있는 시에서 그가 주로 사용하고 있는 표현방식은 알레고리라고 할 수 있다. 알레고리적 표현들은 그 의미가 분명한 만큼 단순하다. 따라서 복잡한 울림을 주기에는 한계가 있는 표현방식이다. 알레고리적 표현들은 그의 일상시를 너무 온건하고 평이하게 만든 주요 원인 가운데 하나로 보인다. 비판적 의식을 드러내는 가장 중요한 표현방식이 아이러니라고 할 수 있는데 강은교의 시에서는 아이러니가 거의 발견되지 않는다. 1980년대 쓰인 현실 참여적 시에서도 그는 독자를 고무하거나 격려하는 혹은 한 맺힌 목소리를 낼 뿐 아이러니 방식을 취하지 않는다. 이는 표현의 문제를 떠나서 날카로운 비판의식보다는 고통을 감싸고 끌어안는 서정성이 이 시인의 기질에 더 잘 맞는 것이 아닌가 하는 생각을 갖게 한다. 비판의 목소리가 자주 서정적 분위기에 의해 용해되곤 하는 것은 이 때문이라 여겨진다.

강은교는 시집 『벽 속의 편지』와 『어느 별에서의 하루』에서 폭력과 자본주의, 그리고 그 속에서 살아가는 일상인의 삶을 그리고 있지만, 그 귀결점이 개인의 내적 정서에 닿아 있다는 사실에 주목할 필요가 있다. 예를 들어 그는 희망을 이야기하면서 동시에 우리가 이 세계에 감금되어 있음을 말한다. "밤마다 그는 벽 속에 앉아 / 담배를 피운다. / 벽 속에 앉아 / 벽이 되는 그는"(「그의 초상」), "우리 모두 빵 위에 넘어진다"(「여름날 오후」), "당신이 붙박이 별처럼 서 있는 이 거리"(「상어―거리에서」), "오 불쌍한 나, 날개도 없는 나"(「청둥오리―낙동강가에서」) 등의 시구절은 삶의 모순 속에 묶여 있는 우리들의 초상을 함축하고 있다. 그러나 이와 같은 삶에 대한 인식은 부조리한 구조를 돌파하고자 하는 대결의식으로 나아가지 않는다. 그것은 삶에 대한 덧없음이나 공허함으로 내면화되면서 다른 방향으로 선회한다. 「그」·「아, 별은」·「허공 하나를」과 같은 시가 그

예이다. 그의 일상시에서 강한 에너지를 느낄 수 없는 것은 바로 이와 같은 심리적 요인 때문이다. 그런 의미에서 시집 『등불 하나가 걸어오네』(문학동네, 1999)의 중심 테마가 '사랑'인 것은 자연스러운 흐름이라 할 수 있다. 사랑은 일상의 덧없음과 공허함을 견뎌낼 수 있는 생명적 원천인 것이다. 그런데 그의 사소한 것에 대한 관심과 애정이 이 시집에서는 주로 빗방울·꽃잎·새·햇빛·귀뚜라미 등 자연으로 나타나고 있다는 점이 이전과의 차이라 할 수 있다.

> 바다가 눈을 뜬다
> 물새 한 마리 그 발 밑에 앉아
> 바다의 발을 쉼 없이
> 닦아주고 있다
>
> 문득 흰 구름 두엇 일어선다
> —「다섯 개의 부치지 않은 노래—몰운대」 중에서

바다가 물새의 발을 닦아주는 것이 아니라, 물새가 바다의 발을 닦아주고 있는 풍경은 작은 것이 큰 것을 어루만져주는 역전된 상상력을 드러냄으로써 참신한 사랑의 정감을 느끼게 한다. 이러한 풍경을 마치 엿보기라도 하듯 일어서는 '구름'의 이미지는 '물새'와 '바다'가 환기하는 사랑의 정감을 한층 고조시킨다. 이 시에서 짐작할 수 있듯이 강은교의 시작원리는 시집 『등불 하나가 걸어오네』에 이르러서 아주 담박한 미감으로 걸러지고 있다. 때로 시적 서정이 엷게 느껴지는 것도 사실이지만 간결한 언어와 선명한 이미지는 이 시집의 중요한 특성이라 할 수 있다. 그는 이제 과잉된 감정을 가라앉히고 아주 고요하고 맑은 세계를 담담한 시선으로 다독거리고 있는 듯하다.

5. 꺼지지 않는 사랑의 혁명

강은교의 시세계는 크게 세 번의 변화를 통해서 다양한 시적 내용과 형상화 원리를 드러내고 있다. 그러나 그가 허무와 죽음에 대한 관념적 성찰을 감행하든, 부조리한 현실을 넘어서고자 하는 참여 의지를 열정적 목소리로 구사하든, 혹은 일상 속에 잠복되어 있는 모순을 고통으로 인식하든 그 기저에는 언제나 생을 따뜻함으로 품고자 하는 사랑을 일관성 있게 간직하고 있음을 볼 수 있다. 자칫 피폐한 타나토스의 욕망으로 이어질 수 있는 허무의 심연을 떠돌 때도 그의 시는 "밤마다 새로운 바다"(「자전(自轉) II」)를 향해 달려가는 눈물겨운 생의 열정을 마음의 불씨로 지닌다. 삼십 년이 넘는 그의 시력(詩歷)은 이러한 마음의 불씨가 세상의 혹독한 바람을 어떻게 견뎌내며, 동시에 그것이 어떻게 세상을 밝히는 환한 빛으로 화하는가를 증거한다. 그의 시가 초기의 저작이 갖는 긴장과 활달함을 계속적으로 견지하지 못한 점은, 그리고 1980년대적 아우라의 상실로 공감력을 잃게된 점은 큰 아쉬움과 쓸쓸함을 남기지만 생을 깊은 사랑으로 감싸고자 하는 그의 삶의 자세는 분명 진실을 비추는 그윽한 등불이라 할 수 있다. 그의 등불은 '사랑이야말로 혁명'이라고 말한다. 그것이 우리를 벽 속에서 다시 일으켜 세우고 혹독한 바람 앞에 다시 서게 한다.

별의 가슴이 어둠의 허리를 껴안는 날
기쁨의 손바닥이 슬픔의 손등을 어루만지는 날

그날을 사랑이라고 하자
사랑이야말로 혁명이라고 하자

— 「벽 속의 편지—그날」 중에서

참고할 문헌

김수이, 「그 '여자'의 오래된 말들」, 『타자비평』 제3호, 예림기획, 2002.

유성호, 「고독과 사랑, '순례자'의 꿈과 언어」, 『타자비평』 제3호, 예림기획, 2002.

윤여탁, 『리얼리즘시의 이론과 실제』, 태학사, 1994.

윤지관, 「90년대의 정신분석―문학담론의 징후 읽기」, 『창작과비평』, 1999년 여름.

이승훈, 「70년대의 한국시」, 『한국현대문학사』, 현대문학, 2002.

이영진, 「90년대라는 가설, 황무지를 구원하는 견딤의 미학」, 『창작과비평』, 1999년 여름.

최두석, 『시와 리얼리즘』, 창작과비평사, 1996.

양극을 향한 두 개의 시선

김영태론

김희정

1. 시세계의 양극성

김영태[1]는 독특한 이력의 소유자이다. 그는 개인 시집만 11권을 낸 시인이면서 회화와 음악, 무용 평론 등을 종횡무진 오가는 그야말로 전천

---

[1] 김영태가 지금까지 펴낸 시집과 시선집, 그리고 시론집은 다음과 같다. 시집 『유태인이 사는 마을의 겨울』(중앙문화사, 1965); 『바람이 센 날의 인상』(현대문학사, 1970); 『草芥手帖』(현대문학사, 1975); 『客草』(문예비평사, 1978); 『여울목 비오리』(문학과 지성사, 1981); 『결혼식과 장례식』(문학과 지성사, 1986); 『느리고 무겁게 그리고 우울하게』(민음사, 1988); 『매혹』(청하, 1989); 『고래는 명상가』(민음사, 1993); 『남몰래 흐르는 눈물』(문학과 지성사, 1995); 『그늘 반근』(문학과 지성사, 2000). 마종기·황동규와의 공동시집 『평균율』 I(창우사, 1968); 『평균율』 II(현대문학사, 1972). 시선집 『北호텔』(민음사, 1979); 『어름사니의 보행』(지식산업사, 1984); 『가을, 계면조 무게』(미래사, 1991); 시론집 『변주와 상상력』(고려원, 1984); 『시가 있는 아침』(책세상, 2002) 등. 이 외에도 산문집과 소묘집, 무용평론집 등 다수가 있다.

후 예술가이다. 김영태 시의 전위적이고 독특한 형식들은 이러한 이력과 연관을 맺고 있다. 언제나 문화의 첨단에 서서 예술적 자유를 실천했던 그에게 시는 그러한 문화적 체험들을 종합해내는 중요한 장(場)이었던 것이다. 그것이 자족적인 영감(靈感)의 표현이든, 인간 존재에 대한 성찰이든, 역사와 현실에 대한 자각이든, 그가 그려내고 있는 것들은 언제나 미적 대상으로서의 세계였다. 때문에 김영태 시의 의미체계들은 그가 사용하고 있는 형식적 기제들을 거쳐 우회적으로 발현된다.

김영태가 가장 왕성한 활동을 보여주는 1970년대는 그의 시력 중에서도 내용적 확장과 시 형식의 모색들이 가장 다양하고 풍부하게 나타나는 시기이다. 언어적 실험을 통해 절대 미학을 구현하려 했던 초기 시의 지향은 이 시기를 거치면서 인간과 현실의 문제를 이야기하는 방향으로 옮겨간다. 이는 시적 공간의 변화를 통해 명시적으로 드러난다. 내면세계의 재현에 집중되어 있던 초기 시의 공간은 이 시기를 경유하면서 현실세계와 내면세계가 병존하는 보다 포괄적인 공간으로 변모되고 있다.

김영태의 중기시를 특징짓는 주요한 지배인자는 이렇게 현실세계와 내면세계의 양극으로 향하는 두 가지 시선이라고 할 수 있다. 여기서 시인의 지향성은 어느 한 쪽으로도 치우치지 않는다. 시인은 동일한 무게중심을 가지고서 자아의 내면과 외적 현실이라는 양극적 공간을 바라본다. 그리하여 1970년대 그의 시는 내면탐구의 시와 현실 비판적 사회시라는 상반된 두 경향으로 대별될 수 있을 것이다. 여기서 전자의 내면탐구 경향은 세계의 상황이 탈락된 순수한 여백의 재현을 통해 구현되며, 후자의 현실 비판 경향은 우회적 폭로의 수법과 체제 전복적인 요설체 등을 통해 구현된다.

2. 여백의 도면(圖面)—자아의 균열과 불안의식

나는 내 시선이 머물고, 머문 뒤에 어떤 떨림으로 번지고, 그 떨림은 다시 아
름다운 공간으로 절대치가 남을 수밖에 없는 상상력과 사물의 동화를 피력했
었다. 산업화 시대일수록 마음의 공해, 정신의 핍박, 모질게 엄습하는 압력의
그 모든 구정물 뒤에는 언제나 우리가 소유할 수 있는 여백이 드러난다. 여백
에다 단 한 줄의 선을 긋듯, 그것은 여백을 받아들일 수 있는 각자의 능력과 재
량이다.2)

—「시와 宿題」 부분

언어가 현실의 물질적 토대의 굴절된 반영이라고 한다면, 세계의 상황
이 탈색된 여백의 시화(詩化)를 통해 정신의 해갈을 취했다는 시인의 고
백은 폭력으로 점철된 시대를 살아가는 예술가의 고통이 어느 정도인지
를 유추할 수 있게 해준다. 예술적 영감이나 대상의 이미지를 감각적으
로 묘사하던 김영태 시의 초기적 특성들은 이러한 여백의 재현을 통해
지속되는 동시에 변화된다.

이승훈이 김영태의 초기시에서 형상화되고 있는 시세계를 '아름다운
환상'이라는 말로 표현하고 있듯이, 그의 초기시들은 유미주의적이고 이
미지즘적인 성격을 강하게 내포한다. 이때 그의 시적 지향은 절대 미학
의 구현에 있었으며, 이는 공감각적 묘사와 대상의 조형적 재현을 통해
성취되었다. 그러나 이러한 감각적 조형화의 측면은 1970년대로 넘어오
게 되면서 상당 부분 누그러지게 된다. 이 시기에 김영태 시의 내면공간
을 채우게 되는 것은 불안과 절망, 고통 등과 같은 심정적 요소들이다.
'아름다운 환상'으로서의 내면세계는 이제 균열된 주체의 불안한 내면
상황으로 대체되기 시작한다.

---

2) 김영태, 「시의 宿題」, 『變奏와 想像力』, 고려원, 1984, 131면.

나비는
풀밭을 지나
징검다리를 건넌다
몇번씩 뒤돌아 보아도
하늘은 무대의 背景같이 개어 있다
징검다리를 건널 때
망설임이 잠시 비친다
내 손바닥 안에서
파닥거린다
나비는
떨고 있다
떨림이 번지다 멎는다

이상한 색깔같기도 하고
한없이 비치는 조그만 천 같이……

—「나비」 전문

　위의 시에서 화자는 "떨림"의 감각을 통해 "나비"와 자신을 동일화한다. 여기서 "나비"는 "이상한 색깔"을 띠는 신비롭고 아름다운 대상으로 그려진다. 그러나 동시에 그것은 "한없이 비치는 조그만 천"과 같이 외부의 작은 자극에도 갈가리 찢겨져 나가는 연약한 속성을 갖고 있다. '뒤돌아보다', '망설임이 비치다', '떨다'라는 서술어 또한 화자의 손 안에서 언제든지 망가뜨려질 수 있는 연약한 "나비"의 불안한 존재양태를 드러내준다. 이렇게 연약한 "나비"의 이미지는 그것을 바라보는 화자의 마음까지 불안하게 만든다. 대상의 순수성은 '나'의 부주의한 행동 하나에도 쉽게 더럽혀질 수 있는 것이다. 김영태가 여백 속에 그려 넣고 있는 선, 즉 "나비"의 이미지가 금방이라도 부서져버릴 것 같이 위태로운 것은 이러한 오염 혹은 망가짐의 위험 때문이라고 할 수 있다.

　이렇게 대상의 찰나적인 순수성을 바라보며 불안해하는 시인의 내면 상황은 다른 시들에서도 반복적으로 나타난다. 「북(北)호텔」의 종이로 만들어진 "건물", "天使", "계단" 등은 신비롭고 아름답지만 "손으로 접어서 / 밟으면" 금세 무너질 것 같이 위태로운 형상을 하고 있다. 「정처(定處)」·「바람」·「소묘(素描) II」 등에서 "한없이 구겨진" 종이나, 바람에 이리저리 흔들리는 "슬픈 경이"의 얼굴, 손에 닿기만 해도 부러질 것 같은 '너'의 "가느다란 목뼈" 또한 시인을 불안하게 할 만큼 연약한 존재성을 드러낸다. 쉽게 오염되거나 부서져 버리므로 시인은 그러한 대상들을 섣불리 손에 쥘 수 없다. 그리하여 사물의 순수성, 혹은 존재의 본질은 "가까워지다 보면 / 다시 / 날아가는 새"(「새」)와 같은 것으로 인식되기에 이른다.

존재는 명명되자마자 그 본질에서 벗어나 버린다. 명명하는 순간에 대상의 실재는 그것의 일부를 지시하는 기표들의 위상공간 속으로 사라져 버리기 때문이다. 결코 지시될 수 없는 대상의 실재적 국면들은 기표 연쇄망의 중심에 뚫린 구멍으로서만 그 흔적을 드러낼 수 있을 뿐이다. 기의는 끊임없이 기표 속으로 미끄러져 들어가고, 존재의 본질은 그것이 언어화되는 순간 기표 속에서 사라져버린다. 시인의 불안은 이렇게 명명 행위와 동시에 실재의 상실을 경험할 수밖에 없는 그의 모순적 상황에서 기인하는 것이다.

다음의 시들에서는 불안이 자아와 세계의 단절을 절감하며 고통스러워하는 시인의 내면 상황을 통해 드러나고 있다.

> ① 지금은 郵便馬車가 지나가지 않는다
> 바람도 덜 축축한 편이다
> 하늘이 높이 숨을 쉬는
> 시골풍경에 비해
> 나의 몸은 너무 많이 傷해 있다
>
> —「素描·IV」 부분

> ② 백조가 一隅에 떠 있고

물결은 자고
모두 그럴듯하다
그런데 가끔
나만 와들와들 떤다
가슴 한복판에 무엇이 내려앉거나
무너지는 징조임을
금방 알 수 있다

—「風景一幕」 부분

①의 시에서는 조용하고 청량감 넘치는 "시골풍경"과 "너무 많이 傷해" 버린 화자의 몸이 대조적으로 제시되고 있다. 이 극명한 대비는 일상적 삶 속에서 망가져 가는 자아의 절망감을 직접적으로 드러낸다. 도시 밖의 맑고 청량한 공기도 이미 현실 속에 지쳐 버린 화자에게는 감동을 주지 못한다. 한 폭의 그림같이 "높이 숨을 쉬는" "하늘"은 화자의 소외감을 오히려 더 배가시킬 뿐이다. 여기서 "시골풍경"과 "나의 몸"은 이상과 현실의 불일치 속에 절망하는 자아의 내면 상황을 드러내기 위해 동원된 객관적 상관물들인 것이다.

②의 시에서 그려지는 호수의 풍경 역시 화자의 내면 상황과 대비적인 성격을 보여준다. "백조가 一隅에 떠 있고 / 물결은" 잔잔한 호수 표면과 "와들와들 떠"는 화자의 몸은 '잔잔함 / 진동'의 대립을 통해 자아의 불안 심리를 전경화시키고 있다. "나만 와들와들 떤다"의 "나만"은 "모두 그럴듯"한 풍경 속에서 '나'가 이질적인 존재라는 사실을 분명하게 언표한다. 화자는 이러한 몸의 떨림을 "가슴 한복판에 무엇이 내려앉거나 / 무너지는 징조"로 파악함으로써 조화로운 풍경 안에서 소외된 자아의 단절의식을 여실히 보여준다.

이상에서 살펴본 바와 같이, 김영태의 중기시에 나타나는 여백의 공간에는 시인의 불안이 짙게 침착되어 있다. 현실을 초극하고자 하는 시인의 시도들이 이렇게 불안과 절망의 낯빛을 노출할 수밖에 없는 이유는

무엇일까. 그것은 자유롭게 비상하고자 하지만 현실의 중력에서 완전히
벗어날 수 없는 시인의 존재론적 상황에서 기인하는 것이리라.

> 너무 가벼워
> 날아갈 듯하고
> 너무나 가벼워서
> 하늘 한 장만 크게 오려붙인 길을
> 촉새가 가고 있다
>
> 딸랑딸랑 목에
> 방울이 운다
> 발목에 끈이 매어져있다
> 염라대왕도 하도 많아서
> 비꿋하다간
> 촉새란 놈 즉시 대령하거라!
> 할지 모른다

—「덫」 부분

인간은 세계—내—존재이므로, 자신을 옥죄고 있는 현실의 중력에서
벗어날 수 없다. 덫에 걸려 자유롭게 비상하지 못하는 "촉새"의 모습은
이렇게 세계 속에 기투 된 존재라는 인간의 비극적 존재성을 알레고리
적으로 보여주는 것이다. 시인의 언어가 세계 속에 오염된 의미들을 벗
어나 초월적인 시원으로 회귀할 수 없는 것도, 세계가, 더 구체적으로는
기의화된 의미들이 "덫"처럼 시의 언어 속에 끊임없이 개재될 수밖에 없
기 때문이다. 김영태 시의 여백의 도면(圖面)들에 드러나는 자아의 균열
과 불안의식은 이렇게 시인과 그의 언어가 처한 존재론적 상황에서 기
인하는 것이라고 할 수 있는 것이다.

3. 현실의 도면(圖面) ─폭력의 시대와 방법적 저항

　김영태의 시에서 여백, 즉 내면적 공간과 대비되는 현실 공간은 공포스러운 일상의 모습을 통해 형상화된다. 여기서 공포스러운 일상의 풍경들은 폭력과 부조리로 점철되어 온 당대적 상황을 첨예하게 드러내고 있다.

　1960년대부터 정치적·경제적 영역에서 이루어지던 시민적 자유의 억압은 1970년대에 이르러 사회·문화 전반으로 확대되기에 이른다. 유신체제를 통해 장기 집권한 군사독재정권은 보다 강화된 통제 정책을 통해 개인의 신체적·정신적 자유를 억압하기 시작했고, '경제성장'이라는 기치아래 모든 체제 반역적 요소들을 일소해 버렸다. 유신체제의 획일과 독선의 논리들이 사회·문화적 탄압들을 통해 본격적으로 개인의 일상 공간을 잠식해 들어가기 시작한 것이다.

　현실의 폭압성은 '무언(無言)'과 '무표정'으로 지배체제에 순종하는 소시민들의 모습을 통해 여실히 드러난다.

> ①한 사람은 번역료, 한 치는 강냉이 튀기듯 몸을 볶은 급료에서
> 　합쳐서 꽃을 산다
> 　꽃은 냄새가 없는 印札紙일 수도 있고
> 　아닐 수도 있다 하여간
> 　목소리를 약하게 서로 죽이면서
> 　그 罰紙를 산다 모두들 줄을 서서
> 　모두들 표정없이 모두들은 無言
> 　서로 침묵을 빌린다
>
> 　　　　　　　　　　　　　　　　　　─「草芥手帖」 부분

> ②조금 殺伐하다

그가 나의 입을 封하자
나는 그의
그냥 뜬 눈을 封했다
나중에는 귀에다 솜을 틀어막았다
다음에는 둘이서 몽둥이만한 豊年製菓
불란서빵을 뜯어먹기 시작했다

—「間食」 전문

①에서 "모두"는 "목소리를 약하게 서로 죽이면서" 꽃을 산다. 고통에 일그러지는 표정을 '무표정'으로, 터져 나오는 비명을 "無言"으로 은폐하면서, 몸을 잔뜩 움츠리고 있는 것이다. 심지어는 이들이 줄지어서 사려고 하는 꽃마저도 색과 향기가 없는 "印札紙"와 "罫紙"로 사물화되고 있다. 이러한 무표정, 무언, 무생물성은 "모두"의 "침묵"을 강요하는 사회의 폭력성을 단적으로 드러내준다. 이 무서운 세계 속에서 '우리'들이 토해낼 수 있는 것은 "시멘트같은 말, 벽돌같은 다부진 / 말"(「숫자놀이」), 즉 체제에 의해 승인된 경직된 언어들로 한정된다. 이러한 상황 속에서 진정으로 우리가 하고 싶은 말들은 두려움에 떨고 있는 개인의 "어려운 얼어붙은 침묵의 눈"(「삼춘, 그러시다면」)을 통해서만 언뜻언뜻 내비쳐질 수 있을 뿐이다.

②에서는 현실세계의 폭력성이 그로테스크한 장면묘사를 통해 드러난다. "나"와 "그"는 살벌한 분위기 속에서 서로의 입과 눈을 "封"하고 귀를 틀어막은 채 커다란 "불란서빵"을 뜯어먹는다. 외부적 폭력을 환유하는 "몽둥이만한"을 통해 볼 수 있듯이, 이 둘의 침묵은 공포스러운 현실 속에 주눅 든 소시민들의 자기 방어라고 할 수 있다. 여기서 사회적 인간의 좌절된 욕구를 채우고 있는 것은 먹는 행위, 즉 생물학적인 인간의 욕구이다. "나"와 "그"는 사회에 대한 인식적 행위 '말하다', '보다', '듣다'를 몰인식적 행위 '먹다'로 대체함으로써 체제의 금지에 순응하고 있는 것이다.

이렇게 역사와 현실에 대해 침묵해야만 하는 상황은 개인으로 하여금 끊임없이 인식의 자기 검열을 수행하게 만든다.

> …… 생각하지 않을 것, 나는 생각하기 싫다. 나는 생각하기 싫다고 생각한다. 나는 생각하기 싫다는 것을 생각해서는 안된다.
>
> ─「로깡땡」 부분

이 시에서 시인은 「구토」의 주인공 "로깡땡"의 실존적 고민을 패러디함으로써, 현실의 폭압 속에서 가장 자유로워야 할 인식의 측면들까지 검열당해야 하는 소시민적 자아의 부조리한 상황을 드러내고 있다.

> ① 생각하지 않을 것, 나는 생각하기 싫다.
> ② 나는 (생각하기 싫다)고 생각한다.
> ③ 나는 (생각하기 싫다는 것을 생각)해서는 안 된다.

①의 전반부 "생각하지 않을 것"은 생각의 강제적 통제를, 후반부 "나는 생각하기 싫다"는 생각의 자발적 기피를 보여준다. ②는 화자가 자발적으로 기피하고 있는 상황, 즉 "생각하기 싫다"를 생각함으로써 "생각하지 않을 것"이라는 금지명령을 위반하는 모습을 보여준다. 그러나 이러한 위반행위는 ③을 통해 바로 조정된다. ③의 "나는 ……해서는 안된다"는 통사형태는 ②에서 이루어진 "생각"의 과정을 다시 금지시킴으로써 "생각하지 않을 것"이라는 전제를 더욱 더 확고한 것으로 만든다. 결국 화자가 수행한 사유의 과정은 사회적 금지와 그것의 위반, 그리고 그 위반이 좌절되는 상황을 보여주는 것이다. 소시민적 자아는 이러한 좌절의 과정을 통해 자기 검열을 수행하고, 이 검열의 과정에서 사회적 억압을 내면화하고 있다.

한편, 현실의 폭력적인 힘은 '나' 혹은 '우리'의 몸을 통해 물리적으로 실현되기도 한다.

나는 망가졌읍니다
자꾸 자꾸 망그러뜨리니까 망가졌읍니다
나는 떡입니다
몸과 마음이 다
말을 안듣습니다
너는 파르스름한 卒이야
記錄官의 말입니다
노랗게 부어
막가는 마당에 하얗게
나는 반죽이 되어

—「떡」 부분

　위의 시에서 화자는 광포한 현실 속에서 "자꾸 자꾸 망그러뜨"려지는 자신의 몸을 이리저리 치대지며 반죽되는 떡으로 은유한다. "파르스름한", "노랗게 부어"에서 볼 수 있듯이, 화자의 온 몸은 멍 자국과 상처들로 잔뜩 부어 있다. "막가는 마당"으로 상징되는 시대의 폭력 앞에 "몸과 마음이 다 / 말을 안"들을 정도로 만신창이가 되어버린 것이다. 이렇게 극단적으로 훼손된 몸의 이미지는 폭력의 가해자인 부정한 권력의 야만성을 보다 즉각적으로 드러내준다.

이건 쓰러지라고 세워둔
몽당빗자루요
요건 자물쇠를 꽉채운
담벼락이 다 된 나의 귀
아무짝에도 소용없는 그건
뾰죽한 징으로 뚫어놓은 입
콤파스 눈금같은 저건
사력을 다해 보지 않으려고
째진 우리 눈이고요

코는 나리가 물어뜯어
형편이 요만조만한데
살점을 먹으면
(나리가 먹다 뱉아도 可함)
새살이 주책없이 돋아나고
입맞출 때 우리의
이 거추장스러운
장난감 코는
숨소리를 가끔 확인하는
창문이자 유일무이한 안면의 돛대

—「耳目口鼻」 전문

　위의 시에서 비정상적으로 뒤틀린 "우리"의 이목구비는 개인의 삶이 폭력적인 현실 속에서 유린되고 있는 상황을 여실히 보여준다. 화자는 자학적일만큼 "우리"의 얼굴을 희화화한다. 이목구비의 속성은 우선 1~2행의 "몽당빗자루"에 의해 결정된다. "쓰러지라고 세워둔 / 몽당빗자루"는 권력의 위협에 쉽게 굴복해버리는 소시민들의 모습을 상징적으로 보여준다. 소시민들의 소극적인 생존방식은 3행~19행에 걸쳐 제시되고 있는 귀, 눈, 입, 코의 모습들을 통해 구체화된다. 먼저 "자물쇠를 꽉채운 / 담벼락이 다 된" 귀, "아무짝에도 소용없는" 입, "사력을 다해 보지 않으려고 / 째진" 눈의 모습은 생존을 위해 역사와 현실 앞에 침묵하는 소시민들의 비굴한 행태들을 적나라하게 보여준다.

　"우리"가 이렇게 "나으리"로 상징되는 권력 앞에 자진해서 포복하는 것은 그 권력이 행사하는 무자비한 폭력 때문이다. 가장 장황하게 서술되고 있는 코의 모습은 극단적인 폭력 앞에서 언제든지 희생당할 수 있는 "우리"의 위태로운 처지를 전경화시킨다. 안면 중에서도 가장 돌출된 부위인 코는 가해자들의 폭력에 제일 먼저 노출될 수밖에 없다. 화자는 이 코를 폭력의 힘이 실현되는 구체적인 장소로 설정한다. 코는 툭하면

"나리"가 물어뜯어서 시도 때도 없이 살점이 떨어져나가지만, 이내 "주책없이" 새살을 돋아 올린다. 그러나 새살이 돋아나도 뜯겼던 곳에는 흉터가 남을 수밖에 없다. 때문에 "우리"의 코는 "형편이 요만조만"하고 "거추장스러운 / 장난감"처럼 느껴진다. 하지만, 형편없이 망가져 버렸다고 해도 이 코가 없다면 "우리"는 생존할 수 없다. 코는 "숨소리를 가끔 확인하는 / 창문이자 유일무이한 안면의 돛대"이기 때문이다.

여기서 화자가 취하는 극단적인 자기 비하의 태도는 "우리"로 하여금 듣고, 말하고, 볼 자유를 스스로 포기하게 만드는 억압적인 시대 분위기를 드러내준다. 김영태가 "바른 말은 말하지 않는 / 所避보는 무리"(「숫자놀이」)로 명명하는 "우리"의 왜소한 모습들 자체가 "바른 말을 말"할 수 없게 만드는 세계의 부조리를 반어적으로 보여주고 있는 것이다. 텍스트에 대한 이중의 해석을 요하는 이러한 기법은 독자들이 현실의 모순을 직시하는 데 필요한 비판적인 거리를 확보할 수 있게 해준다. 김영태의 사회시·정치시들이 미적 형식과 현실인식 사이의 균형감각을 잃지 않는 것은 이러한 방법적 드러냄의 전략을 적절하게 원용하고 있기 때문이다. 이렇게 독자의 능동적 해석을 유도해내는 시적 형식은 지사적 주체의 투명한 정신성도 명징한 현실 비판도 없는 그의 시가 시대적 아픔을 절실하게 담아낼 수 있게 해주는 주요한 동력이 되고 있다.

한편, 일상화된 억압의 구조와 권력의 정체는 상황재현적인 서술시들을 통해 보다 적실하게 폭로되기도 한다. 시인은 인물간의 담화와 요설, 장광설 등을 시 속에 도입함으로써 세계의 모순과 권력의 부정이 실현되는 순간을 현장감 있게 재현한다.

신설동 로터리 파출소 앞에서 걸렸읍니다 諸式敎練의 견본감인 순사 거수경례가 끝나고(다음부터가 문제) 어디계시요 순 반말쪼 은행이요 은행 長髮은 보다 처음이군 옆에서 거든다 春秋가 꽤 들어보이는데? 不惑 몇이시오 올 해 마흔 살(이쪽은 창피하고 저쪽은 야금야금 재미있다) 그렇게 보였어 조오사役이

라? 조사역이 뭐요 조사하는 사람 뭘 조사해 국내도 하고 국외도 하고 경제 동
향을 살핍니다 숫자를 뽑아 통계표를 만들죠 7월 29일 장발 열여섯 그중 은행
가물치 하나 이건 報씀다 계몽 알아요? 계몽 하고도 기간 春園의「흙」이 머리
속을 지나간다 계몽 알 듯하다 순사는 알만한 양반이 그런다 죄송! 다음차례는
머리만 숙이면 되는 건데 반대로 뻣뻣해졌다 아랫웃니 사이에 힘을 줬더니 서
약서 쓰고 여하한 처벌도 감수함이다 뭘 감수하나 뭐든지 이마당에선 감수하
자 감자 한 알 감자 두 알 상기 제목의 영화는 흑인 남자가 백인 여자를 사랑
한다 여의치가 않다 남자는 부글부글 끓으면서 감수하다 제물에 지친다 뻘건
印朱를 묻히고 손도장을 누른다 내 하찮은 이름밑에 파출소 알전구 꺼져가는
사십년 욕스런 난파선체의 모형이 쓰고 가소롭다 파리 한 마리가 멋도 모르고
신설동 네거리 장발단속반 귓속으로 들어갔어요 저런 경을 칠 일 좀 보게
―「감자 한 알 두 알」 전문

위의 시에서 나이가 마흔이 다 된 중산층 소시민 '나'는 장발 단속에
걸려 온갖 조롱을 당한다. "이쪽은 창피하고 저쪽은 야금야금 재미있다"
에서 분명하게 드러나듯이, '나'와 "순사"의 모습은 조롱당하는 위반자와
조롱하는 관리자의 전형을 보여준다. 이 둘이 갖는 수직적 관계성은 시
전체를 관류하면서 부당한 폭력 속에 내던져진 피권력자의 모멸적 상황
을 유표화시킨다.

그러나 권력의 진짜 실체는 "순사"들이 아니다. 시인의 머리에 직접
'가위'를 대는 "순사"들은 권력의 하수인에 불과하다. 이들은 체제에 의
해 주어진 임무를 수행한다는 점에서, 어쩌면 시인과 같은 권력의 관리
대상들인지도 모른다. 유사한 상황이 재현되는 시 「석탄·백탄·골탄·
구공탄」에서 김영태가 머리를 깎이면서도 "엄명을 준수하고 있는 순경
도 我國의 꽃이다 어리고 푸른 튼튼한 너의 장래에 내 調髮이 모쪼록
진급의 힘이 되기를"이라고 뇌까리는 것은 이러한 사실에 대한 자각 때
문이었을 것이다.

권력의 진정한 실체는 "계몽 알아요?"라는 "순사"의 질문을 기점으로

텍스트의 표면에 드러나기 시작한다. "계몽"이라는 말은 장발 단속의 허구성을 단적으로 드러낸다. 남성이 머리를 기르는 것은 야만적인 것도, 비이성적인 것도, 심지어는 비윤리적인 것도 아니기 때문이다. 여기서 자유로운 '개성'의 표현을 비이성, 야만, 비윤리적인 것으로까지 몰아 부치는 "계몽"의 잣대는 지배 이데올로기의 유지를 위해 시민적 자유를 억압하는 기제로서, 즉 사회의 부조리와 비상식을 은폐하는 수단으로서 사용되고 있는 것이다. 그리하여 '가위'를 든 권력의 정체는 정당성 없는 자신들의 존재 기반을 은폐하기 위해 개인을 억압하는 부조리한 지배 체제로 드러나게 된다.

    철판 위에 턱을 굳히고 두 손은 옆구리에 열중쉬엇 자세, 찰칵! X—선 촬영, 유리조각으로 귓밥 따기는 피 검사, 어쩨 내 피는 푸루죽죽 자다가 깨어 흐리 멍텅하다 호리병에 尿 검사, 나무주걱으로 한쪽 눈 가리고 시력 알아보기, 가슴둘레 체중 키(기입한 걸 보니 하나같이 작년보다 찌그러들었음) 아, 이건 찌그러드는게 정상, 보청기 다음은 혈압재기, 우리 物價처럼 혈압은 급상승, 마지막 관문이 內科요 눈동자가 정상이냐 청진기를 대고 숨을 들어마신다 뱉을 땐 긴 한숨, 이 변칙은 적시 통과돼서 노오말―그래, N字를 먹였겠다

    재미나 보람, 뭐 좀 사는데 살려고 살려고 살려고 다시 일어서려고 애쓰는데 좀 안될까, 서로 갈비들끼리 요즘 형편이 되어가나요 그런다 근육을 싹 다리고 근엄하게 심지어 그렇겠지 이건 온통 정색을 하고 잘 안돼가요 일색인데 검사 끝나면 또 말짱 규격품이지요 固體나 파쇠로 이 중생 마감할까해요 시절 안 맞으면 야산에 내다버리시든지

―「身體檢査場」 부분

위의 시는 비정상적인 화자의 몸을 정상적인 "규격품"으로 통과시키는 "신체검사장"의 정경을 통해 획일과 독단의 시대 속에서 몰개성화되어가는 개인의 모습을 극명하게 보여준다. 화자의 피는 "푸루죽죽 자다가 깨어 흐리멍텅하"고, 키는 "작년보다 찌그러들었"으며, 혈압은 "우리

物價처럼” “급상승”해 있지만, 의사가 진단서에 기입하는 것은 “노오말”이라는 글자이다. 서로 다른 개인들의 신체가 “N字” 안에 집어넣어지는 이러한 신체검사장의 상황은 개인의 “재미나 보람”과 같은 것들이 추구될 수 없는 획일적인 사회 분위기를 알레고리적으로 보여준다. 이렇게 한 개인을 “규격품”처럼 일괄 관리하는 체제의 모습은 주체의 자유와 개성을 일소해버리는 권력 집단의 억압성을 단적으로 드러낸다.

폭력의 부당함을 자각한 시인은 다음의 시에서와 같이 보다 적극적인 방식으로 지배체제를 풍자하기도 한다.

> 어찌하여 자네 목은 들어갔다 나왔다 하는고 아뢰옵기 죄송하오나 사람이 다 사람같아 보이질 않아 들락날락 그러하옵니다 고얀놈도 있고나 하면 내 안면골상은 어떠냐 펑퍼짐합니다 쓸만하다는거냐 정반대로 아뢰옴을 널리 海量하시고 살펴구비옵시길 인마, 아뢰옵긴 빼고 간단명료하게 점술 매겨보거라 제보기에 초랭이 같군입쇼 어떤 면으로 나를 떠보는 수작이냐 우리 양반 풍채도 좋지! 선상은 알랑거리는 기가 후합쇼 방귀를 뀌면 시원하시겠사와요 이건 널리 회자된 寓話겠다 아니죠 요즘은 달라요 단도직접으로 가질 않아요 직언은 금물 이러하건대 방귀 얘기가 났으니 초랭이 편법은 대단한 시적 은유 동원해서 간다는 사연즉슨 코에다 새끼손가락을 살짝 긋고 한 옥타브 높여 천하의 향기, 아름다운 멜러디, 肛門의 하프, 이만하면 찬사의 극상입죠 에잇 호래아들놈 네 목이 어째 들락날락하였겠다 시건방지고 鎭重치 못한 걸 내가 알아 (…중략…) 자라야 너는 어디 있느냐 이 미물 아닌 영물아 어디 있어 이 손바닥만한 김 釣士宅 마당에서 흠집도 안 남기고 昇天이라도 했더냐 市長님! 인마 나는 초랭이라니까 어디 네 몰골을 드러내뵈야지 내 팔당 저수지에 원대복귀시켜주마 허참 나 여기 벌써 용궁에 와서 안면골상 볼품이 서푼도 안되는 뭍에 있는 초랭이란 자의 개전의 정에 대해 鳩首會議를 열고 있는 참이요

—「자라의 行方」 부분

이 시에서 시인은 가면극의 언술을 차용해 “초랭이”로 상징되는 부정한 권력의 주체들을 통렬히 풍자한다. “초랭이”에 대한 풍자는 그를 끊

임없이 조롱하고 희화화하는 "자라"의 말을 통해 이루어진다. 여기서 '웃음'을 매개로 이루어지는 "자라"의 장광설은 바흐친이 말하는 카니발의 언어와 같은 특성을 보여준다. 바흐친이 지적하는 바와 같이, 카니발의 웃음 속에서 이 세상 전체는 희극적 측면에서, 유쾌한 상대성 속에서 보여지게 된다. 이러한 상대화의 과정에서 절대적인 것으로 여겨지던 분할선, 즉 권력과 피권력, 지배와 피지배 사이에 존재하는 벽은 일순간에 무너져버릴 수 있다.

시의 전반부에서 "자라"는 "초랭이"에 의해 "김 釣士宅 마당"으로 잡혀와 있는 상황이다. 여기서 잡힌 "자라"와 포획한 "초랭이"는 피지배와 지배의 수직적 관계성을 갖지만, 이러한 관계는 둘의 첫 대면에서부터 전도되고 있다. "자라"는 "어찌하여 자네 목은 들어갔다 나왔다 하는고" 라는 "초랭이"의 질문을 "사람이 다 사람같아 보이질 않아 들락날락 그러하옵니다"라는 조롱으로 맞받아친다. "사람이 다 사람같아 보이질 않" 는다는 것은 "자라"에 의해 "초랭이"로 명명되는 권력의 주체들이 비윤리적이고 비상식적이라는 사실을 드러낸다.

지배집단에 대한 비하의 뜻은 "초랭이"라는 이름 자체에도 매우 강하게 개재되어 있다. 가면극에서 "초랭이"는 체신 머리 없는 행동으로 극적 상황 속에 웃음을 유발시키는 감초역에 해당한다. 자신의 목숨 줄을 쥐고 있는 권력자를 이렇게 별 볼일 없는 "초랭이"라고 호명하는 순간 자라와 초랭이 사이의 '피지배 / 지배'의 관계는 전도되어 버린다. 이제 '우리'의 자유를 박탈하고 '우리'의 개성을 말살시켰던 무서운 권력체제 는 하찮은 미물인 "자라"의 대사들이 만들어내는 웃음의 장 속에서 하위적인 것으로 끌어내려진다.

시의 후반부에서 "용궁"으로 돌아가 "안면골상 볼품이 서푼도 안되는 물에 있는 초랭이란 자의 개전의 정에 대해 鳩首會議"를 벌이고 있는 "자라"의 모습은 지배자와 피지배자의 위치가 완전히 뒤바뀌고 있다는 사실을 시사한다. 이는 "자라"가 바다 속으로 사라진 순간 "초랭이"가

"자라"를 "이 미물 아닌 영물아"라고 부르는 상황을 통해서도 명시되고 있다. 이렇게 "자라"와 "초랭이"의 위치가 완전히 전도되는 순간, "초랭이"와 같은 지배집단은 피지배집단에 의해 "鳩首會議"에 회부되고, 이를 통해 부패한 권력의 허위성이 폭로된다.

가면극의 형식을 차용해 지배 권력을 풍자하는 방식은 일련의 담시들에서도 다양하게 나타난다. "시고 텁텁한 쓴 잔 받으세요 / 개같이 사는 세월 받으세요"(「한 잔 혹은 두 잔」), "이 세상은 뜬물 같다 / (눈을 커다랗게 뜨고) / 뜬물 같다 / 이 계절은 재미도 / (…중략…) / 계절은 재미도 / 하나 없다 / 있다 / 없어 / 있어 / 없다는데 이 머저리"(「臺詞 더듬기」), "세상 잘 길 들여져 일컬어 풍년성대 / 근심 우환이 없겠으니 / 길든 자 개중에는 / 배 알이 꼴리는 놈이 없으란 법도 없지 않다"(「파토요, 파토」) 등에서 마당극의 장광설과 카니발적 '웃음'으로 감행되는 권위에 대한 도전은 김영태 시의 현실 비판적 요소들이 적극적인 저항의 일단에까지 이르고 있음을 보여준다.

4. 포괄적인 시선의 힘

예술적 체험의 재현에 집중되어 있던 초기의 김영태 시 공간은 1970년대를 경유하면서 현실세계와 내면세계가 병존하는 보다 포괄적인 공간으로 변모되었다. 그의 중기시를 특징짓는 지배소는 이렇게 외적 현실와 개인적 내면의 양극으로 향하는 두 가지 시선에서 찾아진다. 이 양극적 구도 각각이 고유성을 유지하면서 상대방을 보완하는 방향으로 나아간다는 송재영의 지적처럼, 이 시기의 김영태는 내면탐구 경향과 현실 비판 경향이 적절한 긴장 관계를 유지하면서 서로 공존하는 특이한 시

세계를 펼쳐 보였다.

먼저 내면으로 향하는 시선은 주관적 정서를 드러내는 단형 서정시들을 통해 전경화되었다. 여기서 주된 정조를 이루는 것은 균열된 자아의 불안과 절망, 슬픔의 감정들이다. 이렇게 여백의 도면(圖面)에 드러나는 어두운 정서들은 순수한 여백의 찰나성과 언어의 불투명성, 그리고 세계－내－존재로서 현실적 국면들을 온전히 초월할 수 없는 시인의 모순적 상황 등에 의해 유발되어 나온다. 그것은 시인의 존재론적 '불안'의 표지들인 것이다.

현실세계로 향하는 시선은 현실 비판적 의미들을 강하게 담고 있는 상황재현적 서술시나 담시 등을 통해 전경화되었다. 시인은 권력의 무자비한 폭력 앞에 납작 엎드린 채 침묵하는 소시민적 자아의 모습들을 그려냄으로써 자신이 처한 당대적 현실을 문제화시킨다. 김영태가 언급하고 있듯이 "증언이 없는 시대일수록 관찰자의 역할은 책임이 막중하다. 왜냐하면 관찰자는 사물을 있는 그대로 살펴보는 역할을 떠나서 관찰의 대상이 무엇인가라는 정체를 밝히는 임무가 부여되기 때문이다."3) 이러한 유형의 시에서 두드러지게 나타나는 자기 비하적 태도는 시인과 동시대인들로 하여금 듣고, 말하고, 볼 자유를 스스로 포기하게 만드는 억압적인 시대 분위기를 역설적으로 드러내준다. 마당극의 장광설과 카니발적 '웃음'을 도입하는 일련의 시들에 이르러서는 이러한 방법적 드러냄의 방식이 적극적 저항의 일단에까지 나아가고 있다.

세계－내－존재로서 시인은 그가 처한 역사·현실의 문맥과 존재와 언어에 대한 예술가적 탐구 사이에서 갈등할 수밖에 없다. 김영태는 '사회／개인', '현실／이상'이라는 이러한 대립적 문제틀 사이에서 어느 한쪽에 경사되지 않으며 적절한 균형감각을 견지했던 시인이다. 사회시·민중시 계열과 순수 실험시 계열이 극단적으로 대립하던 1970년대의 시

---

3) 김영태, 「觀察者의 임무」, 『變奏와 想像力』, 고려원, 1984, 55면.

단에서 그의 시는 시적 다양성을 잃지 않고도 현실과 이상을 동시에 아
우르는 포괄적이고도 개성적인 시세계를 구현해내고 있는 것이다.

참고할 문헌

김영태, 『變奏와 想像力』, 고려원, 1984.

______, 『시가 있는 아침』, 책세상, 2002.

송재영, 「詩, 그 양극성의 공간」, 『문학과 초언어』, 민음사, 1987.

신용협, 「사물의 시적 변용과 그 기법―김영태론」, 『한국현대시연구』, 민음사,
        1989.

안수환, 「물질과 정신―김영태론」, 『현대시학』, 1982.5.

윤성근, 「물신시대, 시인의 생존방식―김영태의 시세계」, 『현대시학』, 1988.1.

윤재근, 「김영태론」, 『현대문학』, 1978.2.

이건청, 「'눈의 나라 사탕 비누들', 혹은 풍자와 축소의 언어―김영태의 시세계」,
        『한국현대시인탐구』, 새미, 2004.

이승훈, 「의미의 연상적 구조」, 『현대시』 12집, 1967.6.

하현식, 「미의식과 현실의식의 카르텔」, 『현대시학』, 1986.9.